통변의 새 경지를 연

한밝 신 성명학

통변의 새 경지를 연

한밝 신 성명학

한밝 김 용 길 저

뱅크북

차 례

입문편

1. 이름(姓名)의 미학(美學)

    이 세상에 태어나 생명이 다하는 날까지 내 곁에 꼭 붙어 떨어지지 않는 것은 아무 것도 없다.

    악착같이 모아둔 재물, 숱한 피를 흘리게 하고 쟁취한 권력 뿐 아니라 영원토록 꺼질 것 같지 않던 새빨간 사랑도 그렇고 애지중지 키운 품안의 자식도 역시 때가 되면 훌훌 날아가 버리는 철새와 같다. 이래서 공수래공수거(空手來空手去)라 했나보다.

    그러나 애당초부터 지니고 나온 것이 아님에도 불구하고 결코 떨어지지 않는 그림자처럼 평생동안 자신과 한 몸이 되는 것이 딱 하나 있다.

    어떤 경우에는 평생뿐 아니라 육신이 없어진 뒷날까지 남아서 그 사람의 존재를 기억하게 해주기도 한다.

    바로 존재가 있으면 있고 그것이 있음으로 해서 존재성이 있게되는 참으로 소중한 그것은 도대체 무엇일까?

거미줄처럼 펼쳐진 보도 위를 많은 사람들이 바쁘게 오가고 있다. 그들의 얼굴 표정과 차림새는 가지각색이다. 그것의 모습 역시 다음과 같이 다양하다.

정충신(鄭忠臣) : 나라(鄭)의 충성된 신하라는 모습인데 조선 선조 때의 사람이다.

이현재(李賢宰) : 이 씨 가문의 어진 재상이란 뜻. 서울대 총장을 지내다 국무총리로 발탁된 인물의 그것이다.

허문도(許文道) : 문화와 글(文)이 나갈 길(道)을 허락한다는 뜻으로 5공 때 언론문화정책에 깊이 관여했던 인물의 그것이다.

김영삼(金泳三) : 김 씨가 헤엄을 세 번 친다. 또 세 김씨(三金)가 헤엄친다는 모습으로 문민정부의 대통령을 지냈던 사람의 그것이다.

이상의 것들은 제법 커다란 어떤 의미를 내보이고 있는 듯하다.

그러나 어떤 의미는 고사하고 얼핏 쳐다만 봐도 금방 웃음이 터져 나올 것 같은 모습도 흔하게 눈에 띈다.

김도판도(金道判道) : 어느 길가 집 문패에 당당하게 버티고 있던 그것이다.

길을 가던 필자는 그 집 문을 두드렸다. 필자가 본 모습이 사실인가 확인하기 위해서였다.

"누구요? 무슨 일로…?"

문을 빼꼼 열고 내다보는 40대 남자에게 필자는 물었다.

"주인장의 형님 되시는 분의 성함이 판도(判道)씨가 아닙니까?"

"그렇소, 그런데 무슨 일로…? 혹시 형님께서 어떤 사고라도…?"

주인 남자는 의아스러운 눈빛으로 필자를 살폈다.

필자는 뒤통수를 긁으며 말했다.

"뭐 별 일이 있는 것은 아니고… 지나치다 이 집 문패를 보니 댁의 어르신께서 판도(判道) 다음에 또 낳은 아이이기에 댁의 이름을 도판도(道判道)로 지었을 것 같아서 확인해 본 것 뿐입니다. 괜히 성가시게 해드려 죄송합니다."

"에이, 여보쇼!"

주인 남자는 기분 나쁜 듯 투덜거리며 문을 꽝 닫았다.

※우리말 또(又)를 도(道)자로 표기한 것이다.

조고만(趙古萬) : 조씨 집 마누라는 딸만 내리 내리 낳았다. 그래서 조씨는 딸 그만(고만) 낳겠다는 뜻으로 이런 이름을 지은 것인데 조그만(조고만)이란 말 뜻 그대로 40대에 본 이 여자의 몸매는 아주 작았다.

홍달고(洪達古) : 홍씨는 아들 낳는 것이 소원이었다. 그래서 마누라 뱃속에 있는 아이에게 제발 고추 하나 달고 나오라고 미리부터 이런 이름을 지어 주었다. 그러나 아쉽게도 앵앵거리는 아기의 사타구니에는 달랑거리는 거시기는 달려있지 않았다. 그런데 30대인 이 여성은 몸 여기저기에 번쩍거리는 귀금속을 요란할 정도로 「달고」 있었다. 그리고 어디를 갈 때마다 동반자 하나 둘은 꼭 「달고」 다녀야 마음이 편하다고 했다.

서세팔(徐世八) : 서씨의 여덟 번째 아들이라고 지은 이름. 큰아들 판세(判世)는 명이 짧을 것 같아 바위에 팔았기에 붙여진 이름. 둘째는 서세돌(徐世乭), 셋째는 서세삼(徐世三)이었다고 함.

박차고 나온 노미 : 우리 나라에서 가장 길고 이상한 이름으로 알려져 한때 세간의 화제가 됐던 박씨(朴氏) 아들의 이름이다.

이런가 하면 듣기만 해도 어떤 분위기와 힘차고 세련된 감각을 느끼게 하는 것들도 있다.

박목월(朴木月) : 유명한 시인의 이름(號)인데 나무달(木月)이란 알송달송한 뜻과 더불어 어떤 분위기를 가져다주는 것이다.

청마(靑馬) : 초원을 달리는 힘찬 야생마를 그려보게 하는 이름으로 역시 시인(詩人)의 별호(別號)다.

신성일(申星一) : 우뚝 올라선(申) 별(星) 하나(一)라는 뜻 그대로 스타(星)중의 스타가 된 강(姜)모(某)씨의 예명이다. 국회의원에 출마하면서 강 신성일(姜 申星一)로 호적상으로까지 개명(改名)을 했다.

박세리(朴世利) : 1998년도 미국 골프계의 신데렐라가 되었던 이름이다. 영어 좋아하는 요즘 사람들의 감각에 새뜻하게 와 닿는 모습이다.

30여 년간 이런 그것들의 모습을 살펴 온 필자는 다음과 같은 질문을 종종 받는다.

"선생님! 이름이 사람의 운명에 영향을 미칩니까? 만일 그렇다면 이름 잘 짓는 작명가(作名家)들과 그 권속들은 모두 다 잘 살아야 할 것인데 왜 그렇지 못합니까?"

이럴 때 나오는 나의 대답은 이렇다.

"잘 빠진 사람이라도 누더기를 걸치면 인물이 죽어 보이고 좀 못생긴 사람이라도 몸에 맞는 멋진 옷을 입게되면 한 인물 더 나는 것이 아니겠소. 같은 값이면 다홍치마라는 속담 그대로 말이오. 그리고 같은 다홍치마를 입었다고 해서 모두 다 뜨는 것은 아니지 않소. 즉 남 보다 더 뛰어나려면 그에 걸맞는 노력이 겉치레 옷보다 더 중요하다는 말이지요."

그렇다. 자신의 존재성을 있게 해주는 이 이름이야말로 자신의 존재만큼이나 귀하고 중요하다. 그러므로 자신을 대표하는 그것은 남들에게 잘 다가갈 수 있는 좋은 모습을 지녀야 할 것이다.

그러나 이보다 더 중요한 것은 인생을 어떻게 가꾸어 나가야 하느냐는 자신의 마음가짐이고 그에 따른 노력이다.

이런 노력이 결실을 맺을 때 그 이름은 아름다워지고 오랫동안의 생명력을 지니게 될 것이다.

2. 이름은 운명에 영향을 미치나?

이 문제에 대해 많은 사람들은 '글쎄요?'하며 머리를 갸우뚱거린다. 또 어떤 이들은 '턱없는 소리'하며 강하게 고개를 흔든다.

그러나 이름을 연구하는 사람들의 대답은 한결같이 "예, 그렇습니다"이다.

30여 년간 하나의 단체나 개인의 호칭을 연구해 온 필자 역시 이름은 많든 적든 간에 운명에 그 어떤 영향을 준다고 자신 있게 말 할 수 있다.

이름은 크게 나누면 두 가지 영향력을 지니고 있다.

첫째는 이름이 지니고 있는 의미(意味)에 따른 영향력이다.

즉 좋은 의미를 지닌 이름은 그 이름을 쓰는 사람에게 좋은 느낌과 암시(暗示) 효과를 줄 수 있고 나쁜 의미는 나쁜 느낌과 암시를 주어 그 사람의 성격 형성이나 생활에 나쁜 영향을 끼친다는 것이다.

이에 대한 객관적이고 과학적인 하나의 자료를 싣는다.

(한국일보, 1998년 3월 30일 월요일 42판, 황유석 기자)

미국인도 작명 잘해야 장수
좋은 의미 이름이 나쁜 이름보다 평균 7년 더 살아
미(美)캘리포니아大 연구결과
수명이 이름에 의해 좌우될 수 있다?

미국 캘리포니아 대학 과학자들은 69~95년 의사가 발급한 3,500여 명의 사망진단서를 토대로 이름과 수명과의 관계를 최근 조사했다. 그 결과 좋은 뜻의 성명 약칭(이름, 중간이름, 성)을 가진 사람이 나쁜 의미의 이름을 가진 사람보다 평균 7.28년이나 더 오래 살았다는 이색적인 결과가 나왔다.

심리학자 니콜라스 크리스텐펠트가 이끄는 연구팀은 특히 여성보다 남성이 이름에 의한 영향을 더 많이 받는다는 것을 확인했다. 예를 들어 성명 첫 글자의 조합이 「ACE」「VIP」「WIN」인 남성은 중립적이거나 아무 뜻이 없는 이름 약칭을 가진 남성보다 평균 4.48년을 더 오래 살았다. 반면 「PIG(돼지)」「RAT(쥐)」「PUM(부랑자)」「ASS(엉덩이)」 등 나쁜 어감의 남성은 보통 이름의 사람들보다 2.8년 일찍 죽었다.

여성의 경우는 남성보다 편차가 약간 적었다. 긍정적인 뜻의 이름을 가진 여성은 가치중립적 이름의 여성보다 3.36년 더 오래 살았으나, 남성처럼 이름이 나쁘다고 해서 보통 사람보다 수명이 짧다는 것은 규명되지 않았다.

크리스텐펄드 박사는 이 같은 현상에 대해 『근본적인 원인은 규명되지 않았지만 수명이 짧았던 사람들이 대부분 자살이나 사고, 정신적 문제와 관련된 이유로 사망했다는 것은 애기할 수 있다』고 밝혔다. 말하자면 나쁜 이름을 가진 사람은 친구나 소속 집단으로부터 평생 자신의 이름 때문에 놀림감이 되고, 이로 인해 스트레스가 끊임없이 축적돼 일찍 사망했으리라는 설명이다.

크리스텐펠드 박사는 『부모들이 자녀 이름에 대해 관심을 갖고 있지만 이름의 이니셜(약칭)에는 무신경한 경우가 많다』며 『자녀를 절대로 「돼지」로 불리게 하지말라』고 당부했다. 이 연구 결과는 27일 뉴 올리언스의 「행동의학협회」에 정식 보고됐다.

두 번째는 이름이 지닌 소리의 파장(音波)에 따른 영향이다.

우리가 살고 있는 이 세상엔 제각기의 파장을 지닌 많은 소리들이 있고 우리는 이 속에 파묻혀 그 영향을 받고 있다.

예를 들면 허공을 맴돌며 음산하게 울부짖는 가을 바람 소리를 듣게 되면 우리의 마음은 절로 스산해지며 우울해진다. 또 수없이 되풀이되는 자동차 경적 소리는 우리의 심경을 날카롭게 하며 짜증과 욕설까지 내뱉게 한다. 그러나 교회에서 들려오는 찬송 소리와 사찰의 은은한 독경 소리는 우리의 마음을 즐겁게 해준다.

이렇게 소리는 인간에게 좋고 나쁜 영향을 미친다.

그러므로 제각기의 파장을 지닌 소리를 발성하여 건강과 질병 퇴치를 목적으로 한 육자기공법(六字氣功法: 六字訣)이 존재 해 오고 있으며 지금에 있어서는 인간에게 나쁜 영향을 주는 소리를 규제하는 소음방지법까지 정해져 있는 실정이다.

따라서 날마다 부르고 듣게 되는 우리의 이름 역시 어떤 파장을 지닌 소리이므로 우리의 건강과 운명에 그 어떤 영향을 끼치고 있음은 분명하다 하겠다.

3. 이때까지의 작명법과 그 해석

　지금까지 전해지고 있는 작명법(해석법)은 수천 여 년 전 중국 땅에서 비롯되었다.

　여기엔 동양 사상의 핵심인 음양오행설(陰陽五行說)과 그에 따른 수리(數理)를 활용한다.

　대강을 기술하면 아래와 같다.

1) 음양(陰陽)

　이것은 하나(一)를 이루고 있는 두 개의 상대성을 말한다. 즉 하루(一日)는 밤(陰)과 낮(陽)이란 이질적인 두 개로 이뤄져 있고 사람은 남(男) 녀(女)로, 전기(電氣)는 +(陽) − (陰)전기로 이뤄져 있음을 말한다.

　음양 분별법은 아래와 같으니 참고하라.

　이러하기에 이름(姓名)의 구성에 있어서도 음(짝수) 양 (홀수)이 배합되어야만 된다는 것이다.

	성질	日,月	數	운동	父母	
陰	濕寒	月	짝수	引力	母	
陽	燥熱	日	홀수	推力	父	

	運動性質	관계	물,불	生物	상태	天地
陰	下向	內,裏	水	植物		地
陽	上向	外,表	火	動物		天

예) 김동림(金東林)과 김진영(金辰泳)의 이름 비교.

김동림(金東林)은 이름 석자 모두가 8회이다. 그러므로 음양 배합이 안 되어 있다.

김진영(金辰泳)은 8획(金), 7획(辰), 9획(泳)의 구조이므로 음양 배합이 잘되어 있다.

따라서 김동림(金東林)은 김진영(金辰泳) 보다 잘 되어있지 못한 이름으로 판정하고 있다.

2) 오행(五行)

오행(五行)이라는 것은 목(木), 화(火), 토(土), 금(金), 수(水)라는 5개의 글자로 표시되는데 아래와 같이 설명할 수 있다.

① 음양이 상합(相合) 운동을 한 결과로서 나타난 다섯 가지의 모양(상) 및 운동 모습과 그 성질을 뜻한다.

② 태극(太極) 운동이 다섯 단계에 이르는 진행 모양이라 할 수 있다.

①항의 설명은 운동의 성질 작용적인 면에 대한 것이며 ②항은 우주 및 사물 생성 운동의 진행 단계에 대한 상대적

설명이다.

그러나 이때까지 대부분의 학자들은 오행(五行)에 대한 것을 ①항의 설명으로만 받아들이고 있다.

이에 따라 불완전한 역리적(易理的) 해석이 난무하게 되었다.

A. 오행 서로간의 관계

목(木), 화(火), 토(土), 금(金), 수(水)로 불리는 오행은 각각의 오행마다 음양(陰陽)이라는 두 개의 본성이 있기 때문에 모두 10개의 수(數)가 된다.(5 x 2 = 10)

예를 들면 목(木)에는 양(陽)의 성질을 지닌 목(木)이 있으며 음(陰)의 성질을 지닌 음목(陰木)이 있다.(다른 오행 역시 그렇다)

이 10개의 것은 각자가 지닌 성질 때문에 서로 간에 셋(三)의 상대 관계를 가지게 된다.

◎ 비화(比和) 관계

같은 오행끼리의 상대 관계를 말한다. 즉 목(木)과 목(木), 금(金)과 금(金), 토(土)와 토(土)가 서로 만났을 때의 관계를 일컫는다.

◎ 상생(相生) 관계

수생목(水生木), 목생화(木生火), 화생토(火生土), 토생금(土生金), 금생수(金生水)로 말하는데 하나의 기운이 다른 한 쪽으로 힘을 전달 진행시켜주는 관계가 성립될 때를 말한다.

이 관계는 모(母)와 자(子)의 관계로 비유되기도 한다.

예) 수생목(水生木)일 때 수(水)는 모(母)요, 목(木)은 자(子)에 해당된다.

◎ 상극(相剋) 관계

수극화(水剋火), 화극금(火剋金), 금극목(金剋木), 목극토(木剋土), 토극수(土剋水)로 말하는데 한 쪽이 다른 한 쪽을 극제(剋制)하는 관계이다. 즉 수극화(水剋火)에서 물인 수(水)는 불에 속하는 화(火)를 제극 할 수 있다. 이 때 극을 받은 화(火)는 힘이 약해지고 이에 따라 진행이 약해지거나 못하게 된다.

이런 오행 서로 간의 관계는 힘의 작용 성질에 따른 상대 관계이다. 그런데 이런 운동을 태극(太極)이라는 한 운동의 진행 상태로 보지 못하고 나타나 있는 각각의 현상적 모양에만 치우쳐 판단하면 다음과 같이 말하게 된다.

'물에서 나무(木)가 생기고 또 물(水)은 나무를 살리고 나무(木)에서 불(火)이 생겨나고 불(火)이 타고나면 재가 남는 것처럼 불에서 흙이 생긴다. 그리고 흙(土) 속에서 쇠(金)가 나오고 쇠(金)처럼 야문 것을 짜면 물(水) 나오듯 금생수(金生水)가 된다.'

현재 역학(易學)을 공부하고 있는 대부분의 사람들이 알고 있는 위와 같은 말은 아주 유치한 것으로 하나(一)의 운동이 분열 팽창되었다가 제자리로 되돌아가는 태극 운동의 본 모습을 살피지 못한데 따른 소견인 것이다.

이런 좁은 안목으로만 역(易)을 살펴본 사람들 가운데에는 자신의 시야가 좁아 그 이치를 깨닫지 못한 것은 생각지도 않은 채 음양오행설은 과학적이지도 않고 그저 이상한 사람들이나 연구하는 미신으로 몰아 버린다.

음양오행설 즉 역(易)은 우주 운동과 우주 운동에 따른 사물의 생성 변화를 원인과 결과라는 등식으로 설명하고 나타내는 것이다. 따라서 좁은 안목으로 살핀다면 우주 운동 뿐 아니라 이 세상에서 생성 소멸하는 모든 사물에 대한 실상(實相)을 똑바로 정확하게 받아들이지 못할 것이다.

그러므로 하나의 글자 한 마디 말속에 숨겨져 있는 여러 가지 사연과 정보를 찾는 방법은 단편적인 지식과 정보에만 의존해선 안되고 다각적이고 종합적인 지식과 넓은 안목이 필요하다.

B. 오행 배속표

五行	목(木)	화(火)	토(土)	금(金)	수(水)
방위	동(東)	남(南)	중앙(中央)	서(西)	북(北)
계절	춘(春)	하(夏)	사계(四季)	추(秋)	동(冬)
성질	상승(上昇)	上昇,分烈	조화(調和)	下降, 引	수축,응결
五氣	풍(風)	열(熱)	습(濕)	조(燥)	한(寒)
五心	노(怒)	희(喜)	사(思)	우(憂)	공(恐)
五色	청(靑)	적(赤)	황(黃)	백(白)	흑(黑)
五常	인(仁)	예(禮)	신(信)	의(義)	지(智)
五音	각(角)	징(徵)	궁(宮)	상(商)	우(羽)
五臟六腑	간, 담	心, 小腸	脾胃	肺, 大腸	腎, 방광
운동	生	長	在	收	藏

3) 십간십이지(十干十二支)

십간(十干) : 갑(甲), 을(乙), 병(丙), 정(丁), 무(戊), 기(己), 경(庚), 신(辛), 임(壬), 계(癸)

십이지(十二支) : 자(子), 축(丑), 인(寅), 묘(卯), 진(辰), 사(巳), 오(午), 미(未), 신(申), 유(酉), 술(戌), 해(亥)

A. 십간의 음양오행

양(陽)	갑(甲)	병(丙)	무(戊)	경(庚)	임(壬)
음(陰)	을(乙)	정(丁)	기(己)	신(申)	계(癸)
오행(五行)	목(木)	화(火)	토(土)	금(金)	수(水)

B. 십이지의 음양오행

양(陽)	자(子)	인(寅)	사(巳)	辰(진), 戌(술)	신(申)
음(陰)	해(亥)	묘(卯)	오(午)	丑(축),未(미)	유(酉)
오행(五行)	수(水)	목(木)	화(火)	토(土)	금(金)

C. 십이지 동물 배속표

子	丑	寅	卯	辰	巳	午	未	申	酉	戌	亥
쥐	소	범	토끼	용	뱀	말	양	원숭이	닭	개	돼지

D. 십이지와 시간

十二支	子	丑	寅	卯	辰	巳	午	未	申	酉	戌	亥
時間	오후 11 ~ 새벽 1	오전 1~3	오전 3~5	오전 5~7	오전 7~9	오전 9~11	오전 11~오후 1	오후 1~3	오후 3~5	오후 5~7	오후 7~9	오후 9~11
계절	겨울 11월	겨울 12월	봄 1월	봄 2월	봄 3월	여름 4월	여름 5월	여름 6월	가을 7월	가을 8월	가을 9월	겨울 10월

E. 육합(六合)

12지가 두 개씩 짝을 짓는 것을 말한다. 합하면 오행이 변한다.

子丑	寅亥	卯戌	辰酉	巳申	午未
토(土)	목(木)	화(火)	금(金)	수(水)	화(火)

F. 삼합(三合)

12지 중에 셋(3)으로 합이 되는 경우다.

신(申)자(子)진(辰)이 삼합(三合)하여 수국(水局)으로 변한다.

해(亥)묘(卯)미(未)가 삼합(三合)하여 목국(木局)으로 변한다.

인(寅)오(午)술(戌)이 삼합(三合)하여 화국(火局)이 된다.

사(巳)유(酉)축(丑)이 삼합(三合)하여 금국(金局)이 된다.

◎ 합(合)은 서로 단결하는 것이며 정(情)을 맺는 것으로서 힘이 강해진다.

◎ 합(合)의 목적은 생산에 있고 인력(引力)에 해당된다.

G. 충(沖)

자(子)오(午), 축(丑)미(未), 인(寅)신(申), 묘(卯)유(酉), 진(辰)술(戌), 사(巳)해(亥)끼리 만나면 서로 간에 충(沖)이 된다.

이 충(沖)은 서로 대칭되는 위치에 있으므로 성립되고 충돌을 의미하고 추력(推力)에 해당된다. 충(沖)을 만나면 약한 쪽이 부서지고 동요가 발생된다.

H. 원진(元辰)

자(子)미(未), 축(丑)오(午), 인(寅)유(酉), 묘(卯)신(申), 진
(辰)해(亥), 사(巳)술(戌)의 두 지지가 만났을 때를 말한다.
까닭 없이 서로 미워하게 된다는 뜻이다.

I. 귀문(鬼門)

자(子)유(酉), 축(丑)오(午), 인(寅)미(未), 묘(卯)신(申),
진(辰)해(亥), 사(巳)술(戌)끼리 만났을 때를 말한다.

신경예민, 우울증, 정신병, 의처증, 의부증, 신기(神氣) 있
음, 정서불안, 불면증 등의 영향을 준다.

J. 도화(桃花)

음란과 색정(色情) 등 이성 관계의 복잡함을 뜻하고 화투
(도박)와 꽃(분재, 꽃꽂이)을 뜻한다.

인(寅)·오(午)·술(戌)년(年)에 태어난 사람이 묘(卯)를
만났을 때

해(亥)·묘(卯)·미(未)년(年)에 태어난 사람이 자(子)를
만났을 때

신(申)·자(子)·진(辰)년(年)에 태어난 사람이 유(酉)를
만났을 때

사(巳)·유(酉)·축(丑)년(年)에 태어난 사람이 오(午)를
만났을 때, 때를 말한다.

4) 수(數)의 음양오행과 그 뜻

A. 수(數)의 음양오행 배속표

수	1	2	3	4	5	6	7	8	9	10
음양	양	음	양	음	양	음	양	음	양	음
오행	목(木)		화(火)		토(土)		금(金)		수(水)	

위 표는 현상 세계에 나타난 첫 운동을 목(木)으로 보고 그 운동의 진행과정을 자연수 10수에 맞춘 것이다.

즉 세상에 첫 모습을 드러낸 생명운동을 양목(陽木)으로 본 것이며 첫 번째 운동임으로 1수로 나타낸 것이다. 이것은 앞에서 설명한 오행에 대한 ②항의 설명과 동일하다.

성명학의 대가라고 호언하는 사람들에게 왜 성명학에서 1·2를 목(木), 3·4를 화(火)라 하느냐고 물어보면 '글쎄요?'하며 우물쭈물한다. 이는 위의 이치를 몰라서이다.

B. 사물의 생성(生成)에 따른 수(數)의 오행배속

오행	수(水)	화(火)	목(木)	금(金)	토(土)
생수(生數)	1	2	3	4	5
성수(成數)	6	7	8	9	10

위 표는 하도(河圖)에 따른 것으로 앞에서 밝힌 오행의 ①항에 해당된다.

◎ 하도(河圖)

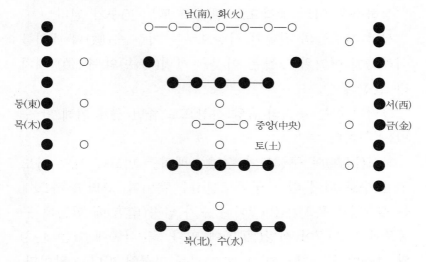

이 그림에서 ●, ○로 표시된 것은 생수(生數)와 성수(成數)를 나타낸 것이다. ●은 성수, ○은 생수이며 사방과 중앙에 배치된 그림은 모두 수를 나타낸 것이다.

◎ 구궁도(九宮圖)

	금(金)		
4	9	2	
			화(火)
3	5	7	
목(木)	토(土)		
8	1	6	
	수(水)		

이렇게 아홉 곳에 배치된 수(數)를 구궁도(九宮圖) 또는

낙서(洛書)라 한다.

상하좌우 어느 방향으로 합해도 모두 15수가 된다.

서양 사람들의 철학과 사상으로는 이런 수(數)의 배치를 이해하기 어려워 그들은 이것을 마법(魔法)의 수(數) 배치라 말한다.

그러나 이는 우리의 음양 사상으로 풀면 쉽게 이해 할 수 있는 것이다.

하도(河圖)와 구궁도의 수(數) 배치를 비교해 보면 하도는 10수로 되어 있고 구궁도엔 9수 뿐이다. 그리고 하도에는 불(火)을 뜻하는 2·7이란 수가 남방(南方)에 있는데 구궁도에는 2·7이 서방(西方)에 있다. 즉 서쪽에 있는 4·9와 남쪽에 있는 2·7이 서로 자리를 바꾸어 있다는 말이다. 이를 역학(易學)에서는 금화교역(金火交易)이라 한다.

이때까지의 학자들은 이 금화교역(金火交易)이 왜 일어났느냐 하는 것을 알지 못했다. 이럼에 따라 주(周)나라 문왕(文王)이 새로이 괘를 그었다 또는 낙(洛)이란 물(水)에서 신령스러운 거북이가 구궁도를 짊어지고 나왔다 등으로 이치에 맞지 않는 이상한 말들을 퍼트리게 되었다.

이럼에 따라 역학(易學)은 신비스런 것 또는 미신(迷信) 같은 것이란 낙인이 찍히게 되었다.

그러나 이 역시 음양(陰陽)의 성질과 그 운동을 세밀하게 살펴보면 쉽게 풀릴 수 있는 것이다.

자세한 설명은 지면 관계상 생략한다. 궁금한 분은 필자가 쓴 「천고의 비밀」을 참고하기 바란다.

C. 수(數)의 의미

모든 사물은 자기만의 수(數)가 있고 이 수(數)를 살펴 사물의 상태와 그 운동을 알 수 있다는 것이 역학자(易學者)들의 견해였다. 그래서 그들은 상(象)과 수(數)의 관계를 연구하는 것을 상수학(象數學)이라 말하기도 하며, 이에 따라 사물의 길흉을 짚어 보는 것을 추수(推數)한다로 말한다.

우리들이 흔히 쓰는 '좋은 수 없나?', '별 수 없다' 등의 말들도 여기에 영향을 받아 생겨난 것이다.

여기에서는 이때까지의 연구가들에 의해 파악된 각각의 수(數)가 지니고 있는 의미를 간략하게 소개한다.

◎ 1수 : 모든 운동의 첫걸음이므로 새롭고 진취적인 뜻이 있다. 따라서 사물의 머리(首), 희망, 발전, 새로움을 의미하는 좋은 수로 말하고 있다.

◎ 2수 : 하나(一)에서 시작된 운동이 잠시 머물며 분열과 팽창을 도모하는 단계다. 그러므로 분리, 분열, 박약을 의미하는 좋지 않은 수로 말하고 있다.

◎ 3수 : 2수 단계에서 분열되고 분리되었던 운동이 이 단계에선 활발히 진전하며 하나의 꼴을 갖출 조건을 구비한 단계이다. 또 사물 구성의 삼요소(天, 地, 人)를 갖춘 단계이며 생수(生數 : 1~5) 중의 한 가운데이다. 그러므로 이뤄짐, 진취, 발전, 지모(智謀)를 의미한다.

◎ 4수 : 3수 단계의 운동이 잠시 머물며 사방으로 분열되는 단계다. 그러므로 고난, 분리, 파멸을 뜻한다. 그리고

사(死)와 같은 소리이므로 불길한 수다.

◎ 5수 : 하나(一)에서 시작된 운동이 일단계로 완성됨을 뜻한다. 이러므로 하나(一)에서 다섯(五) 단계의 수(數)를 생수(生數) 또는 소성수(小成數)로 말하는 것이다. 토(土)의 성품을 지니고 있으므로 하나의 기반을 이룬 것을 나타내며 만물을 포용하는 덕이 있는 좋은 수로 본다.

◎ 6수 : 하나의 이뤄진 기반에서 더욱 발전되는 단계이므로 지(智), 신(信)을 함유한 좋은 수로 본다.

◎ 7수 : 여섯(六) 단계의 운동이 여기서는 더욱 위로 솟구치는 강한 운동을 하게된다. 따라서 강건한 기백이 있고 한 곳으로 치솟으려는 고집을 내포하고 있다. 추진력 있는 좋은 수로 보고 있다.

◎ 8수 : 밖으로 위로만 진행하던 운동이 여기서부터는 안으로 내실을 기하게 된다. 바로 우리말 여덟에 해당되는 여물어드는 단계이다. 따라서 내부를 성찰하고 내실을 기하려는 성품을 지닌 좋은 수이다.

◎ 9수 : 완전에 거의 다달은 수이나 구곡(九曲), 구천(九天), 구중(九重)이란 말에서 보듯 험난과 어려움을 의미한다. 한 곳에 안주 못하는 유랑의 수로써 성급함을 감추고 있다.

◎ 10수 : 하나에서 시작된 운동이 이 자리에서 완성되어 있기 때문에 하나의 운동이 끝남을 의미한다. 따라서 허전함과 허망됨을 뜻하는 나쁜 수로 보고 있다. 그러나 현 위치에 안주하지 않고 새로운 도약을 기하는 성품이 있으므로 길흉(吉凶)을 모두 지니고 있다. 우리말 열(十)에 해당됨으

로 열매(實) 열다(開)의 뜻도 있다.

이때까지의 자연수 10개를 인간 생명의 생성에 비추어 보면 다음과 같다.

하나(一)를 뜻하는 한 방울의 물(水)이 열궁(十宮 : 子宮)에 떨어져 둘(二), 셋(三), 넷(四)의 과정을 거쳐 다섯(五) 단계에서 비로소 하나의 사람 형체를 갖추었고 또다시 여섯, 일곱, 여덟, 아홉의 성숙해지는 단계를 거쳐 열달(十個月)만에 엄마의 열궁(十宮)을 열고 나와 새 생명의 탄생을 고하게 된다. 그러나 이로서 모든 운동이 끝난 것은 아니다. 이 세상에 머리를 내민 새 생명에겐 걸어나가야 할 머나먼 행로가 남아 있다.

◎ 11수 : 새로운 세상에서 자기 힘으로 새로이 가야되는 첫 단계이므로 전진과 희망을 뜻하나 독단, 독선적인 성품도 함유하고 있다. 흔히 새로운 별이 뜬 상태(新星格)로 말하고 있다.

◎ 12수 : 10 + 2 = 12로서 이별과 고난, 실패를 뜻하며 연약함을 나타낸다.

◎ 13수 : 「10 + 3 = 13」으로 두뇌 명석하고 발전적인 기풍을 함유한 좋은 수로 보고 있다.

◎ 14수 : 부드럽고 내성적인 성품이나 모든 일이 흩어지고 찢어지는 암시를 지니고 있는 불길한 수로 보고 있다.

◎ 15수 : 모든 것을 이루고 다시 새로운 발전을 기약하는 수로서 재물과 귀함이 따른다고 한다. 흔히 만 사람을 거느리고 통솔한다는 뜻으로 받아들이고 있다.

◎ 16수 : 덕망격으로 일컬어지고 있는 수로서 재물과 성공이 따르는 좋은 수로 해석하고 있다.

◎ 17수 : 사교성이 부족하고 고집이 강하다고 하나 건전하게 창달한다는 의미로 받아들이고 있다.

◎ 18수 : 진취적 기풍으로 발전한다는 암시를 지니고 있는 좋은 수로 보고 있다.

◎ 19수 : 지모는 있으나 한 곳에 안주 못하고 유랑하는 뜻이 있어 매사가 이뤄지지 않는 불길한 수로 알려져 있다. 여자의 이름에 이 수가 있으면 술집이나 다방 등의 유흥업소로 흐른다고 한다.

◎ 20수 : 길흉 양면에 극단적인 작용을 하며 일시적인 성공은 있으나 결과는 좋지 못한 불길한 수로 보고 있다. 종교인, 수도인(修道人)에겐 좋다고 한다.

◎ 21수 : 역경을 뚫고 큰 공을 이루는 지도자를 의미한다. 남자에겐 조직의 우두머리가 될 수 있는 좋은 수이나 여자에겐 독신, 과부수라 한다.

◎ 22수 : 매사에 끝맺음이 없으며 분리, 분산, 실패를 뜻하는 나쁜 수라 한다.

◎ 23수 : 강한 의지력으로 역경을 헤쳐나가 큰 성공을 이루는 좋은 수이나 여자에겐 남편 운이 좋지 않다고 한다.

◎ 24수 : 역경을 뚫고 나와 입신양명하는 좋은 수라 한다.

◎ 25수 : 큰 성공은 없으나 자기의 위치는 그런 대로 쌓아 가는 안정된 수리이다. 신용 있고 포용력이 있다.

◎ 26수 : 일시적으로 성공은 있으나 종말이 좋지 않은

나쁜 수로써 평생 시비구설이 많이 따르고 적이 많다. 다리에 큰 부상을 당하지 않으면 다리가 아프다(신경통, 관절염 등으로).

◎ 27수 : 성공 일보 직전에 좌절됨이 많은 수이며 형액과 시비가 많이 따르는 불길한 수이다.

◎ 28수 : 평생에 풍파가 많이 따르는 좋지 못한 수이다.

◎ 29수 : 초목이 겨울을 이겨내고 꽃을 피우며 열매를 맺는다는 뜻을 가진 좋은 수이다.

◎ 30수 : 모든 일이 뜬구름 같이 되어버리는 좋지 않은 수이나 종교, 철학, 의술로는 성공할 수 있는 수이다.

◎ 31수 : 인덕이 있고 만사가 뜻대로 활짝 피어난다는 뜻을 가진 좋은 수이다.

◎ 32수 : 투기와 호색(好色)을 뜻하며 풍류를 뜻하는 좋지 않은 수이나 여자에게는 좋은 수다.

◎ 33수 : 초년에는 풍파가 많으나 노년에 뜻을 이룰 수 있는 수로써 대기만성의 좋은 수이다.

◎ 34수 : 파란과 흉액이 많은 흉한 수로써 형옥수가 많다. 정신적인 폭렬성과 의처증이 많은 수이다.

◎ 35수 : 큰 성공은 없으나 평안한 삶을 누릴 수 있는 좋은 수이다.

◎ 36수 : 골육이 서로 싸우고 친한 사람에게 배반당하는 아주 나쁜 수로써 신체에 큰 위험을 초래하는 수이다.

◎ 37수 : 지성과 행동력을 갖춘 수로써 겸손 할 줄 아는 성품을 지녔으므로 남의 도움을 많이 받는 좋은 수이다.

◎ 38수 : 문학적이고 예술적인 재질이 있으며 특이한 기술을 지닐 수 있는 수리로써 소망을 이룰 수 있는 좋은 수이다.

◎ 39수 : 직장운이 강한 수리이며 인품이 천하지 않음을 암시하는 좋은 수이다.

◎ 40수 : 인덕이 없어 남에게 배신 당하는 수리이며 모든 일이 허사로 돌아가는 불길한 수리이다.

◎ 41수 : 뭇사람 가운데에서 특히 뛰어나 보이는 능력과 품성을 갖춘 수로써 큰 성공을 이끌어 주는 대길(大吉) 수이다.

◎ 42수 : 내성적인 성품으로 밖으로 전진하는 박력이 약한 수로써 실패와 이별을 뜻하고 신액(身厄)과 관재(官災) 형옥수가 있는 아주 흉한 수리이다.

◎ 43수 : 뚜렷한 주관과 결단력이 없어 이리저리 헤매는 운을 가진 수리로써 정신적인 질병을 암시하는 흉한 수이다.

◎ 44수 : 모든 일에 장애가 따라 한 가지도 제대로 이룰 수 없는 수로써 피살과 객사(客死)가 암시되는 불길한 수이다.

◎ 45수 : 먼 앞길을 헤아리는 큰 지혜가 있는 수리로써 만 사람의 귀감이 될 운으로 이끄는 대길(大吉)수(數)이다.

◎ 46수 : 두뇌는 명민하나 세상 일에 요령 부족으로 되는 일이 없는 대흉(大凶)수(數)이다.

◎ 47수 : 추진력과 지모(智謀)를 갖추어 자기 힘으로 큰 일을 이룰 수 있는 재복(財福)을 겸한 길수(吉數)이다.

◎ 48수 : 여러 사람들에게 인기가 있어 많은 도움을 얻

을 수 있는 아주 좋은 수이다.

◎ 49수 : 행운 뒤에 불행이 오고 성공 뒤에 실패가 따르는 불확실한 수로써 반길반흉(半吉半凶)한 수이다.

◎ 50수 : 정신이 맑지 못하고 두뇌 또한 명민하지 못해 남의 도움만을 바라는 무능한 운을 갖추고 있는 좋지 않은 수이다.

◎ 51수 : 밖으로 진행하는 박력도 있으며 성질 역시 강건하고 정직하나 어려움이 많이 따른 후에 성공하는 운을 가진 수이다.

이상 51수까지의 뜻만을 대강 기술한다. 이것만이라도 앞으로 기술할 내용에 충분한 참고가 될 수 있기 때문이다.

5) 음(音) 오행

소리에 따른 오행을 말한다.

① 각음(角音) : 목(木)에 해당되며 어금니 소리(牙音)인 ㄱ, ㅋ이다.

② 치음(徵音) : 화(火)에 해당되며 혓바닥 소리(舌音)인 ㄴ, ㄷ, ㄹ, ㅌ을 말한다.

③ 궁음(宮音) : 토(土)에 해당되며 목구멍 소리(喉音)인 ㅇ과 ㅎ을 말한다.

④ 상음(商音) : 금(金)에 해당되며 이빨 소리(齒音)인 ㅅ, ㅈ, ㅊ을 말한다.

⑤ 우음(羽音) : 수(水)에 해당되며 입술 소리(脣音)인 ㅁ, ㅂ, ㅍ을 말한다.

6) 글자의 획수

이름을 구성하고 있는 각 글자의 획수를 말함이고 옥편에 있는 획수를 취하는데 삼수(氵)변 읍(阝 = 邑)변 등의 글자는 원래의 글자 획수를 취하여 쓴다.

즉 삼수(氵)는 3획이나 물 수(水)자의 변형이므로 4획으로 본다. 그리고 정(鄭)자의 오른쪽 글자(阝)는 읍(邑)자의 변형이므로 7획(邑 = 7획)으로 본다.

이 외의 글자 역시 그렇게 한다는 설이다.

그러나 본래의 글자에서 획수를 취하지 말고 현재 쓰이고 있는 글자에 있는 그대로의 획수를 써야 된다고 주장하는 사람들도 있다. 즉 삼수(氵)를 있는 그대로 3획으로 봐야한다는 설이다.

그리고 숫자는 숫자가 뜻하는 수(數) 그대로 봐야 한다. 이(二)는 2획, 삼(三)은 3획, 사(四)는 4획, 오(五)는 5획, 육(六)은 6획, 칠(七)은 7획, 팔(八)은 8획, 구(九)는 9획으로 말이다.

이때까지의 것들을 토대로 하여 다음과 같이 해석하고 있다.

예1)

音五行	1획				三元五行
목(木)	(김)	金	(8획)	天格 9획	수(水)
토(土)	(영)	泳	(9획)	人格 17획	금(金)
금(金)	(삼)	三	(3획)	地格 12획	목(木)

위 이름은 성(姓)인 김(金)은 8획으로 짝수이고 나머지 두 글자는 홀수 이므로 음양은 배합되었다.

음오행은 김(金)이 ㄱ음이므로 목(木)이고 영(泳)은 토(土)이며 삼(三)은 ㅅ이므로 금(金)에 속한다.

따라서 음오행이 목극토(木剋土), 토생금(土生金)으로 되어 좋지 못하다.

삼원오행(三元五行)은 성(姓)인 김(金)의 획수에 천수(天數) 일(一)이 더하면 천격(天格)은 9획이다. 이 9획은 수(水)에 속한다.

그리고 김(金) 8획과 중간자인 영(泳) 9획을 더한 것으로 인격(人格) 17획이 되는데 여기서 10을 빼면 7획이 되고 이 7획은 금(金)에 해당된다. 또 중간자인 영(泳)과 끝 자인 삼(三)의 수를 더하면 지격(地格)은 12획이고 여기에 10을 빼면 둘(二)이 남는데 이것은 목(木)에 해당된다.

따라서 천격 오행(水)과 인격 오행(金)은 상생이 되나 인격 오행(金)과 지격 오행(木)은 금극목(金剋木)으로 상극이 됨으로 좋지 않다.

수리는 중심운인 인격(人格) 17획은 좋은 수리이나 지격(地格) 12획과 총격(총획수) 30획은 아주 불길한 수리이다.

따라서 좋다기 보다는 나쁜 쪽에 속하는 이름이다.

예2)

音五行			(1)		三元五行
목(木)	(김)	金	(8)		수(水)
				11획	
화(火)	(대)	大	(3)		목(木)
				7획	
금(金)	(중)	中	(4)		금(金)
		총 15획			

이 이름은 음양은 배합되었다.

음오행은 목(木), 화(火), 금(金)의 구조로 목(木)화(火)는 상생이 되나 화(火)와 금(金)은 상극이다.

삼원오행 역시 천격(天格)인 수(水)가 인격(人格)인 목(木)을 생해주나 지격(地格) 오행인 금(金)이 금극목(金剋木)으로 하극상(下剋上)하고 있다.

수리(數理)는 모두 길하다.

예3)

音五行					三元五行
목(木)	(김)	金	(8)		수(水)
				15획	
금(金)	(종)	鍾	(17)		토(土)
				26획	
수(水)	(필)	泌	(9)		토(土)
		총 34획			

이 이름의 음양은 짝수(8), 홀수(17), 홀수(9)의 구조이므로 배합이 좋다.

그러나 오행은 목(木), 금(金), 수(水)의 구조로 좋지 않고 삼원오행 역시 수(水), 토(土), 토(土)의 구조로 상극이다.

수리는 인격 15획은 좋은 수이며 지격 26획은 길흉이 극단적으로 나타나는 수로서 영웅시비격이라는 수리이다.

또 총 34획은 파멸을 뜻하는 나쁜 수리이다.

따라서 아주 나쁜 이름에 속한다.

이상 살펴본 세 사람의 이름은 별로 좋을 것 하나 없는 흉명(凶名)에 속한다. 그런데도 위 세 사람은 일국의 영수로서 또 한 조직의 영수로서 성공한 거물이었다.

예4)

音五行			(1)		三元五行
수(水)	(박)	朴	(6)	7획	금(金)
금(金)	(춘)	春	(9)	15획	토(土)
토(土)	(영)	映	(9)	18획	금(金)
		총 24획			

이 이름은 음양배합이 되었고 삼원오행과 음오행 또한 상생으로 아주 좋다. 그런데다가 인격 15획, 지격 18획, 총격 24획으로 수리 또한 아주 좋다. 그러나 이 이름을 지닌 필자의 지인(知人)은 그냥 평범하게 인생을 살아가고 있다.

예5)

音五行					三元五行
토(土)	(이)	李	(7)		금(金)
				16획	
토(土)	(형)	炯	(9)		토(土)
				17획	
토(土)	(호)	昊	(8)		금(金)
		총 24획			

이 사람의 이름 또한 음오행만이 토(土) 토(土) 토(土)로 별로 좋지 않으나 그 외의 것은 모두 좋다.

그러나 이 어린이는 1991년 2월에 납치되어 그 해 3월에 살해되었다.

예6)

音五行			(1)	9획	三元五行
토(土)	(임)	林	(8)		수(水)
금(金)	(정)	貞	(9)	17획	금(金)
토(土)	(임)	任	(6)	15획	토(土)
		총 23획			

이 이름도 음양오행(삼원, 음), 수리 모두 좋다. 그러나 8번의 수술을 했으며 젊어서 남편을 잃고 혼자 어렵게 살아가고 있는 필자의 지인(知人)이다.

현재의 성명학에서 쓰고 있는 풀이법에 따라 흉한 이름과 좋은 이름 몇 개를 비교해봤다.

여기서 우리는 흉하다고 하는 이름의 소유자가 오히려 크게 성공했고 좋다고 일컫는 이름의 소유자가 더 불행한 삶을 사는 것을 알 수 있었다.

이렇다면 현재의 성명학 뿐 아니라 동양 사상의 핵인 음양오행, 수리(數理)등도 믿을 수 없는 미신적인 것일 수밖에 없다.

이에 대해 어떤 이는 그것은 너무 단편적인 비교며 일부러 골라낸 예이므로 보편성이 없다고 말할 수 있다.

그러나 이런 예는 얼마든지 내보일 수 있다는 것이 필자의 변이며 이는 성명학을 연구해 본 사람이라면 누구나가 수긍할 수 있는 문제일 것이다.

4. 새로운 성명학의 기초

이름은 그것을 오랫동안 사용해 온 사람에게 그 어떤 운
명적 영향을 끼침은 분명한 것이다. 그러나 앞장에서 우리
는 시중에서 널리 쓰이고 있는 현재의 성명학이란 것을 살
펴보았고 그것을 다시 한번 요약하면 다음과 같다.

첫째, 현재의 성명학은 글자의 획수에 따른 수리(數理)와
음양오행, 그리고 소리(音)에 따른 오행(五行)을 주로하여
길흉(吉凶)을 판별하는데 정확하지 않았다.

둘째, 이것은 좋은 이름, 이것은 나쁜 이름 등으로 몇 마
디 말밖에 할 수 없는 한계성이 있었다.

천태만상의 이름에는 그 만이 지니고 있는 특색이 있고
고유한 정보가 있는데도 말이다.

이러므로 현재의 성명학은 지식인들에겐 학문이 아니라
미신으로 취급되고 있는 실정이다.

그렇다면 어째서 현재의 성명학이 이렇게까지 되었을까?

그 원인은 크게 세 가지로 볼 수 있다.

첫째, 한국인의 이름은 90% 이상이 한자로 되어 있다. 그

러므로 문자 하나 하나에 대한 폭넓은 이해가 필요한 것은 당연한 일일 것이다.

그러나 시중에 나와 있는 수많은 관련서적을 들춰봐도 이에 대해 폭넓게 다뤄 놓은 것은 거의 없고 있다 하더라도 초보적이고 유지한 수준에 불과하다.

즉 이름의 기초가 되는 한자(漢字)의 자원(字源)과 자해(字解) 그리고 본래의 뜻과 현재 쓰이고 있는 변질된 뜻 등을 알아야 할 것인데 그렇지 못하다는 것이다.

예를 들면 '보인다'는 뜻으로 읽히고 있는 시(示)자는 제사상(不)에 제물이 놓여 있는(示) 것을 그려낸 것으로 원래의 뜻은 '제사지내다', 제사를 받는 귀신'이라는 뜻이었다.

그리고 오랑캐의 뜻으로 쓰이고 있는 이(夷)자는 큰 사람(大人)이 활(弓)을 메고 있는 것을 상형한 것으로 원래의 뜻은 「어진 사람」이었다.

또 '곧다'의 뜻으로 쓰이고 있는 정(貞)자는 뼈(骨) 위에 구멍을 뚫은 다음 불에 넣어 그 균열된 모양을 보고 점(卜)을 치는 모양을 그려낸 것으로 점쾌는 곧게(바르게) 나와야 된다는 뜻에서 「곧다」는 뜻이 따르게 된 것이다.

이러한데도 문자 하나 하나에 대한 폭넓은 이해 없이 작명과 해명(解名)을 하려한다면 마치 옷을 지으려는 사람이 옷감의 소재와 질 그리고 색상을 무시한 채 덤비는 꼴이라 아니할 수 없을 것이다.

둘째는 편견과 한정된 지식만을 고수하려는 태도를 버리

고 사물의 다각적이고 종합적으로 살펴보는 시각이 필요한
데도 그렇지 못하다는 것이다.

　이것은 성명학 뿐 아니라 우리 삶을 지혜롭게 가꾸기 위
해서는 절대적으로 필요한 것이다. 그러나 많은 사람들은
입으로는 그렇게 해야 옳다고 하면서도 자신의 한정된 지
식과 선입견에 따라 판단하려 한다.

　필자의 경험을 예로 들어보겠다.

　1991년 6월 20일 오후 4시경에 겉치레를 요란스럽게 한
45세 가량의 중년 여인이 찾아왔다.

　그녀는 자리에 앉자마자 김갑(金甲)이라는 이름을 종이
에 적어 냈다.

　"이 남자 좀 봐 주세요."

　이름치고는 흔하지 않은 특이한 이름이었다.

　이름을 한참동안 살펴본 필자가 물었다.

　"이 사람이 당신 남편이오?"

　"예"

　여인은 고개를 끄덕이며 내 입을 쳐다봤다.

　"이 사람은 갑신(甲申)년(年) 생으로 올해 48살이며 장남
으로 태어나 20세가 되기 전에 타향으로 나갔군요. 객지에
서 2~3년간 나무 다루는 기술을 배우다가 직업군인으로
지원하여 40세 전까지 군인으로 있었는데 계급은 하사관이
었을 것입니다. 그렇지 않습니까?"

　"예. 말씀하신 그대로입니다."

　여인은 내 눈을 빤히 쳐다보면서 고개를 끄덕였다.

첫 번 추리가 적중한 것을 확인한 필자는 목소리에 힘을 주고 말했다.

"이 사람의 성격은 자기 방어 본능이 아주 강하며 호전적이고 남에게 약점을 좀체 내보이기 싫어합니다. 뿐만 아니라 모든 일을 크게 부풀려 보이도록 하는 군요."

잠시 말을 끊은 필자는 담배 한 대를 피워 물며 뜸을 들였다.

여인은 동그란 눈을 더욱 크게 뜨고는 다음 말을 재촉하듯 필자의 입만 쳐다보았다.

헛기침을 한 필자는 입을 열었다.

"이 사람은 현재 자기 사업을 하고 있으나 형편은 그리 좋지 않고 이때까지 여러 여자를 전전하며 아주머니 속을 많이 태웠겠소. 에… 또… 지금 현재도 여자 문제로 가정을 소란스럽게 하고 있는데 그렇지 않습니까?"

"예. 선생님 말씀 그대로인데 이 사람과 사는 것이 좋겠습니까? 아니면 지금이라도 갈라서는 것이 좋을까요?"

여인은 촉촉하게 젖은 눈으로 내게 되물었다.

또 하나의 예를 든다.

1991년 7월 24일 오후 2시경 젊은 여인이 아기를 업고 찾아왔다.

'28살(甲辰生), 유(柳)휘(輝)숙(淑).'

그녀는 자기 나이와 이름을 말해주고는 아무 말 없이 필자의 얼굴만 쳐다보면서 손으로는 자기 발을 만지작거리고 있었다.

필자의 입에서 어떤 말이 나오는지 살펴보겠다는 심산인 듯 했다.

여인의 이름을 살펴본 필자는 볼펜을 건네주며 어떤 글자든지 쓰고 싶은 글자 하나를 써보라고 했다.

잠시 동안 눈을 깜박거리던 여인은 손 끝에 힘을 주어 또박또박 유(有)자를 쓴 뒤 자기 아들을 꼭 껴안았다.

"아주머니! 아주머니는 지금 남편과 싸우고 가출하여 친구 집에 머물고 있군요. 남편과 헤어지려니 자식이 맘에 걸려, 어찌 할까 답답한 심정이지요?"

여인은 웃는 듯 우는 듯한 묘한 표정을 지으며 고개를 끄덕했다.

"남편과 싸움이 잦은데, 그 원인은 남편의 정력이 약해 당신 옆에는 얼씬도 하지 않는데다가 시어머니마저 별 것 아닌 일을 크게 부풀려가며 남편을 충동질하기 때문이지요?"

"예. 그대로입니다. 지금 심정으로는 이혼하고 장사나 하면서 혼자 살고 싶은데…… 어떻게 돈이나 많이 벌수 있을까요?"

여인은 잔뜩 찌푸린 얼굴로 자신감 없는 목소리로 말했다.

위 두 가지 예는 필자의 추리 판단법인데 앞으로 설명할 문제에 대한 철저한 이해 그리고 편견과 독단 없는 보편적이고 종합적인 시각과 역(易)에 대한 기본지식만 갖춘다면 누구든지 어렵지 않게 추리 할 수 있을 것이다.

그런데 필자의 이 추리 판단을 전해들은 어떤 공대(工大) 교수는 '귀에 걸면 귀걸이 코에 걸면 코걸이 같은 이야기를 부풀려 하는 말이겠지'하는 반응을 나타냈다 한다.

그리고 성명 철학을 20여 년간 연구했다는 모 역술원의 박모씨는 '이름 석자로는 그런 사항들을 결코 알 수 없어. 아마도 사주풀이를 곁들여했을거야'하면서 코웃음을 쳤다고 한다.

또 굿 잘한다고 이름 난, 동래에 사는 김 모 무당은 '그 양반 체육관 한다더니 아이들과 많이 놀아 아기 영(靈)이 붙어 그런 용한 소리를 하는구면'하는 촌평을 했다 한다.

그러면 어떤 이유로 위에 든 예와 같은 추리 판단이 가능할 수 있었을까?

이해하기 쉬운 부분만을 들어 설명하기로 한다.

두 번째 예는 이런 학술을 처음 대하는 사람들에게는 설명하기 어려우므로 생략한다.

[문] 어째서 김(金)갑(甲)이란 이름에서 48세 갑신생(甲申生 : 1944년)으로 판단했는가?

[답] 예전 사람들은 아이의 이름을 지을 때 태어난 해(生年)의 천간(天干)을 따서 이름을 짓는 경우가 많았다. 즉 갑년(甲年)에 태어났다고 갑동(甲童), 갑돌(甲乭), 갑순(甲順)으로 한 경우이며 을(乙)년(年)에 태어났다고 을동(乙童)으로 하는 경우인데, TV 탤런트인 김을동(金乙童)씨는 을유년(乙酉年 : 1945년)에 태어났기에 그런 이름을 지니게 된

것이다.

그러므로 김갑(金甲)이란 이름에서 갑년(甲年)에 태어난 것을 알 수 있었고, 김갑씨의 부인이 42세 정도였기에 남편인 김갑씨는 갑신년(甲申年)에 태어난 사람으로 올해 48세인 것을 추리할 수 있었다.

[문] 어떤 이유로 김갑(金甲)이란 이름으로 장남인 것을 알수 있었나?

[답] 사람들의 마음에는 항상 수(數)에 대한 관념이 내재되어 있어 그것을 활용하려 한다. 즉 첫 딸인 경우엔 초순(初順) 혹은 일순(一順)으로 이름지으며, 큰 아들인 경우엔 일남(一男) 혹은 대근(大根) 등으로 이름 짓는다.

그런데 갑(甲)자는 십간(十干)의 첫 머리로 수(數)로는 1수에 해당된다. 그러므로 쉽게 알 수 있었다.

[문] 직업 군인이었던 것은 어떻게 알 수 있었나?

[답] 김(金)자는 쇠라는 뜻이 있으며 갑(甲)자에는 갑옷이라는 뜻이 있다.

따라서 金甲은 쇠갑옷이란 뜻이 되고 이는 전투하는 군인들이 입는다.

덧붙여 그 성격을 추리할 수 있었던 것도 쇠갑옷(金甲)이란 글자에서다. 즉 갑옷은 몸을 보호하는 것이고 이 갑옷을 입게되면 실제 덩치보다 더 크게 보인다. 이 때문에 자기 방어적 본능이 강하며 허장성세(내부는 약하지만 크고 힘있는 것처럼 보이게 한다)가 있으며 호전적이 될 수 밖에 없는 것이다.

[문] 어떤 이치로 한 여자에 만족을 못하고 여러 여자를 전전했다 했는가?

[답] 이 문제는 이 책을 다 읽고 이해하게 되면 자연히 알 수 있는 것이므로 생략한다.

나머지 여러 문제들 역시 쉽게 설명할 수 있고 이해할 수 있는 것들이다.

그런데 위 세 사람(교수, 성명학자, 무당)의 반응과 소견은 모두들 자기 자신이 지니고 있는 한정된 시각만으로 살핀 것이기에 정확하지도 지혜롭지도 못하다.

그러므로 위 세 사람의 대답과 견해는 옳다, 아니다 하는 시비와 다툼만을 야기할 수밖에 없는 것이다.

셋째는 둘째 항과 결부된 것이기도 한데, 이때까지의 학풍이 권위 있고 유명하다는 사람의 학설을 아무런 비판 없이 수용하고 답습한 탓이다.

이는 역학(易學)과 성명학 뿐 아니라 역사, 철학, 문자·언어학 등 소위 인문학(人文學) 전반에 걸쳐 하나의 전통처럼 자리잡고 있다.

즉 '일찍이 공자(孔子)가 만이활하(蠻夷猾夏 : 미개한 이족이 하를 침범했다)라 했고 사마천의 사기(史記)에 만이조선(蠻夷朝鮮)이라 했으니 이족(夷族)의 나라인 조선은 미개한 오랑캐였음이 분명하다.' 그리고 '문자학의 태두(泰斗)라 일컬어지는 허신(許愼 : 설문(說文)의 저자)의 해석이 이러함으로 이에 반하는 그 해석은 틀린 것이다'로 처리하고 있다는 말이다.

공자와 사마천 그리고 허신 등의 옛 사람들 역시 불완전할 수밖에 없는 한계를 지닌 인간이고, 인간의 지적 능력은 날이 갈수록 발달되고 있는데도 말이다.

그러면 성명학의 기초가 되는 문자 하나 하나에 대한 살핌에 들어가기에 앞서 어떤 시각이 편견과 아집이 아닌 지혜로운 것인가 하는 것을 살피기로 하겠다.

[이론편]

이론편

1. 선인지로(仙人指路)

「선인(仙人)이 길을 가르쳐 준다」

속(俗)자를 제시하며 이 글자엔 무슨 뜻이 있냐고 세 부류의 사람에게 물어보면, 70~80%에 해당하는 대부분의 사람들은 이렇게 대답한다.

'그것은 속인(俗人)의 속자입니다.'

그러나 두 번째 부류는 다음과 같이 제법 자세하게 말한다.

'속(俗)자는 「사람(人) + 골짜기 곡(谷)」의 구조로 되어진 회의(會意)문자(文字)로 골짜기에 사는 사람이란 뜻이며 여기서 풍속, 세상, 평범하다 등의 뜻이 파생된 것입니다.'며 사전에 있는 그대로 옮겨 말한다.

이들은 세상 사람 가운데 15% 정도며 지식인 계층에 속하는 사람들이다.

그런데 세 번째에 해당하는 사람들은 이렇게 말한다.

'속(俗)자를 좀 더 잘 이해하려면 이 글자와 상대적인 구조와 뜻을 지닌 글자를 찾아 서로 대비해봐야 하겠지요. 검은 색을 좀 더 잘 보려면 흰색과 대비해봐야 하는 것처럼 말입니다. 따라서 「사람(人) + 골짜기 곡(谷)」의 구조인 속(俗)자와 대비할 수 있는 글자를 찾아보면 「사람(人) + 산(山)」의 구조인 선(仙)자가 되겠지요. 두 글자의 뜻을 보면 골짜기에 사는 사람이 속(俗)이며 높은 곳인 산(山)에 사는 사람이 선(仙)이라는 것을 알 수 있답니다.

그러나 이것은 글자가 나타내는 외형적인 뜻에 불과하고 더 깊은 뜻이 있답니다. 즉 골짜기(谷)는 사방이 막혀있는 공간이므로 그 안에 있는 사람의 시야는 흡사 우물 안 개구리처럼 한정되어 있을 수밖에 없고 이에 따라 그 사람의 생각과 생활 태도 역시 좁고 하나밖에 못 보는 외곬일 수밖에 없을 것입니다. 반대로 높은 산에 사는 사람의 시야는 막힌 곳이 없기에 먼 곳까지도 두루 널리 잘 살펴 볼 수 있습니다. 이러므로 그 사람의 생각과 행동 역시 넓고 크며 막힘이 없을 것은 당연한 일일 것입니다.

따라서 우리 인간들의 의식과 관점은 한정된 경계나 통제된 틀 속에서 벗어나야만 참답고 지혜로운 인간 삶을 꾸려 갈 수 있음을 말해주는 것이기도 합니다.

그러므로 선인(仙人)이란 독단과 편견에서 야기될 수밖에 없는 대립과 마찰을 해소하여 원만한 화합을 이루도록 도와줄 수 있는 사람이고, 억압과 고통 속에서 자유와 평등의 기쁨을 찾아 줄 지혜로운 사람이라 할 수 있습니다.

이런 지혜는 많은 지식을 습득함으로 이뤄지기도 하지만 꼭 그런 것은 아닙니다. 바로 선(仙)자가 지닌 이면적인 뜻처럼 강제된 틀과 한정된 벽(선입된 지식에서 비롯되는 편견과 아집)을 깨부수고 나와 막힘 없이 넓게 멀리 볼 수 있는 높은 곳으로 우리의 의식과 관점을 이끌고 가야만 이루어지는 것입니다.

　보통 우리들은 깨달은 사람, 깨달았다 등으로 말합니다. 이 깨달았다는 말의 뜻도 바로 잘못된 관점과 생각 그리고 아집과 우상(偶像)을 깨부수고 나와야만 진정한 자유와 해탈 그리고 지혜를 얻는다는 뜻입니다. 한 점의 어둠도 없이 한없이 밝은 세상을 만드는 것을 최대의 이상으로 한 우리 배달겨레는 예부터 이 점에 주목해왔습니다. 그리하여 그 가르침을 신선도(神仙道) 혹은 풍류도(風流道)라 했으며 그런 경지에 다다른 사람을 선인(仙人)이라 했던 것입니다.'

　※ 최지원 선생의 비서(秘書)에 나와 있는 '나라에 현묘한 도가 있었으니 이름하여 풍류(風流)다(國有玄妙之道曰風流)'에 풍류(風流)는 밝(光明)을 말한 것이다.

2. 문자의 생성과 변천

중국문자는 한족(漢族)의 시조인 황제 훤원의 때(4500여 년 전)에 그의 서장관이었던 창힐에 의해 만들어진 것이라 알려져 왔다.

그러다가 1900여 년 경 하남성 안양현 소둔이란 곳에서 상(商)나라 때의 제사 기록인 갑골문(甲骨文 : 거북의 등 껍질 및 짐승의 뼈다귀에 새겨진 글자)과 청동기가 무수히 발굴되어 나옴에 따라 다음과 같이 말하게 되었다.

'중국문자의 효시는 상(商) 나라 때의 갑골문(甲骨文)과 금문(金文 : 청동기에 새겨져 있는 글자)이며 현재 중국 땅의 주체 민족인 한족(漢族)에 의해 이뤄진 것이다.'

현재 대부분의 사람들이 믿고 있는 이 상식에 따라 사람들은 중국 문자의 성립과 변천을 아래와 같이 자리 매김 했다.

상대(商代)의 갑골문과 금문 → 주대(周代)의 대전체(大篆体) 문자 → 진(秦)의 소전체(小篆体) 및 예서(隸書) → 한대(漢代)의 한자(漢字).

그러나 2000년 4월 21일자 한국 일보 기사를 보면 이렇다. '중국 고고학자들은 산동성 남부 쥐현에서 발굴된 4800여년 전 도자기에 새겨진 글자가 지금까지 발견된 것 가운데서는 가장 오래된 형태의 한자(漢字)라고 확인했다. 중국학자들에 따르면 이 대문구(大汶口) 문화시대 도자기에 새겨진 상형문자는 지금까지 최고의 한자로 알려진 은·상(商) 왕조시대(BC 1600~1100)의 뼈나 거북 등 껍질에 새겨진 갑골문자보다 훨씬 오래된 것이다. 발굴을 맡고 있는 산동성 유물 고고학 연구소의 왕슈밍연구원은 「이번 발견으로 한자의 역사를 약 2000년 정도 앞당길 수 있게 됐다」고 평가했다.'(베이징 연합)

바로 지금의 중국학자들에 의해 신화와 전설의 시대로 치부되고 있던 삼황오제시기(三皇五帝時期 : 4500~5000여 년 전)에 이미 문자(文字)가 쓰이고 있었음을 공식적으로 밝힌 내용이다.

그런데 의도적인지 어떤지는 모르지만 발표자는 중요한 사실 하나를 빠트리고 있었다.

상형문자가 새겨져 있는 질그릇이 동이(東夷)문화의 표상인 검은 질그릇 흑도(黑陶)에 새겨져 있었다는 점을 밝히지 않은 것이다.

그 당시 산동지방은 우리 선조인 동이족(東夷族)의 생활 영역이었고 중국의 정치 경제 문화의 중심지였는데 이는 산동 박물관에 무수히 전시되어 있는 각종 세석기(細石器)와 흑도(黑陶)가 증명하고 있는 바이다.

그러므로 지금의 중국학자들 역시 '대문구문화는 동이문화'라고 서슴없이 말하고 있는데도 말이다.

그렇다면 중국문화의 효시는 산동지방을 주 근거지로 하고 있던 동이족(東夷族)에 의해 비롯된 것이고 중국 문자의 변천사도 다음과 같이 자리매김 해야 할 것이다.

오제시기(4500~5000여 년 전)의 도문(匋文) → 상대(商代)의 갑골문 및 금문(金文) → 주대(周代)의 대전체(大篆體) → 진(秦)의 소전체(小篆体) 및 예서(隷書) → 한자(漢字).

위와 같은 자리매김에 '상(商)과 진(秦)은 동이족의 나라'라는 일부 한(韓)·중(中) 역사 학자들의 주장을 결부시켜 보면 다음과 같은 결론이 된다.

중국문자의 발생은 동이족에게서 이며 제국(帝國)을 이룬 후 문자 통일 정책을 펴 오늘날의 서체와 거의 같은 예서체를 만든 것도 진(秦)이니 결국 중국 문자의 생성은 우리의 선조인 동이족에게서 이뤄졌다. 그러므로 중국 문자 속엔 우리의 언어와 생활 풍속 등이 담겨져 있을 것이고 이에 따라 우리의 언어와 풍속, 습관 등을 모르고는 정확한 글자 해석을 할 수 없을 것이다.

바꿔 말하면 중국문자 속에 들어 있는 우리의 언어와 고유한 풍속 습관 등을 찾아낸다면 상(商)과 진(秦) 제국이 동이족의 국가였다는 확실한 증거가 될 것이다.

이 부분에 대한 상세한 설명과 논증은 엄청 방대하므로 여기선 생략하고 곧이어 발표할 「중국문자는 한국인이 만들었다」에서 하기로 하겠다.

그러나 그 중 일부는 이 책 문자 해석 편에서 밝히겠다.

3. 중국 문자를 만든 방법(制字法)

지금까지 대부분의 사람들은 다음과 같은 여섯 가지 방법에 의해 중국 문자가 이뤄진 것으로 알고 있다.

1) 상형(象形) : 사물의 모양을 그려 그것을 나타낸다.
즉 새(鳥)는 로, 산(山)은 으로, 눈은 으로 그려냈다. 는 후일에 가서 추(隹)와 조(鳥)자로 변했다. 은 目으로 변했다.

2) 회의(會意) : 뜻을 모으고 더했다.
「나무(木) + 나무(木) = 림(林)」, 「집(宀) + 여자(女) = 편안할 안(安)」, 「여자(女) + 날 생(生) = 성(姓)」 등으로.

3) 지사(指事) : 하나의 점이나 선으로 핵심이 되는 부분을 나타냈다.
아래 하(下), 웃 상(上), 점칠 복(卜) 등.

4) 형성(形聲) : 한쪽은 뜻을, 다른 한쪽은 소리(音)를 나

타냈다.

◎ 나뭇가지 가(柯) : 왼쪽의 나무는 (木) 뜻을 오른쪽의 가(可)는 소리를 나타냈다.

◎ 시어미 고(姑) : 여(女)는 뜻을 오른쪽의 고(古)는 소리를 나타냈다.

◎ 구슬 주(珠) : 옥(玉)은 뜻, 주(朱)는 소리를 나타냈다.

5) 전주(轉注) : 하나의 글자를 딴 뜻으로 전용(轉用)하는 글자 사용법.

악기를 그려낸 악(樂)자를 '즐겁다, 즐기다'의 뜻으로 쓰는 경우.

6) 가차(假借) : 이미 되어진 글자의 음(音)과 모양을 빌어 본래의 뜻과는 다른 뜻으로 쓰는 경우.

즉 굽이 높은 제기(祭器)를 그려낸 두(豆)자를 빌어 콩(豆)으로, 제비 연(燕)을 빌어 연회 연(宴)의 뜻으로 쓰는 경우.

위 여섯 가지를 소위 육서(六書)라 하는데 이때까지는 모든 중국문자가 이에 따라 이뤄진 것으로 믿고 있다.

그러나 상형, 회의, 지사, 형성 이 네 가지 만이 문자 만드는 데에 쓰인 방법이고 전주와 가차는 이미 되어진 문자를 언어에 맞춰 쓰는 방법일 뿐이다.

그런데 위 육서(六書)의 방법을 적용해도 풀리지 않는 문자가 아주 많다. 그래서 해석자들은 자신의 추측과 상상에 따라 어물어물 해석하고 있는 실정이다.

예를 들면 친다는 뜻을 나타낸 북(攵 : 攴)자가 들어가 이뤄진 정(政 : 正 + 攵)자를 '두들겨 때려(攵) 바르게(正) 하는 것이다'로 해석하며, 교(敎)자를 '아이를 때려서(攵) 옳고 그름을 알게한다는 뜻이다'로 풀이하는 경우이다.

더욱 황당한 것은 '몰래'라는 뜻을 지닌 미(微)자를 '노인 뒤에 몰래 다가가 몽둥이로 내리쳐 죽이는 모습을 그린 것이다'로 해석한 후 맞지도 않는 방증 자료까지 나열하고 있다.

이들의 해석에 따르면 백성들도 두들겨 패서 다스렸고 사랑스런 자식의 교육에도 몽둥이질이 우선했으며 효도마저 몽둥이로 때려죽였다는 말씀이다.

참으로 끔찍한 일이 아닐 수 없다.

그렇다면 내 몸을 낮춤으로서 상대를 높게 해주는 행위를 그려낸 공경할 경(敬)자 역시 두들겨 패서 몸을 낮추게 한다로 해석이 되어야 하지 않을까?

뿐만 아니라 베풀 서(敍), 고향 고(故) 등등의 칠 북(攵 : 攴)이 들어간 여러 글자 역시 몽둥이질(친다)과 관계가 있어야 할 것이다.

말도 되지 않는 이런 한심한 해석들이 하나 둘에 그친다면 크게 문제될 것은 없다.

그러나 많은 문자들이 이런 식으로 해석되어 진실 된 역사를 왜곡시키고 본래의 뜻마저 둔갑을 시킨다면 이것은 참으로 심각한 일이 아닐 수 없을 것이다.

중국 문자 전반에 걸쳐 있는 이런 엉터리 해석에 대한 시비와 그 진실 규명은 뒤로 미루기로 하고 여기서는 육서(六書)의 방법 외에 또 어떤 제자(制字) 방법이 있는가 하는 점을 간단히 살펴보기로 하겠다.

상형표의(象形表意 : 모양을 그려 뜻을 나타낸다) 문자인 중국 문자 역시 하고 싶은 말을 담아두기 위해 만들어 졌다.

말(馬)이란 말을 하고 싶으면 말(馬)의 그림을 그렸고 새(鳥)라는 말을 하고자 할 때는 날개가 달린 새의 그림을 그렸으며, 벌린 입(ㅂ)의 모양을 그려 '일컫는다. 말한다'는 뜻을 나타냈다.

그러나 외롭다, 새롭다, 새로 세웠다, 나타났다(나왔다) 등의 말들은 그림으로 그리기가 여간 어렵지 않고 잘못 그리면 본래의 뜻마저 왜곡 변질될 우려가 있었다.

그래서 도입된 것이 같은 소리를 지닌 것을 빌어 그 뜻을 나타내는 동음가차(同音假借)의 방법이었다.

즉 「빨리 빨리」라는 뜻을 전하려면 상대의 전화기에 「82 82」라는 숫자를 입력해 놓으면 지금의 한국인 모두는 그 뜻을 알아차릴 수 있다.

이처럼 그때의 사람(한국어 언중)들도 새(新)의 뜻을 전하려면 「새」라는 소리의 이름을 지닌 날짐승(🐦)을 그렸고 홀로(외)의 뜻을 나타내려면 외(瓜) 그림을 그렸던 것이다.

대강 다음과 같다.

<서로 통하는 것끼리 연결하기>

① 빨리 빨리	ⓐ 田
② 홀로	ⓑ ✺ ☼
③ 새해(新年)	ⓒ ←
④ 남(나옴)	ⓓ ◐(目의 고체)
⑤ 살붙이	ⓔ 82 82
⑥ 밭(바깥의 옛말)	ⓕ ⌒(瓜 : 외 과)
⑦ 눈(나눈)	ⓖ ⋇(木의 고체)

답은 ①-ⓔ, ②-ⓕ, ③-ⓑ, ④-ⓖ, ⑤-ⓒ, ⑥-ⓐ, ⑦-ⓓ이다.

두 번째 방법은 형상화시키기 쉬운 한국어를 그대로 그린 것인데 예를 들면 다음과 같다.

'끝맺다'하는 말은 「끝 + 맺다」로 이뤄져 있다. 이것은 끝 부분이 매듭(맺어진 것)되어 있는 그림으로 나타냈는데 바로 ⌒ 의 그림이고 ⋀그림이다. ⌒자는 오늘날의 了(끝맺을 료)이며 갑골문자 ⋀는 오늘날의 동(冬)으로 종(終 : 糸 + 冬, 엮어짐을 끝맺었다)의 본체자였다.

이 두 가지 제자(制字) 방법은 한국어를 형상화시킨 것이기에 오로지 한국어 언중만이 할 수 있는 것이다. 그러나 이때까지의 연구자들은 중국(中國) 상고사(上古史)는 한국 상고사라는 시각으로 살피지 못했다. 그러므로 자신의 추측과 상상에 의한 엉터리 해석을 일삼게 되었던 것이다.

4. 그림을 그려 뜻 나타내기

수화(手話)가 발달되기 전 말 못하는 이들은 서로간에 손짓, 발짓 등의 몸짓으로 뜻을 나타냈다.

즉 지금의 말 못하는 이들이 배우는 수화(手話)는 인간이 지닌 몸짓을 기반으로 하여 발달되어 왔다는 말이다.

이 몸짓에 따르면 위에 있는 것은 위를 가리키고 아래에 있는 것은 아래를 가리키며 의심나면 고개를 갸우뚱거림으로 해서 뜻을 통했다.

상형표의(象形表意)의 중국 문자 역시 이런 수화(手話)의 기본 원칙이 들어 있다.

이 점을 유의하고 다음으로 넘어가자.

1) 사람의 모습으로 여러 뜻을 나타냈다.

① 대(大)

네 활개를 벌리고 선 다 큰 사람의 정면 모습을 그린 것으로 대인(大人) 즉 큰사람의 개념에서 '크다'는 뜻이 붙었다.

② 비(比)

고체(古体)는 서 있는 사람이 같은 방향으로 나란히 손을 뻗고 있는 모습을 그린 *比* 자로 높낮이 없이 나란하다는 뜻을 나타냈다.

③ 동(同)

고체는 두 사람이 서로 두 손을 맞대고 있는 모양과 입구(口)자를 합한 *同* 자였다.

두 손을 맞잡음으로서 '아우르다(같이하다)'는 뜻을 나타냈다. 아우(弟)를 동생(同生)이라 하는 것도 아우르다는 뜻 때문이다.

④ 종(從)

고체는 두 사람이 같은 방향으로 향하고 있는 측면체를 그려낸 *从* 자였다. 그림이 보여주는 뜻 그대로 '따라간다, 쫓는다'는 뜻이다.

⑤ 북(北)

서로 등지고 있는 두 사람의 모습을 그려낸 *北* 자가 원래 자였다. '등지다'는 한국어를 형상 한 것으로 배(背)의 본자(本字)였다. 북방(北)을 뜻하는 글자로 자리잡게 되자 배(背 : 北 + 月)을 새로 만들어 등, 등지다 의 뜻으로 쓰이게 되었다. 북방을 뜻하게 된 것은 나중에 설명한다.

⑥ 화(化)

바로 서 있는 사람(亻)과 거꾸로 서 있는 사람(匕)의 모습을 그린 北 자가 원래 글자였다. 그림이 말하는 바 그대로 '거꾸로 모양을 바꿨다'는 뜻이다.

訛(어·와) : 말씀(言) + 화(化)의 구조로 '말을 바꿨다, 거꾸로 말한다'는 뜻이 되어 거짓말을 뜻하게 되었다.

⑦ 아(兒)

아이 때의 머리 숨골을 그린 自자와 사람의 합체인 兒 자가 고체였다. 정수리가 닫히지 않은(여물지 않은) 사람 즉 아기를 나타냈다.

⑧ 형(兄)

고체는 兄 자였다. ㅂ자는 크게 벌린 입을 나타냈고 그 아래쪽 (儿)은 사람을 그린 것이다.

축(祝) : 시(示)는 제사상에 제물이 차려진 모습. 따라서 축(祝 : 示 + 兄)은 제사 때 큰 소리로 고(告)하는 사람을 그려낸 것이다. 부친(父親) 제사 때 형제 중 웃사람이 이 일을 했다. 여기서 축문(祝文)이란 말도 생겨났다.

⑨ 측(昃)

고체는 고개가 기울어진 사람(仄)과 해(日)를 그린 昃 자 및 昃자였다.

기울어진 사람으로 '기울다'는 뜻을 나타내 '해(日)가 기울어 졌다'는 말을 그려냈다.

또 넘어진 사람(仄)으로 넘어갔다는 뜻을 나타내 '해(日) 넘어갔다'는 뜻을 그려낸 것이다.

⑩ 이(夷)

「대(大) + 활(弓)」의 합체자로 '오랑캐, 상하다, 깨뜨려 졌다'의 뜻으로 쓰이고 있다.

문자는 인간 생활과 그 발자취를 반영하고 있는데 큰 사람(大人)이 활을 메고 있는 모양을 그린 이 글자가 어째서 나쁜 뜻으로 쓰이고 있을까?

활쏘기(射)! 이것은 춘추 전국 시대까지만 해도 군자(君子)가 갖춰야 할 덕목인 육예(六藝) 중의 하나였다. 이에 따라 그 뜻 또한 '어진 사람 이(夷)'로 읽어졌다.

시전(詩傳)에 '군자여이 악노시위(君子如夷 惡怒是違)- 군자가 이(夷) 같으면 모진 분노도 풀어 지려만'이라 해 놓았음에서 알 수 있다.

이렇게 좋은 뜻으로만 쓰이던 이(夷)자는 주(周)나라의 기틀을 세운 주문왕(周文王)에 의해 처음으로 '상했다, 깨뜨려졌다'의 뜻으로 쓰이게 되었다. 주역(周易) 지화명이괘(地火明夷卦) 즉 땅을 나타내는 곤괘(坤卦)가 위에 있고 불과 밝음을 뜻하는 리괘(离卦)가 아래쪽에 있는 지화(地火)괘에 명이(明夷 : 밝음이 상했다)라는 친절한 풀이를 주문왕이 덧붙였다는 말이다.

그러다가 주문왕을 숭상해온 공자(孔子)에 의해 오랑캐(夷)라는 뜻이 붙게 되었다. 공자는 그가 지은 상서(尙書)에서 순(舜)임금의 입을 빌어 '오랑캐 이족(蠻夷)이 하(夏) 중국을 침범(猾夏)한다'로 말했는데 이것이 바로 만이활하설(蠻夷猾夏設)이다. 이 설은 근대 중국의 학자인 양계초 선생에 의해 호되게 비평된 바 있다.

이러다가 공자의 역사관을 답습한 사마천에 의해 만이조선(蠻夷朝鮮 : 오랑캐 이족인 조선)으로 기록되게 된다(史記에).

⑪ 원(元)

「두 이(二) + 사람(儿)」의 구조다. 으뜸의 뜻으로 원소(元素)라는 말을 이룬다.

인간 생활은 혼자서는 할 수 없고 두 사람이 있어야만 비롯된다는 뜻이다. 즉 남녀 두 사람이 있어야만 인간 생명이 이어지고 생활이 비롯된다는 뜻이다.

⑫ 강(羌)

「양(羊) + 사람(儿)」의 구조로 「되놈」의 뜻으로 쓰이고 있다. 양치는 사람으로 해석되기도 하나 이는 오류이고 본 뜻은 양족(羊族)의 사람이란 뜻이다. 중국 역사에 등장하는 강족(羌族)은 양족(羊族 : 陽族)인 신농씨(神農氏)의 후손인데 이는 중국의 금문(金文) 학자 낙빈기 선생이 그의 금문신고(金文新考)를 통해 밝혀냈다.

⑬ 걸(乞)

'빌(빈다)', '구걸하다', '거지', '빌린다(借)' 등의 뜻으로 쓰이고 있다.

「엎드린 사람(𠂉) + 새 을(乙)」의 구조다. 바로 엎드려 구걸하고 있는 사람, 엎드려 싹싹 빌고 있는 사람을 그려낸 것이다. 이에서 '구걸하다', '거지', '빈다'의 뜻이 나왔다.

그런데 빌린다(借)의 뜻은 어디에서 왔을까? 이를 구걸하는 것은 남의 것을 빌리는 것이기에 그런 뜻이 따르게 되었다고 설명하는 사람이 많다.

그러나 그저 대가없이 얻는 행위와 빌리는 행위는 분명 다르다.

이 문제는 한국어 「빌다」가 지닌 두 가지 뜻-빌다(손을 비비며 갈구하다)와 빌다(빌린다 : 借)-를 도입하지 않고는 풀리지 않는다.

즉 걸(乞)이 한국어 언중에 의해 '빌다'로 읽힘에 따라 두 가지 뜻이 붙게 되었다는 말이다. 숙(宿)이 '묵다'로 읽힘에 따라 '오래다'는 또 하나의 뜻이 따르게 된 것과 같은 것이다.

2) 손(手)을 그려 손이 지닌 여러 뜻을 나타냈다.

인체의 한 부분인 손(手)은 여러 가지 일을 할 수 있는 중요한 위치에 있는 것이다.

손을 그려낸 옛 글자를 보면 ψ, ㄱ, ㅌ, ㅋ, ㅕ, ㅏ 자 등으로 다양하다. 손의 역할과 작용에 따라 여러 가지 모양으로 그린 것이다.

ψ 자는 일반적인 손을 그려낸 것으로 '받는다, 이어받는다, 잡는다'는 뜻을 나타낸다.

ㄱ 자는 구부린 팔뚝에 붙어 있는 오른손을 그린 것이다. '손을 쓴다', '잡고 있다'는 뜻을 나타냈다.

ㅕ 자는 才자로 변해진 글자로 '손을 거듭 쓴다'는 뜻을 ψ 자를 중복시킴으로써 나타냈다.

손(手)이 들어간 글자를 살필 때엔 손이 어느 방향에 있느냐에 따라 그 해석은 달라져야 한다.

① 보(保)
옛 글자는 아래와 같다.

서 있는 사람이 등에 아이를 업고 두 손으로 감싸고 있는 모습의 그림이다.

아이를 등에 업고 보살피고 보호해 준다는 뜻이다.

보육(保育) : 아이를 보살펴주어 키운다.

보모(保姆) : 아이를 보살펴주는 여자(母)

② 부(孚)

이 글자의 고체는 아이(子 : 𗊿) 머리 쪽에 손(𗊿)이 있는 𗊿 자였다. '뽈뽈거리는 아이를 붙들어 꼼짝 못하게 잡는다'는 뜻이다. 이에 따라 '붙들다, 잡다'는 뜻으로 쓰였으나 지금은 '믿다, 기르다' 등의 뜻으로 쓰고 있다.

부(俘) : 「사람(亻) + 부뜰다(孚)」의 구조로 '사람을 잡았다', '붙들린 사람'이라는 뜻이다. 바로 전쟁터에서 잡힌 포로를 뜻하는 글자다.

③ 롱(弄)

옛 글자는 두 손으로 구슬(玉)을 가지고 노는 모습을 그려낸 𗊿 자였다. 아래쪽에 있는 두 손(𗊿)이 廾 자로 변했다.

④ 타(打)

옛 글자는 손이 중복되어 있는 𗊿 자와 못(丁 : ↑)의 합체인 𗊿 자였다. '못을 때려 박는다'는 뜻인데 이에서 '때린다'는 뜻이 나왔다. 즉 못박듯이 때린다는 뜻이다.

⑤ 억(抑)

'억누르다(억세게 누르다)'의 뜻으로 쓰이고 있다. 갑골문엔 꿇어앉아 있는 사람과 그 머리 위에 손(𗊿) 하나를 더한

逢 자로 나타나 있다.

⑥ 추(抽)

밭(田)에서 나오는 것(由)을 손을 써서 뽑는다는 뜻이다. 여기서 '빼다, 당기다'의 뜻이 나왔다.

⑦ 소(掃)

손쓰다(扌)와 빗자루(帚)의 합체다. 바로 '비를 들고 쓸어 낸다'는 뜻이다.

⑧ 수(受)

위쪽에 있는 손(爪)이 주는 것을 아래쪽에 있는 손(又는 부 의 변체)이 받는다는 뜻이다. 즉 '주는 것을 받는다'는 뜻이다.

⑨ 공(共)

'함께 하다'는 뜻이다. 고체는 廿 아래에 두 개의 손이 있는 𦥑 자이다. 그림이 말해주는 바는 '각각 두 개의 손이 함께(𦥑) 나타났다(廿)'는 뜻이다.

⑩ 공(恭)

'공손하다'는 뜻이다. 고체는 공(共 : 恭) 아래쪽에 마음을 뜻하는 심장을 그려 넣은 恭 자였다. '두 손을 함께 내놓는 마음'이란 뜻이다. 윗사람에게 두 손 모아 쥐고(恭手) 예를 표하는 생활습속을 그려낸 글자다.

⑪ 간(看)

눈(目) 위에 손(手)이 있는 구조로 손을 펴서 눈 위에 대고 멀리 살피는 행동을 나타내고 있다. 이에서 살피다, 지켜보다는 뜻이 나왔다.

⑫ 우(友)

오른손(又) 위에 또 오른손(↗ : 㐱)이 더해진 글자다. 이것은 오른손을 같이 들다는 뜻으로 같이 하다, 같은 편, 뜻을 같이 하는 사람이란 말을 그려 낸 것이다.

예나 지금이나 이것 저것, 옳다 아니다를 결정할 때는 오른손을 들어 자신의 뜻을 나타냈다. 따라서 우(友)는 우리 편, 뜻을 같이 하는 사람이란 뜻이다. 이러므로 우군(友軍), 붕우(朋友)로 말하는 것이다.

⑬ 우(右)

「오른손(↗ : 㐱) + 말하다(口)」의 구조다. 따라서 「오른손을 일컫는다」는 말을 형상화 한 것임을 알 수 있다.

입(口)은 말하는 기능을 지닌 것이므로 구(口)는 입 자체를 뜻하기도 하지만 「말하다, 일컫는다」는 뜻으로 해석해야 한다.

그런데 자원자해로 익히는 한자 71P엔 이렇게 되어 있다.

'자해. 금문자(金文字)에서 우(右)는 오른손(又 : 手)과 입이 서로 도와 일을 함을 나타냈다. 이런 자형에서 돕다의 뜻이 나왔다. 후에 우(佑 : 돕다)가 나와 오른쪽의 뜻으로만 쓰인다.'

우(佑) : 「사람(亻) + 우(右)」의 구조이다. 사람이 오른손을 들어 뜻이 같음을 그려낸 것이다. 바로 우(友)와 같은 역할을 했다는 뜻이다.

3) 눈(目)

사물을 살펴보는 기능을 지닌 우리의 눈은 처음엔 두 가지 형태로 그려졌다.

정면 모습을 나타낸 ◌ 그림과 옆모양을 그린 ◌ 자이다.

◌ 자는 '◌ → ◌ → 目'으로 변화되었고 ◌ 자는 신(臣)자 등으로 변했다.

① 맹(盲)

망(亡)은 망가지고 못쓰게된 농구(農具)의 모양을 그려낸 것이다. 따라서 맹(盲 : 亡 + 目)은 '눈이 못쓰게 되어 그 작용을 못한다'는 뜻이다.

② 직(直)

이 글자의 갑골문은 눈 위에 곧게 그린 선 하나가 있는

(☺) 형태다. 그림이 말하는 바는 '똑바로 보다'이다. 여기서 '곧다, 바르다'는 뜻이 나왔다.

③ 성(省)

갑골문엔 ☺ 으로, 금문(金文)엔 ☺ 으로, 소전(小篆)체엔 ☺ 자로 그려지다가 진(秦)나라 말기에 오늘날의 자체(字体)를 지니게 되었다.

이를 자원 자해로 익히는 한자 311P엔 다음과 같이 해석하고 있다.

'갑문(甲文)에서의 성(省)은 작은 물건을 보기 위해 응시하는 것을 나타냈다.'

눈(◎) 위에 있는 ⅄ 자를 작을 소(小)자로 본 것인데 이 해석은 오류다.

⅄ 및 ⅄ 자는 풀잎이 돋아 나온 모습을 그려낸 것으로 적을 소(小)자가 아니기 때문이다.

따라서 ☺ 및 ☺ 자는 '생겨나 자라온 모양(ᵠᵠ)을 살핀다(◎)'가 정확한 해석이다.

※ ⅄ 자는 ⅄(草)의 변체로 딱딱한 뼈나 등껍질에 새기는 과정에서 날카롭게 변한 것이다. 풀잎이나 나뭇잎이 나온 모양을 그린 ⅄ 자는 손(手)을 그려낸 Ƴ 자와 비슷하여 해석상 많은 혼란을 주고 있다.

④ 상(相)

'서로, 바탕, 정승' 등의 뜻으로 쓰이고 있는 이 글자는 고대(古代) 금문(金文)엔 ♨자로, 갑골문엔 ◐자로 나오고, 소전체로는 相자이다.

단순하게 해석하면 '나무(木)를 살핀다(◎)'이다. 그런데 어째서 모양, 정승 등의 뜻이 붙게 되었을까? ⴊ (草)자와 이 목(木)자에는 옛 사람들이 숨겨 놓은 또 하나의 언어가 들어 있다. 이는 나중에 밝히겠다.

⑤ 신(臣)

'신하, 아랫사람'의 뜻으로 쓰인다.

고체는 ⵢ자로서 눈의 초점이 한가운데가 아닌 아래쪽에 있는 그림이다.

대부분의 해석자들은 이렇게 설명한다.

'신하는 임금 앞에선 항상 눈을 내려 깔고 있었기에 생겨난 글자다.'

그러나 이 해석 또한 단순한 것으로 오류다.

눈 아래쪽에 초점인 눈동자를 그린 것은 「눈 아래」이라는 뜻을 나타내기 위한 지사(指事)문자로 봐야한다. 우리들은 눈 아랫사람, 윗사람이란 말로써 신분을 나타내는데 이런 언어가 문자로 그려진 것이다.

⑥ 민(民)

'백성'의 뜻으로 쓰이고 있다.

고체는 다음과 같다.

눈(ἃ)에서 아래쪽으로 길게 그어진 선이 있고 거기에 초점(·)이 있는 구조이다.

이를 어떤 해석자는 이렇게 말하고 있다. '전쟁에서 잡혀온 사람들은 눈알이 뽑혀진 채 노예로 부려졌다. 이들이 최하층인 백성의 뿌리다.'

그러나 이 해석 역시 그림만을 보고 내린 상상에 의한 잘못된 해석이다.

문자와 언어의 상관관계-문자는 언어를 담는 그릇이다-를 망각한 탓에 빚어진 유치한 견해인 것이다.

그림이 말하는 바는 「한 참 눈 아래 사람이다」 또는 사물을 바로 보지 못하는 어둔 사람 및 어리석은 사람이라는 뜻이다. 그러므로 신민(臣民), 민초(民草) 등으로 말 된 것이다.

⑦ 현(賢)

'현명하다'는 뜻이다.

이 글자의 고체는 다음과 같다.

눈알 바로 앞에 손(手 : 又)이 있고 그 밑에 재물(財物)을 뜻하는 조개껍데기(貝)가 있는 그림이다.

해석의 요체는 눈과 손이다(臤).

이를 어떤 이(갑골에 새겨진 신화와 역사)는 '손으로 노예의 눈을 잡아 빼는 상(商)나라 때의 관습이 반영된 글자'로 해석하고 있다.

그러나 이 역시 엉터리 해석이다.

그림이 나타내는 뜻은 '잡아(ㅈ)본다(ㅌ)'이다. 즉 '눈 잡아 본다'는 말을 그려낸 것이다. 따라서 현(賢)자의 해석은 '조개껍데기의 값어치를 눈 잡아 본다(짐작하고 재본다)'는 뜻이다. 여기서 '현명하다'의 뜻이 파생된 것이다.

⑧ 견(堅)

'굳다, 야물다, 튼튼하다'의 뜻으로 쓰이고 있다.

고체(古体)는 「눈 잡다, 본다(臤) + 땅(土 : 土)」의 구조인 堅 자이다. 그림이 나타내는 것처럼 아무렇게나 선택한 땅이 아니고 '눈 잡아보고(살펴보고) 선택한 땅'이라는 말이다. 이에서 '튼튼하다, 굳다'의 뜻이 나온 것이다.

우리말(한국어) 「잡다」는 '쥐다, 취하다'의 뜻도 있지만 '헤아려 요량하다, 짐작하여 정하다(어림잡다)'는 뜻도 있다.

이 그림은 손으로 쥐고 있는 꼬챙이로 눈알을 찌르고 있다.

이것을 이때까지의 해석자들은 '손으로 노예의 눈알을 찔러 맹(盲)하게 만든 일을 그려낸 글자'라 하고 있다. 그러나 이는 언어와 문자와의 상관관계 즉 그림을 그려 말뜻을 나타내는 상형표의(象形表意)의 원칙에 벗어난 초등학생이라도 할 수 있는 단순한 해석이다.

우리는 '앞을 보지 못했다', '봐야 될 것을 보지 못했다' 등의 말을 '제 손으로 제 눈을 찔렀다'로 말한다. 바로 이 그림이 그런 비유적 표현을 그린 것이다.

※ 고대금문에 위 그림 문자가 '제 손으로 제 눈 찔렀다'는 뜻을 나타낸 문장이 있으나 여기선 생략한다.

⑨ 간(艮)

북방, 산(山) 등의 뜻을 지닌 글자다.

고체는 사람 등 쪽에 눈이 달려 있는 ዖ자다. 뒤(後)가 곧 북방이라는 뜻을 나타낸 것이다. 이것을 등에 눈이 달린 사람으로 해석한다면 그 사람은 문자 연구자로서 자격이 없다고 하겠다.

퇴(退) : 간다(辶)와 간(艮)의 합체다. 뜻을 합하면 앞이 아닌 뒤(艮)로 간다는 뜻이 되어 '물러간다'는 지금의 뜻과도 일치되는 것이다.

우리 겨레들은 약 1만여 년 전에 시베리아 바이칼호 부근에 살다가 따뜻한 곳을 찾아 남하(南下)하여 요동과 산동 지방으로 들어갔다. 이러므로 북(北)은 우리에겐 등진 곳(ﾒﾅ : 北)이었고 뒤(後)가 된 것이었다.

4) 발(Foot)

우리 몸을 밖으로 나갈 수 있게 해주는 인체 부위이다. 이 발은 다음과 같이 그려졌다.

왼쪽으로 향하는 발 모양은  로 그려져 왼쪽으로 갔다는 뜻을 나타냈다. 이후  로 변했고 자로 변했다.

오른쪽으로 향하는 발 모양은 자로 그려 오른쪽으로 갔다는 뜻을 나타냈다. 나중에  및  으로 변했다.

나왔다(왔다)는 뜻은 자로 그려져 쓰이다가  자로 변했다.

움직여 나가는 두 개의 발 모양은 자로 그려져 쓰이다가 자로 변해졌고 자로도 변했다.

① 족(足)

「입 구(口) + 두 개의 발(龰)」의 구조로 족(足)은 '움직이는 두 개의 발(龰)을 말한다(口)'는 언어의 형상화이다.

② 소(疋)

발(足) 필 소로 읽히는 글자다. 발을 펴고 움직이지 않는다는 뜻이다. 「펴다(一) + 두 개의 발(龰)」의 구조다.

※'피다'는 '펴다'와 같은 말로서 경상도 방언이다.

정(定) : 「집(宀) + 발 필 소(疋)」의 구조로 집에 들어가 발을 펴고(펴고)있다는 뜻이다. 이에 따라 정(定)하다, 움직이지 않다(入定) 등의 뜻이 따르게 되었다.

③ 등(登)

'오르다'의 뜻이다.

'간다', '나갔다'의 뜻을 지닌 발(癶)과 두(豆)의 합체다.

두(豆)자는 본래 뚜껑이 있는 제기(祭器)의 모양을 그린 것으로 초점을 뚜껑에 둔 문자다. 바로 그릇 꼭대기에 있는 뚜껑을 통하여 사물의 위쪽(꼭대기)을 나타내려 한 것이다.

눈(目) 위 머리 쪽에 있는 숱(터럭)을 그려 '맨 위쪽', '머리'를 나타낸 수(首 : 𦣻)자와 같은 유형의 글자인 것이다.

따라서 등(登)은 '위 쪽(꼭대기 쪽)으로 간다(癶)' 즉 '위로 오른다'는 뜻을 나타낸 회의 문자인 것이다.

그러나 이때까지의 한국·중국·일본의 해석자들은 두(豆)를 제기(祭器)의 상형체로만 보았다. 그래서 '항상 제기는 제단의 위쪽에 놓여졌기에 위쪽으로 오른다는 뜻이 등(登)자에 붙게 됐다.'고 말하고 있다.

두(豆) : 처음에는 사물의 꼭대기를 뜻하다가 사람의 머리를 뜻하게 되었고 이어서 사람의 머리를 닮은 콩을 뜻하게 되었다. 이에 혼란을 피하기 위해서 사람의 머리는 두(頭 : 豆 + 頁)로 나타내게 되었다.

혈(頁) : 머리를 뜻하는 글자로 알고 있으나 목에서 머리 전체를 나타내는 글자로 두(頭), 수(首)가 위치적인 뜻을 나타낸 것이라면 혈(頁)은 형상적인 것을 나타내는 글자이다.

④ 발(發)

「발(癶)과 당겨진 활(𢍽)」의 합체다. 당겨진 활에서 화살이 나간다는 뜻이다.

※발(Foot)을 그려놓고 「발」이라 읽을 수 있는 사람은 한국어 언중뿐이다. 즉 발(發) 및 癶의 독음(讀音) 「발」은 한국어라는 말이다.

⑤ 무(武)

'무사' '호반'의 뜻으로 쓰이는 글자다. 「지(止) + 과(戈)」의 구조다.

이때까지 대부분의 사람들은 '창(弋)을 멈추게(止) 하는 것이 무(武)다. 그럼으로 무(武)의 본 뜻은 사람을 상하게 하는 것이 아니라 살림에 있다'로 해석하고 있다.

그러나 이 글자의 갑골문은 그림과 같다.

바로 세워진 창(弋) 아래에 '간다'는 뜻을 나타낸 발 모양(止)이 더해진 글자다. 그림의 뜻은 창을 들고 가는 사람을 나타낸 것으로 '싸운다' '싸우러 가는 사람'이 본 뜻이다.

보(步) : '걷다'의 뜻으로 쓰이는 이 글자의 갑골문은 앞서거니 뒤서거니 한 발 두 개를 그린 𣥂 자였고, 소전체는 𣥂 자다. 따라서 지(止)의 원래 뜻은 '가다'였으며 '움직이지 않는다'는 아닌 것이다.

⑥ 각(各)

'따로 따로'의 뜻으로 쓰인다. 따로라는 말은 하나의 집단이 되지 못하고 떨어져 있다는 뜻이다.

이 글자의 고체는 各자였다. 夂자는 夊(ㅍ)자의 변체로 오른쪽으로 나온 선이 夊자 보다 유난히 길게 그려져 있다. 이는 밖으로 크게 움직였다는 뜻을 나타낸 것이다. ㅂ자는 口자로 고을 및 마을을 그려낸 것이다.

따라서 각(各)은 '사람들이 모여 사는 곳(口 : ㅂ)에서 떠났다. 떨어져 나갔다'는 뜻이고 한 덩이로 있다가 갈라져 나갔다는 뜻이다. 바로 '제각기, 각각'이라는 분리와 독립의 뜻을 그려낸 것이다. 글자가 보여주는 뜻과 그 독음(讀音)을 보면 우리말 「갈라지다」의 「가」에서 비롯된 독음이라 생각한다.

※가라, 가락, 가닥 등의 한국어는 한 덩이에서 나눠지고 떨어진 것이란 뜻이 있다.

락(洛) : 「물(氵) + 갈라지다(各)」의 구조다. '본체에서 갈라진(나눠진) 물'이란 뜻이다. 이렇게 물의 흐름이 갈라진 상태를 나타냄에 따라 지명(地名)으로 쓰이게 되었다.

락(絡) : 「엮어지다(糸) + 갈라지다(各)」의 구조다. 나눠진(갈라진) 것을 하나로 엮었다는 뜻이다. 따라서 '잇다, 연락하다, 얽었다(連)' 등의 뜻을 지니게 되었다.

로(路) : 「⻊+ 各」의 구조다. ⻊자는 口(고을)으로 향하는 발(足)을 그린 것이고 각(各)은 口에서 떠나는 발이다. 따라서 오고(⻊) 떠난다(各)는 뜻이다. 여기서 오고가는

「길(路)」이란 뜻이 따르게 된 것이다.

객(客) : 「집(宀) + 떠나다(各)」의 구조로 집을 떠난 사람을 말한다. 현재의 우리들은 '손님(客)'의 뜻으로 쓰고 있지만 본 뜻은 '나그네', '떠돌이'이다.

⑦ 귀(歸)

'돌아간다'는 뜻으로 귀가(歸家), 귀향(歸鄕) 등으로 쓰고 있다.

「뒤따른다(𠂤) + 지(止) + 빗자루(帚)」의 구조다. 따라서 빗자루를 들고 뒤따라간다는 뜻이다.

옛날 4500여 년 전의 중국 대륙은 모계제(母系制) 사회였다. 이에 따라 남자는 여자 집에 장가들어 살았고 그 사이에 태어난 아이는 모계(母系)의 성(姓)을 이어받았다. 그러다가 오제시기(五帝時期 : 4300여 년 전) 순(舜) 임금 때에 여자가 남자를 따라 시가(媤家)에 가는 부계제(父系制) 사회로 전환되었다. 이런 유신(維新)에 따라 생겨난 글자가 바로 귀(歸)인 것이다.

따라서 귀(歸)의 본뜻은 「여자가 시집간다」였다.

귀매(歸妹) : 주역(周易) 괘사(卦辭) 중의 하나다. 어린 여자(누이)가 시집간다는 뜻이다.

지금의 혼인 풍속에도 귀(歸)자의 뜻이 남아있다. 즉 남자가 장가들어 며칠을 묵은 다음 여자를 데리고 자기 집으로 되돌아가는 풍속을 말함이다.

⑧ 력(歷)

'지낼', '겪을' 등의 뜻으로 쓰이며 역사(歷史), 역대(歷代) 등으로 쓰인다.

이 글자의 고대 금문은 이삭이 열린 곡식 두 개(秝) 밑에 간다는 뜻이 있는 발 모양(止)을 그린 🜨 자이고 소전체는 歷 자다.

이 글자의 기존 해석은 이렇다.

'지낼 력(歷)은 지날 력(厤)의 음과 뜻에 그치다(止)의 뜻을 결합한 형성(形聲)문자다.'(자원자해로 익히는 한자. 246P)

그러나 이는 지(止)를 오늘날의 뜻인 「그치다」로 받아들인 것으로 정확하지 않다.

다음과 같이 새롭게 해석한다.

'여러 해(秝 : 日日)가 지나간 그 발자취(止)를 묶어 놓은 것(厂)이다'는 뜻으로 해석한다.

화(禾 : 𣎳)자를 해(日)로 본 해석인데 왜 화(禾)자가 일(日)이 되는지는 나중에 밝히겠다.

⑨ 걸(傑)

'뛰어난 사람', '대단하다'의 뜻으로 쓰이며 호걸(豪傑), 걸출(傑出) 등으로 쓰인다.

「사람(亻) + 걸(桀)」의 구조이다. 걸(桀)은 나무(木) 위에 서로 다른 쪽으로 향하고 있는 발 두 개(舛)가 그려진 구조다.

바로 나무 위에서 이리 저리 다니고 있는 모습을 나타냈고 그런 사람을 말하는 것이다. 보통 사람들은 나무를 잘 타지 못한다. 따라서 「나무를 잘 탄다」는 것은 남보다 뛰어난 능력으로 취급되었기에 나무를 잘 타는 사람(亻) + 桀)이 바로 남다른 사람이다, 대단한 사람이다 라는 뜻을 지니게 된 것이다.

그런데 이 글자와 같은 뜻으로 쓰이는 걸(杰)자가 있다. 나무 아래에 불(火)이 있는 구조인데도 어째서 같은 뜻으로 쓰이고 있을까? 이 문제는 중국 문자가 한국어를 하는 사람에 의해 이뤄졌음을 인정치 않고는 절대 풀리지 않는다.

⑩ 위(偉)

'위대하다', '뛰어나다'의 뜻으로 쓰이며 「사람(亻) + 위(韋)」의 구조다.

위(韋)는 왼쪽으로 향한 발(夊:夂)과 고을 및 마을을 뜻하는(口 : 口) 글자 그리고 오른쪽으로 향하는 발(ヰ:屮)의 합체로서 고대금문엔 ⿓ 자로 나와있다. 이것은 하나의 영토 공간(○ : 口)에서 어긋나게 갔다는 것으로 '어긋나다' '남 다르게 갔다'는 뜻이다. 그러므로 위(偉)는 남다르게 행동한 사람이란 뜻이다.

위(違) : '어긋나다', '틀렸다', '잘못됐다'의 뜻으로 쓰인다. 「간다(辶) + 위(韋 : 어긋나다)」의 구조로 어긋나게 간다는 뜻이다.

위(圍) : '에워싸다'는 뜻으로 쓰고 있다.

'에워싸다'는 뜻으로 쓰인 옛글자(古代金文)는 다음과 같다.

왼쪽 그림은 하나의 영토 공간(○) 사방에 한방향(오른쪽에서 왼쪽)으로 돌고 있는 발 그림으로 구성되어 있다.

이 뜻은 하나의 고을(○)을 빙빙 돌며 지킨다는 뜻과 에워싸고 있다는 뜻을 나타내고 있다.

이 그림은 거죽과 안(內)이란 두 가지 뜻으로 분리되어 쓰이게 되었다. 즉 속에 있는 고을(○)과 그 바깥인 거죽(4개의 발 그림)으로 말이다.

이에 따라 4개의 발자국 모양을 간화(簡化)시킨 위(韋)자에 가죽이란 뜻이 붙게 된 것이다.

한국어 가죽은 거죽과 같은 말이었으며 갗(살갗), 결(살결, 물결)과도 통하는 말이었다.

혁(革) : 가죽을 뜻하는 말이나 이것은 깨끗이 손질된(무두질 한) 것을 나타내는 글자이며 위(韋)는 일반적으로 살(肉)의 바깥쪽을 뜻하는 글자였다. 그리고 피(皮)는 결(살결)을 나타낸 글자였다.

⑪ 지(志)

'뜻(意) 지'로 읽히는 글자다.

고체는 지(止)와 마음 심(心 : ㅂ)의 합체인 ㅂ자다. 그려진 그대로 '마음이 간다(움직인다)'는 뜻이다. 이를 선비(士)의 마음으로 해석하면 오류다.

⑫ 순(舜)

순임금을 나타낸 글자로 '임금 순'으로 읽히고 있다. 방향이 서로 다른 두 개의 발(夂, ㄓ)을 손(爫 : 手)을 크게 벌려 (冖) 잡았다는 뜻이다. 즉 이쪽 저쪽으로 흩어져 가는 사람들을 크게 감싸안았다는 뜻이다.

순(舜) 임금은 도대체 어떤 일을 했기에 이런 이름을 지니게 되었을까?

고대 금문을 통해 오제시기(五帝時期 : 4500여 년 전)의 역사를 해석한 낙빈기 선생에 따르면 오(吳), 우(虞), 북(北), 위(韋), 한(韓) 등의 글자는 모두 순(舜) 임금의 씨칭(氏稱)이었으며 그가 행한 여러 역사를 반영하고 있다고 한다.

⑬ 한(韓)

'나라'의 뜻이며 대한민국(大韓民國)으로 우리의 국호로 쓰이고 있는 글자다.

「해 돋을 간(倝) + 위(韋)」의 합체다.

간(倝)을 '수풀 사이에서 해(日)가 떠오르는 모양을 상형한 글자'로 해석하고 있으나 그렇지 않다.

중국 문자의 발생 초기인 4300여 년 전~ 5000여 년 전의 중국 대륙 곳곳은 침수된 지역이 많아 사람들의 일반적인 거주지는 대개 언덕(阜 : 阝)이었다. 따라서 높은 언덕에서 보는 일출(日出) 모습은 수풀 사이가 될 수 없는 것이다.

현대 중국의 금문 대가인 낙빈기 선생은 간(倝 : 倝)을 쌍수봉일(双手奉日 : 두 손으로 해님을 받드는 모양)로 해석하여 해님으로 불려졌던 희화씨(羲和氏)를 받든 역사적 사실이 반영된 글자라 했다.

그러나 간(𣆶)은 그런 역사적 사실이 반영된 글자임은 분명하나 쌍수봉일(双手奉日)은 아니고 다음과 같이 해석되어야 정확하다는 것이 필자의 소견이다.

간(𣆶)자의 윗 부분(𣎴)은 나무나 풀(草)을 그린 것이고 해(日 : ⊖) 아래 부분(𣎴)은 손을 그린 것이다. 따라서 이 뜻은 '해님(日 : ⊖)이 떠 받들려져(𣎴 : 手) 위로 나왔다(𣎴 : 木 : 草)'이다. 이것을 한 마디로 줄이면 「해님이 떠 올라 나왔다」 라는 말이다. 이럼에 따라 '해돋았다'는 뜻으로 쓸 수 있게 된 것이다.

여기서 필자는 나무(木 : 𣎴)를 「나왔다」 는 말을 그려낸 부호로 읽었는데 자세한 논증은 뒷장에서 하겠다.

위(韋)자는 순 임금의 씨칭이다. 이 글자가 어째서 순 임금을 뜻하는 글자인지에 대해선 기회가 닿으면 설명키로 하겠다.

따라서 한(韓 : 𣆶 + 韋)자는 순 임금(韋)에 의해 해님(日 : 희화씨)이 떠받들려져 나왔다는 뜻이다.

중국 역사에 희화씨(羲和氏)로 기록되어져 있는 해님(日)! 그는 누구이며 또 동이인(東夷人)으로 맹자(孟子)에 의해 밝혀진 순(舜)과는 어떤 관계이며 어떻게 떠받들려졌다는 말일까? 여기엔 엄청난 역사적 진실이 숨어있는데 기회 있으면 밝히기로 하겠다.

⑭ 정(正)

'바르다, 옳다, 맞다'의 뜻으로 쓰인다.

이때까지의 학자들은 정(正)의 고체를 ⓐ ♀와 ⓑ ☺자로 알고 있다.

그러나 ⓐ는 '고을(口)을 향해간다(⊥)'는 뜻으로 오늘날의 자체로는 ㄹ자이다.

ⓑ는 「정(丁 : ●) + ☺」의 구조로 정(丁 : ●)은 대가리가 넓은 못을 상형한 것이다. 무두질을 할 때 가죽을 고정시키는 압핀(pin) 같은 못이라는 말이다.

즉 정(丁 : ●)은 무두질 할 때 가죽이 이리저리 제멋대로 울지 않도록 바르게 고정시키는 도구였다. 그리고 ☺자는 틀어지고 울퉁불퉁한 가죽의 모양을 그려낸 것이었다.

따라서 ☺자는 제멋대로 움직이지 않도록 또 이리저리 틀어져 고르지 않게 되어 있는 것을 바르게 펴기 위해 못(丁)질 한다는 뜻이다. 가죽을 다루는 생활 모습이 문자로 반영되어진 것이다.

그러므로 '바르게 한다'가 원래의 뜻이고 여기서 '바르다', '옳다' 등의 뜻이 붙게 된 것이다.

따라서 '정벌(征伐)하다'의 정(征)의 본래 글자였는데, 난리를 가죽의 네 귀퉁이 등이 제멋대로 놀아나는 것에 비유하여 그것을 바르게 한다는 뜻 때문이었다.

이렇게 하기 위해(正) 간다(彳)는 글자가 바로 정(征)이다.

● 자가 오늘날의 정(丁)이라는 증거는 고대 금문집인

「가제집고록 20책」 정미각(丁未角)에 새겨져 있는 '●
米…'이다.

정(丁 : ●)자는 세월에 따라 두 가지 뜻으로 쓰이게 되었다.
첫째는 못의 머리 부분에서 그 뜻을 따 「대가리」로 읽
혀졌다. 정(頂 : 丁 + 頁), 병정(兵丁), 장정(壯丁) 등으로 쓰
이게 된 것도 여기서 연유한다.

둘째는 사물을 고정시키는 못의 역할을 나타냈다.

정(亭) : 집의 모양을 그려낸 亯자와 '못박는다, 멈추게
한다'는 뜻을 지닌 정(丁)의 합체다. 따라서 머무는, 또는 잠
시 쉬어 가는 집이라는 뜻에서 '정자(亭子) 정'이 이뤄진 것
이다.

이후 이 글자에 사람 인(人)을 더하여 '멈추다, 머물다, 쉬
다'는 뜻을 지닌 정(停)을 만들어 쓰게 되었다.

⑮ 강(降)
'내려간다'는 뜻이다.
고체는 높은 언덕을 그린 글자(阝)와 밑으로 향하고 있
는 두 개의 발 모양을 그린 㒼자였다.

⑯ 도(徒)
'무리', '옮기다'의 뜻으로 쓰고 있다.
고체는 길을 나타낸 그림(彳)과 길을 따라가고 있는 앞
서거니 뒤서거니 하는 발의 그림 두 개(龰)를 그린 㣥자였

다. 그림이 보여주는 뜻은 같은 길을 따라가는 사람이다. 이
러므로 신도(信徒), 도주(徒走) 등으로 쓰이게 되었다.

⑰ 봉(逢)
'만나다'의 뜻이다.
고체는 길을 그린 그림 (彳)자와 그 옆에 서로 마주하고
있는 두 개의 발 그림으로 구성된 逢자였다. 길에서 서로
만났다는 뜻을 보여주고 있다.

⑱ 주(走)
'달리다'는 뜻이다.
「발(止) + 거듭되다(丰)」의 구조로 발을 거듭되게(빠
르게) 움직인다는 뜻이다.

5) 집

사람들이 거주하는 집은 크게 두 가지 형태로 그려냈다.
첫째는 우리의 전통적인 초가집 전면을 간략히 그린 것
과 같은 ∩(宀)자이다.

둘째는 언덕이나 바위를 그려냈다고 알려지고 있는 엄
(厂)자이다. 옛날 사람들은 바위벽이나 언덕에 굴을 파 살
았기에 그렇다 한다.
그러나 필자는 가죽이나 천으로 친 장막의 한 면을 그려
낸 것으로 생각 한다.

① 종(宗)
「집(宀) + 제사 시(示)」의 구조이다. 따라서 '제사지내
는 집'을 그려낸 것이다. 이러므로 종가(宗家), 종손(宗孫),
종권(宗權) 등으로 쓰인다.

② 찰(察)
'살피다'는 뜻이다.
「집(宀) + 제(察)」의 구조이다. 제(祭)는 제사상(示) 위
에 고기(夕)를 얹어 놓은 모양으로 일반적으로 큰 제사를
나타낸 글자였다. 소홀히 할 수 없는 이런 제사는 뭐가 잘못
되었는지 어떤 것이 빠져 있는지 매우 세심하게 살펴야만
했다. 이럼에 따라 살피다는 뜻이 따르게 된 것이다.

③ 안(安)

'편안하다'는 뜻이다.

「집(宀) + 여(女)」의 구조다. 집안엔 여자가 있어야만 편안하다는 뜻이다. 이를 '여자는 항상 집안에 있어야만 편안하기에 편안하다는 뜻이 다르게 되었다'로 해석하면 오류다.

④ 완(完)

'완전하다'는 뜻이다.

「집(宀) + 원(元)」의 구조다. 집(家庭)이 잘 이뤄지려면 한 사람만으로는 안되고 남녀가 같이 있어야 모든 것이 잘 이뤄진다는 뜻이다.

⑤ 가(家)

「집(宀) + 돼지(豕)」의 구조다.

이를 한국의 전문 해석자들은 다음과 같이 말한다.

'집에 돼지를 키우는 생활 모습이 반영된 글자. 따라서 집 아래 칸에 똥돼지를 키우는 우리의 풍습이 글자로 나타난 것이므로 한자는 우리가 만든 글일 것이다.'

그러나 천만의 말씀이다. 이 글자와 몇 몇 글자(돼지가 들어가는)는 한국어와 문자와의 상관관계를 모르면 절대 풀 수 없는 것으로 뒷장에서 설명하겠다.

⑥ 실(實)

'야물다, 튼튼하다, 꽉 차있다'의 뜻이다.

「집(宀) + 관(貫)」의 구조다. 관(貫)은 돈(貝)이 꿰어져 (毌) 있다는 뜻이다. 이에서 꿰다의 뜻이 따르게 되었다.

따라서 실(實)은 집안에 꿰어진 돈 꾸러미가 있다는 뜻이다. 여기서 야물다, 튼튼하다 등의 뜻이 생겼다.

⑦ 숙(宿)

'머물다'는 뜻이다.

집안에 사람(亻)이 자리를 펴고 있는 그림으로 머물다의 뜻을 나타냈다. 그런데 이 글자는 숙환(宿患), 숙적(宿敵)등으로 '오래다'는 뜻을 지니고 있다.

어째서 '머물다'로 쓰이는 숙(宿)자에 '오래다'는 뜻밖의 뜻이 따르게 되었을까?

이에 대해 이렇게들 말하고 있다.

'머물려면 오랜 시간이 필요해서이다.'

그러나 잠시동안 머물 수도 있고 오랫동안 머물 수도 있으므로 이 대답은 확실하다 할 수 없다.

그렇다면 어떤 까닭에서일까?

이 문제 역시 「한국어를 형상화시킨 것이 중국 문자다」는 관점에서 보지 않으면 풀리지 않는다. 즉 머물다와 같은 뜻을 지닌 또 하나의 한국어는 「묵다」이다. 이 묵다라는 말은 머물다는 뜻 외에 묵은 된장, 묵은 감정 등으로 쓰는 예에서 보듯 「오래다」는 뜻을 지니고 있기 때문인 것이다.

⑧ 빈(賓)

'손님'의 뜻으로 쓰인다.

돈 및 재화(財貨)를 지니고 집에 온 사람을 나타낸 그림이다. 즉 값진 물건을 들고 찾아 온 사람을 말하는 것이다.

하(賀) : 「더하다(加) + 재물(貝)」의 구조다. 따라서 하객(賀客)은 빈손으로 찾아온 손님이 아니라 값진 물건을 보태주러 온 손님을 말한다.

⑨ 해(害)

「집(宀) + 여러 개가 한 뭉치로 되어 있다(丰) + 말하다(口)」의 구조다.

집안에 용기(用器)들이 제자리에 나눠져 있지 않고 한 곳에 쌓여져 있다는 뜻이다. 이리되면 불편하기 짝이 없고 집의 역할을 하기가 어렵다. 여기서 좋지 않다, 해롭다, 도움되지 않는다 등의 뜻이 나왔다.

할(割) : 나눈다, 자른다(가른다)는 뜻이다. 한 뭉치로 되어있는 것(害)을 가른다(刂 : 刀)는 뜻이다.

⑩ 혈(穴)

'구멍'을 뜻한다.

옛날 글자는 宀 자였다. 이는 집(宀)에 구멍이 나 있는 모양을 그려 구멍을 나타낸 것이다.

공(空) : 「혈(穴) + 공(工)」의 구조다.

공(工)자는 위와 아래가 길게 맞닿은 모양을 그려 크고 길게 맞닿았다는 뜻을 나타냈다. 따라서 공(空)은 구멍이 크게 나있는 모양 즉 큰 구멍을 나타낸 것이다.

공(工)이 '만들다'의 뜻을 지니게 된 것은 위아래를 맞닿게 한다는 뜻 때문이다.

공(攻) : '공격하다'는 뜻이다. 아래위가 맞닿게(크게) 친다(攵 : 攴)는 뜻이다.

구(究) : 「구멍 혈(穴) + 손쓰다(九)」의 구조다.

구멍난 것을 손으로써 막으려 한다는 뜻을 나타냈다. 이러려면 이 궁리 저 궁리를 해야 함에서 '연구하다'는 뜻이 따르게 된 것이다.

※구(九)는 구부러진 오른손(又)의 변체다.

⑪ 규(窺)

'엿보다'의 뜻이다.

「구멍 혈(穴) + 규(規)」의 구조다. 규(規)는 큰사람(夫 : 지아비)이 살펴보다(見)는 구조로 씨알머리 있는 사람(夫)의 견식은 정확하다는 뜻에서 법(法)이란 뜻과 자(콤파스)의 뜻이 따르게 되었다.

따라서 규(窺)자는 구멍으로 살펴본다. 구멍을 통해 살핀다는 뜻이 되어 엿보다로 쓰이게 되었다.

⑫ 관(官)

「집(宀) + 뒤따르다(ꟼ : 㠯)」의 구조다. 모든 사람을 뒤따르게 하는 집이라는 뜻이다. 관(官)의 역할을 잘 보여주고 있다.

　※ ㅂ자는 같다, 본뜨다, 이어받다 등의 뜻이 있다.

⑬ 좌(座)

　집(广) 안에 여러 사람(두 사람)이 땅바닥에 앉아있는 모양을 그린 글자다.

　즉 집안에 자리하고 있다는 뜻이다. 좌(坐)는 앉아 있는 「자리」, 자리에 앉다는 뜻을 나타내고 있다.

6) 하늘(天)과 땅(地)

① 하늘(天)

하늘은 선 사람의 머리 위쪽에 있는 무한하게 큰 공간이다. 이를 옛 사람들은 큰 사람(大)의 머리 위쪽에 가로로 큰 줄을 그어 나타냈다.(大 + 一 : 天) 바로 '머리 위쪽에 있는 큰 공간'이란 뜻이다.

② 땅(大地)

땅은 선 사람의 발 아래에 있는 큰 공간이다. 그래서 옛 사람들은 천(天)자와 반대로 그 그림을 그려냈다. 바로 큰 사람(大)의 아래쪽에 가로로 긴 줄을 그린 ㅊ자였다.

아래쪽에 있는 큰 공간! 사람이 디디고 있는 큰공간이란 뜻을 나타낸 것이지만 후세의 학자들은 이런 간단하면서도 지극히 자연스런 제자법(制字法)을 이해하지 못했다. 그래서 지금까지도 땅덩어리를 나타낸 글자는 토(土)와 지(地)라고만 알았다.

왼쪽 그림은 「역대종정이기관식」이란 금문집에 기재된 것으로 학자들에 의해 왕주유(王鑄卣)로 일컬어지고 있는 상대(商代)의 금문(金文)이다. 바로 맨 위 큰사람(大)이 아래쪽 공간인 땅을 밟고 서 있는 그림을 왕(王)자로 해석했다는 말이다.

※토(土)자와 지(地)자는 큰 땅덩어리를 나타낸 글자가

아니고 사람이 씨를 뿌리고 살 수 있는 땅인 「터」를 그려 낸 것인데 이는 나중에 설명하기로 한다.

사람이 밟고 살아가는 큰 땅덩어리를 그려낸 土자는 갑골문에도 보이는데 이를 사람이 땅 위에 서있는 모습으로 받아들여져 위(位)자로 해석되어 지고도 있다.

왕(王) : 이 글자의 고체는 王자이다. 이는 하늘과 땅 사이에 있는 제일 큰 사람이란 뜻이다. 이 글자는 금문(金文)에는 王자로 나타나기도 하는데 이는 쇠그릇에 글자를 새기는 과정에서 그렇게 된 것이다. 즉 주조 기술이 매끄럽지 못했던 탓으로 아래쪽 사람의 발 부분과 땅이 구별없이 붙어 버렸다는 말이다.

하늘을 이고 살아가는 우리들은 헤아릴 수 없을 만큼이란 말을 「하늘땅만큼」 「하늘과 땅 사이만큼」으로 표현한다. 이 말을 그림으로 나타낸 것이 '다할 극(極)'자이다. 고체는 하늘을 이고 있는 사람 그림이 그려진 亟자다.

이 글자가 亟 → 凵 極자로 변해졌다.

亟자 앞에 그려진 자는 말한다는 뜻으로 벌린 입을 그렸다. 오늘날의 구(口)자다. 따라서 亟자는 「하늘과 땅만큼을 일컫는다」는 하나의 언어를 그려낸 것이다.

7) 고을 및 마을

사람들은 자신들이 울을 치고 거주하고 있는 공동의 공간을 ○자로 나타냈다. 이후 이 글자는 ㅂ자로 변했고 ㅁ자로 변했는데 입을 그려낸 구(口)자와 모양이 같아 문자 해석상 왕왕 혼동을 주기도 했다.

고을을 그린 이 口(ㅂ)자가 발전하여 나라 국(國), 고을 군(郡), 고향 고(故) 등의 글자가 되었다.

① 군(君)
'임금'이란 뜻으로 쓰였으나 후세에 와서는 훌륭한 사람 (君子), 이군(李君), 김군(金君) 등으로 '자네'의 뜻으로도 쓰이고 있다.

고체는 ㅋ자와 고을(ㅂ)의 합체인 ㅋ자였다. ㅋ자는 오늘날의 윤(尹)자로서 '다스리다', '고을을 다스리는 사람'이라는 뜻이다.

그런데 지금까지는 윤(尹)의 모양을 '손에 긴 작대기를 든 모습'으로 해석한 후 '손으로 매질함으로서 다스린다는 뜻이 나왔다'로 말하고 있다.

그러나 칠 북(攴, 攵)으로 읽히고 있는 ㅋ, ㅋ(攴, 攵의 고체)자 역시 손에 회초리나 작대기를 들고 있는 그림이고 부(父)의 고체인 ㅋ자 역시 손에 무엇인가를 들고 있는 모습이다.

이렇다면 어째서 윤(尹)자 만이 다스린다는 뜻으로 쓰이고 있을 뿐 딴 글자들은 그런 뜻이 없을까?

이런 의문이 있자 그들은 복(攴)과 부(父) 역시 손으로 몽둥이를 들고 매질하는 것으로 받아들여 다음과 같이 해석한다.

정(政) : '두들겨 때려(攵) 바르게 한다(正).'

교(敎) : '매질하여(攵) 가르치는 것이다.'

부(父) : '권위를 나타내는 목봉(木棒)을 손에 든 모습으로 가부장(家父長)을 뜻한다'. 또는 '돌도끼를 들고 사냥하는 남자를 나타냈다.'

그러나 위 해석은 그림의 모양에만 치우친 안목에 따른 오류다.

앞에서 이미 말한 바 있듯이 손(手)은 어떤 위치에 있느냐에 따라 그 해석이 달라져야 한다.

그리고 손(手)과 연결된 선(線)을 작대기나 회초리로만 봐서는 안된다.

우리는 앞장에서 크게 움직여나갔음을 그려낸 발 그림(夂)을 본 바 있다.

따라서 손에 연결되어 아래쪽으로 긴 선(線)이 뻗쳐있는 모양을 그린 윤(尹)자는 크게 널리 잡고 있다. 즉 크게 널리 장악하여 다스리고 있다는 뜻으로 해석할 수 있는 것이다.

② 책(冊)

이 글자의 고체는 다음과 같고 해석은 이렇게 하고 있다.

'책(冊)은 글자를 적어놓은 대나무 조각을 엮어 놓은 간책의 모양을 본 뜬 글자다.'

그러나 위 고체(∰)는 고을(○ : 口)과 여러 개의 합체로서 고을에 지키는 사람, 다스리는 사람 등등을 하나씩 하나씩 채워 넣었다는 뜻이다.

그러므로 어떤 직책에 임하도록 봉(封)하는 것을 책봉(冊封)이라 하는 것이며 나무(木)를 여러 개 채워 넣어 만든 울타리를 책(柵 : 木 + 冊)이라 하는 것이다.

춘추(春秋) 시대에 이르러 일반적으로 글은 깎여진 대나무 조각(竹簡)에 쓰여지게 되었고 이것을 묶어놓은 것은 간책(簡冊)이라 부르게 되었다.

그러다가 천하통일을 한 진(秦)이 문자마저 통일시킴에 따라 간책의 모양을 본뜬 오늘날의 자체(冊)를 지니게 된 것이다.

지금의 독음 책(冊)을 채워 넣을 「채」에서 변음 된 것으로 한국어로 보인다.

◎ 고(古) : '오랠', '옛'의 뜻으로 쓰이고 있으며 「씨(十 : 십의 본음) + 고을(口, ㅂ)」의 합체다.

따라서 이 글자는 한국어 씨골(故鄕)을 형상화한 것이다. 그러므로 그 독음 또한 씨골 「골」로 읽을 수 밖에 없다.

이 글자의 고체는 씨(씨앗)을 그려낸 ㅑ 자와 고을(ㅂ)의 합체인 ㅂ 및 ㅂ자 였다.

◎ 고(故) : 고향(故鄕), ….된 연유로 등의 뜻이다.

「고(古) + 치다(攵)」의 구조로 「고(古)로 친다(攵)」는 뜻이다.

도대체 무슨 말일까? 이 글자 역시 한국어 「친다」의 뜻을 알지 못한다면 절대 풀지 못한다. 다음 「친다(攵)」부분에서 해석하기로 한다.

◎ 거(居) : 머물러 살고 있다는 뜻이다.

「사람(尸) + 고(古)」의 구조로 바로 '씨 뿌려진(十) 고을(口 : ㅂ)에 살고 있다' 또는 '사람이 고을에 씨 뿌려 놓고 살고 있다'는 뜻이다.

◎ 고(固) : 굳다, 단단하다의 뜻으로 「고(古) + 에워싸다(口)」의 구조이다.

씨뿌려진 땅 및 씨골(古)을 둘러싸고 지킨다는 뜻이다. 이것을 '오래되고(古) 큰 경계를 지닌 나라'로 해석하고 여기서 굳다의 뜻이 나왔다고 해석하면 오류다.

◎ 고(告) : 아뢰다, 여쭈다는 뜻으로 곡(嚳)과 같은 뜻을 지닌 글자다.

고체는 다음과 같다.

왼쪽의 소전체는 고(ㅂ : 古)자 위에 소(牛 : 屮)가 더해진 그림이다.

이는 씨골(고향)에서 소(牛)를 희생으로 올리는 제사를 상형한 것으로, 소를 제물로 올리며 조상께 고한다는 뜻이다.

고향에 돌아와 이렇게 여쭐 때면(告) 울기도 하고 큰 소리를 지르기도 했다.

이러므로 고(告)는 그 당시에는 짖다(우짖다, 울부짖다)로 읽혀졌고 이에 따라 다음과 같은 글자들이 만들어 지게 되었다.

조(造) : 「간다(辶) + 고(告 : 짖다)」의 구조로 만들다(짓다)의 뜻으로 쓰인다. 즉 고(告)가 짖다로 읽힘에 따라 같은 소리(同音)인 짓다(作)의 뜻을 지닌 조(造)자가 이뤄지게 되었으니 바로 동음(同音)가차(假借)의 제자법이었다.

호(浩) : 「물(氵) + 고(告 : 짖다)」의 구조다. 따라서 본 뜻은 얕은 물이 아닌 「짙은(짖은) 물」이란 뜻이다. 여기서 물 넓다, 넉넉하다의 뜻이 따르게 되었다.

혹(酷) : 혹독하다, 심하다의 뜻으로 「술(酉) + 고(告 : 짖다)」의 구조다. 술(酉)이 짙다(짖다와 동음)는 뜻으로 이에서 독하다, 심하다의 뜻이 파생되었다.

◎ 국(國) : 큰 고을(口) 속에 창 과(戈)자가 있는 구조이다. 즉 큰 영역(큰 고을)을 지킨다 또는 지켜야 할 큰 영역(큰 고을)이란 뜻이다.

고(古)를 우리는 「고」로 읽고 있지만 본음은 「골」이다. 「고」로 읽게된 것은 한족(漢族)의 언어 습관에 따른 것이다. 즉 한족은 받침 발음이 명확치 않아 말(馬)을 「마-르」, 골(古)로 「고-르」로 발음하는데 이를 따랐다는 말이다. 이러므로 몽고(蒙古)는 몽골로 읽어야 정확하다.

8) 입(口 : ㅂ)

이 입(口)은 먹는 역할도 하지만 자신의 의사를 밝히는 기관이기도 했다.

그래서 '말하다', '일컫는다'는 뜻을 입(口)을 벌린 모양(ㅂ)으로 그려냈다.

물론 입 자체를 의미하는 것으로 쓰이기도 했다. 그런데 이때까지의 해석을 보면 입 자체만을 뜻하는 것으로만 받아들이고 있을 뿐 '말하다', '일컫는다'는 뜻으로는 해석하지 못하고 있다. 이에 따라 엉터리 해석이 난무하게 되었다.

① 가(加)

'더하다'는 뜻.

이 글자의 고체는 삽 혹은 농기구(丿)에 힘을 준다는 뜻을 그려낸 丿자와 입(口)의 합체인 자였다. 따라서 가(加)자는 「농기구에 힘을 더하듯이 하는 것을 일컫는다(ㅂ)」는 뜻이다. 즉 농기구에 힘을 더하듯 하는 것을 말한다는 말을 가(加)자로 그려낸 것이다.

② 우(右)

오른쪽을 뜻한다.

고체는 오른손(乀) 밑에 입(口)이 있는 자 였다. 따라서 우(右)자는 '오른손(乀) 쪽을 말한다. (ㅂ)는 언어를 그려낸 것이다.

그러면 오른쪽과 반대쪽인 왼쪽은 어떻게 그려냈을까?

◎좌(左) : 「오른손(𠂇) + 길게 맞닿다(工)」의 구조다. 즉 '오른손과 길게 마주하고 있는 것이다'라는 뜻이다. 우리 몸의 구조에서 그 뜻을 취한 것이다.

③ 곡(哭)

'울부짖다'는 뜻이다.

이 글자의 갑골문은 머리 푼 사람 좌우에 벌린 입(ㅂ) 두 개가 그려져 있는 𭴖자 였다.

슬픈 일을 당했을 때 머리를 풀고 곡하고 있는 사람의 모습을 그린 것으로 그 당시의 풍속을 말해주고 있다. 진(秦) 나라 때에 이르러 머리푼 사람 그림이 개 견(犬)자로 바뀌었는데 이 뜻은 개(犬) 짖듯이 오랫동안 우는 것이 곡(哭)임을 말해주고 있다.

④ 구(句)

옛 글자는 구부러진 모양(𢎘 : 勹)과 입(口)으로 구성된 𢎧자 였다. 바로 구(句)자는 「구부러진 것을 일컫는다」는 하나의 언어를 그려놓은 것이다.

⑤ 가(可)

'옳다', '마땅하다'의 뜻이다.

갑골문체는 𠀁자이다.

이를 김용걸(자원자해로 익히는 한자, 70P)은 이렇게 말하고 있다.

　'옳을 가(可)는 씩씩하다(ㄱ)와 입(口)의 뜻을 합한 회의문자다. 갑골문에서의 가(可)는 입으로 분명하게 말하는 것을 나타냈다. 이런 자형에서 옳다, 허락하다의 뜻이 나왔다.'

　그러나 글자의 구조 그 어디에도 분명하게 말한다는 뜻을 나타낸 것은 없다. 그리고 분명하게 말하는 것에서 옳다는 뜻으로의 연결 역시 모호하다.

　이런 해석은 문자를 그려낸 그 당시 사람들의 생각을 알지 못함에서 비롯된 오류다.

　예로부터 중국과 한국 땅에 살고 있는 사람들은 오른쪽으로의 진행을 옳은 것으로 여겼다. 그것은 천도(天道)는 왼쪽에서 오른쪽으로 진행한다는 역(易) 사상에 영향 되어진 것이기도 하지만 중국 땅에 살아온 한국인의 언어 「오른」에서 영향 되어진 것으로 보여진다.

　한국어 「오른」은 「바른」과 통하고 옳은(오른)과 동음이다. 즉 「오른」 「오른쪽」은 '옳다'는 말이다. 이러므로 오른쪽에서 아래쪽으로 향한 그림(ㄱ)을 그리고 그 속에 일컫는다(口)를 더해 가(可)자를 만든 것이었다. 즉 가(可)자는 「오른쪽으로의 진행을 일컫는다」는 말을 그려낸 것이고 이렇게 되어야만 옳은(오른) 것이며 마땅하다는 뜻을 나타낸 것이다.

　이렇다면 왼쪽에서 아래쪽으로 진행된 운동 즉 가(可)자의 ㄱ부분과 반대되는 꼴인 ㄷ자로 되어진 글자가 있어야

하며 그 뜻 또한 '바르지 않다', '거꾸로 이다' 등으로 쓰이고 있어야만 할 것이다.

◎가(假) : '옳지 않다', '거짓', '맞지 않다', '빌리다'의 뜻으로 쓰이며 고체는 아래와 같다.

가(假)의 고대금문(金文)이다. 厂자와 상하에 있는 두 개의 손(手), 그리고 그 손 사이에 선 두 개(二)가 있는 그림이다.

그림이 말하고 있는 바는 참으로 주고 받는 것이 아니고 그와 반대임을 나타내고 있다. 즉 거꾸로 준다, 거꾸로 받는다는 그림으로서 한국어 '꿔준다(꿔받다)'를 나타낸 것이다.

이러므로 본래의 뜻은 빌리다(借)였고 여기서 참이 아닌 거짓, 허물 등의 뜻이 따르게 된 것이다.

이 후 이 글자는 그 뜻을 더 확실하게 하기 위해 아래와 같이 바뀌었다.

왼쪽 글자는 진(泰)의 소전체이다.

사람의 모습을 더해 사람이 빌린다(꿔오다), 사람에게 빌려준다(꿔준다)는 뜻을 확실히 했다.

◎한(暇) : '겨를', '틈' 등의 뜻이다.

시간을 뜻하는 일(日)과 가(叚 : 하)의 합체다. 시간을 빌린다는 뜻에서 겨를, 틈의 뜻이 따르게 된 것이다.

가(叚)가 「하」로 된 것은 ㄱ(ㅋ)음이 ㅎ음으로 변해진 것인데 간(干)이 한(汗)으로 변음된 것과 같은 예이다.

◎하(瑕) : '옥(玉)의 티'라는 뜻이다.

「옥(玉) + 허물(叚)」의 구조로 허물 있는(티 있는) 옥(玉)이란 뜻이다.

◎피(皮) : 가죽, 살의 결(살결)을 뜻하며 고체는 아래와 같다.

왼쪽 그림은 소전체로서 손(又)을 써 거꾸로 벗겨낸다는 뜻이다. 가죽이 살(肉)에 붙어있는 것을 정상으로 본 것이며 벗겨내는 것을 거꾸로 본 것이다. 이에 따라 뜯어내다, 분리하다, 벗겨낸 껍질(가죽) 등의 뜻이 따르게 되었다.

파(破) : 「돌(石) + 피(皮)」의 구조로 돌(石)을 뜯어낸다, 돌을 분리하다가 원래의 뜻이며 여기서 '부셔지다', '깨지다'의 뜻으로 늘어난 것이다.

◎파(波) : '물결 파'로 읽히고 있다.

「물(氵) + 결(가죽 : 皮)」의 구조로 하여 한국어로 읽게 되면 곧바로 「물결」이란 뜻이 나온다. 그러나 한국어를 모르면 「물(氵)의 가죽(皮)」이란 뜻이 되어 고개를 갸우뚱거릴 수밖에 없다.

◎반(反) : 왼쪽에서 아래로 진행한 모습을 그린 厂자와 오른손(又)으로 구성되어 있다.

'오른손을 거꾸로 했다', '오른손과 거꾸로(반대로)이다'는 뜻이다. 이에서 옳다(可)와 반대이다. 모두가 오른손을 들고 찬동하는 그 흐름에 거꾸로이다는 뜻이 나온 것이다.

우(又)자는 오른손을 그린 ㄨ자의 변체로서 그 독음(讀音) 또한 한국어 「오른의 오」에서 따온 것이다. 중국 한족(漢族)은 「오」 비슷한 소리로 발음하는데 이를 우리들은 「우」로 받아들인 것이다.

오른손 두 개로 되어진 우(友 : 𠂇 + 又)자는 '오른 손을 같이 들었다'이며 이는 '같이 하다', '똑같다', '한편이다(友軍)'는 뜻을 나타낸 것이다.

※한국어 「거꾸로」는 '바꾸다'는 뜻을 내포하고 있다. 이에 따라 판(販 : 貝 + 反)자가 이뤄질 수 있는데 바로 '돈(貝)으로 물건을 바꾸다(反)'는 뜻이다.

한국인들은 쌀을 사러 갈 때 '쌀 팔러간다'로 말한다. 이런 언어는 물물(物物) 교환으로 시장이 이뤄진 그 당시에 생긴 것으로 판(販)자의 뜻과 정확히 맞아 떨어진다.

⑥ 사(司)

'벼슬', '맡다'의 뜻으로 쓰이는 이 글자의 갑골체는 ㅋ자이고 소전체는 ㅋ자이다. 갑골체의 글자가 약간 바르지 않은 것은 (ㅋ) 딱딱한 거북의 등껍질과 뼈다귀 위에 새기는 과정에서 비롯된 것이다. ㅋ자는 바른 쪽에서의 진행 운동이 거듭됐음을 나타냈다.

따라서 사(司)자는 바른쪽으로의 진행 운동이 거듭됨을 일컫는다는 언어를 그려낸 것이다.

이렇게 바른(옳은) 운동이 거듭되어지고 이어지도록 하는 사람이 사(司)라는 벼슬이며 그런 곳이 관사(官司)인 것이다. 관사(官司)는 올바름이 이어지도록 또 본받도록 하는 집이란 뜻이다. 관리(官吏)나 위정자(爲政者)들의 처신이 어떻게 해야 되는지를 잘 보여주는 글자이다.

⑦ 오(吳)

'오나라 오'로 읽히는 글자이다. 이 글자의 고체는 ☣자이다.

이를 설문(說文)의 저자인 허신(許愼)은 '머리가 비뚤어진 화살'이라고 했다. 그러나 이는 잘못된 해석이고 그림 그대로 「머리가 비뚤어진 사람」에 일컫는다(口 : ㅂ)가 더해진 것이다.

따라서 그림이 말하는 바는 「비뚤어진(삐딱한) 사람을 일컫는다」이다.

이 글자는 우(虞)와 같은 뜻으로 쓰였는데 바로 우순(虞舜) 즉 순(舜)임금이 세운 나라를 의미하기도 하고 순 임금을 지칭하는 말이기도 하다.

문자는 생활의 발자취를 그린 것이고 사람들의 생각과 언어를 나타낸 것이다. 그런데 어째서 역사상 짝이 없을 만큼 어질다고 알려져 온 순(舜) 임금의 나라를 뜻하는 글자(吳 : 虞)에 삐딱한 사람, 삐딱한 사람이 범(虎) 아가리에 있다는 좋지 못한 뜻이 담겨져 있을까?

여기엔 그야말로 깜짝 놀랄만한 역사적 비밀이 숨어 있

으나, 기회 닿는 대로 설명하기로 한다.

◎오(誤) : 그릇됐다, 잘 못됐다는 뜻으로 「말씀(言) + 오(吳)」의 구조다.

글자 해석은 스스로 하기 바란다.

⑧ 합(合)

두 개의 선이 서로 맞닿아 있고 그 사이에 일(一)이 있는 그림(人)과 일컫는다(口)로 구성되어 있다. 「두 개가 하나로 맞되어짐(人)을 말한다(口)」는 언어의 형상화다. 한국어 「맞되어졌다」는 맞다(서로 맞다), 두 개가 하나로 되어졌다는 뜻이다.

⑨ 부(否)

「아니다(不) + 입(口)」의 구조로 「아님(不)을 일컫는다」는 언어의 시각적 형상화이다.

부(不)는 갑골문엔 땅 속에 있는 뿌리의 모양을 그린 글자(丕)로 나타나 있다. 이는 땅 속에 뿌리는 내렸으나 아직도 그 싹은 나오지 않았다는 뜻이다.

이에서 아직은 아니다, 아니다는 뜻이 따르게 되었고 그 독음 뿌(부)는 뿌리 「뿌」에서 온 것이다.

◎배(胚) : 아이 밸 배로 읽히는 글자다. 「살(月) + 배(丕)」의 구조로 몸 속(月, 肉)에 하나의 씨앗이 뿌리를 내렸다는 뜻이다.

9) 씨앗(種子)

중국 문자는 농경사회로 진입함에 따라 본격적으로 생겨나기 시작했다. 따라서 농경(農耕)의 기본인 씨앗을 그린 상형 문자가 반드시 존재해 있어야만 한다.

그러나 이때까지 그 어느 누구도 씨앗을 상형한 글자가 이것이라고 밝혀내지 못했다. 그럼에 따라 '씨앗을 뜻하는 글자는 종자(種子)다'로 알고 있게 되었다.

그러나 종(種)자는 벼 곡식을 뜻하는 화(禾)자와 거듭 중(重)의 합체자로 씨앗을 상형한 글자는 분명 아니다.

① 십(十)
열(十)이란 수(數)의 뜻으로 쓰고 있는 글자다.

이 그림은 낙빈기 선생의 금문신고 중에서 발췌한 것이다.

십(十)의 뜻으로 쓰인 이 그림은 껍질 속에 들어있는 둥근 씨앗을 나타낸 것이다.

이 그림은 고대 금문과 전서체에서도 쉽게 찾아 볼 수 있는

글자꼴로서 숫자 십(十)의 뜻으로 쓰였으나 그 형상으로 보아 뿌려지고 있는 씨앗, 뿌릴 수 있는 씨앗을 나타내고 있다.

위 두 글자가 십(十)으로 변해져 수(數)의 뜻으로 쓰이게 됨에 따라 본래이 뜻은 없어지고 말았다. 즉 한족(漢族)에 의해 「씨」 비슷한 소리로 발음되고 있는 십(十)자의 원형이 위 두 그림 문자라는 말이다.

그렇다면 씨앗을 그려낸 위 두 글자가 열(十)이란 수의 뜻을 지니게 된 것은 어째서 일까?

그 까닭은 「씨」와 「열매」의 관계에 있다. 한국어 열(十)은 숫자적인 의미도 있지만 「열다」라는 말에서 보듯 열매(열어서 맺힌 것)를 뜻하고 있다. 즉 「씨」는 열게 하는 것이기도 하고 열매이기도 한 것이다. 그러므로 씨(ㅏ : 十)가 열(十)이란 수 단위로 쓰이게 된 것이다. 이렇게 씨앗의 씨가 열(十)의 뜻으로 자리잡게 되자 혼동을 피하기 위해 종(種)자를 씨앗 대신으로 쓰게 된 것이다.

② 토(土)

흙을 뜻하고 있는 이 글자의 고체는 ㅗ자다. 이에 대해 여러 사람들의 여러 가지 해석이 있으나 한자의 특성인 상형(象形)표의(表意)라는 구체성에서 보면 다음과 같다.

ㅏ자는 뿌려지는 씨앗이고 그 밑에 있는 가로선(一)은 하늘과 상대되는 아래공간인 땅을 그린 것이다. 따라서 ㅗ자는 씨 뿌릴 수 있는(ㅏ) 땅(一) 및 씨 뿌려진 땅이란 뜻이다. 바로 한국어 「터」를 나타낸 것이다. 집터, 터전, 텃밭 등으로 쓰이는 「터」 말이다. 이 「터」를 한족들은 투(tu)로 발음 하게 되었고 이에 영향 받은 우리들은 「토」로 읽

게 된 것이다.

③ 견(堅)

앞에서 살펴봤던 글자로 눈 잡다(⑧ㅈ)와 토(土 : ㅗ)의 합체다. 눈으로 살펴본 다음에 터(ㅗ : 土)를 잡았다는 뜻이다. 이에서 견실하다, 아물다 등의 뜻이 나온 것이다.

④ 생(生)

생겨났다, 태어났다는 뜻으로 고체는 아래와 같다.

그림이 보여주는 그대로 땅에 뿌려진 씨앗(ㅗ)이 자라 나왔다(ㅛ)는 뜻이다.

하나의 생명이 이 세상에 나온 모습을 확실하게 그려낸 것이다. 따라서 생(生)이란 독음도 우리말 '생기다'의 '생'에서 비롯되었음을 쉽게 알 수 있다.

⑤ 산(産)

만들다, 낳다의 뜻이다. 고체는 아래와 같다.

맨 위쪽 그림은 사람의 모습을 그린 것이다. 그 아래쪽은 생(生 : ㅛ)자이다. 두 뜻을 묶어보면, 사람에 의해 씨뿌려져 세상에 나타난 것이란 뜻이다.

⑥ 과(果)

열매, 감히 하다, 과연 등의 뜻을 지닌 이 글자의 고체는
다음과 같다.

「⊕ + 木(米)」의 구조로 이때까지의
해석은 이렇다.

'나무(木) 위에 실과(實果)가 열려있는
모양을 본 뜬 글자(象形)로 ⊕ 자는 둥그
런 실과에 줄이 져 있는 것을 가리킨다.'

그러나 줄이 져 있는 둥근 실과를 그려냈다면 ● 및 ◎
자로 나타나있어야 상형(形象)의 구체성에 맞다. 그렇지만
⊕ 의 모양은 분명 「십(十) + ○」의 구조다.

따라서 과(果)자는 나무(木)위에 씨(十)가 들어있는 둥근
알이 달려있는 모양으로 해석되어야 한다. 바로 단순한 상
형문자가 아닌 「상형(象形) + 회의(會意)」로 이뤄진 문자
로 봐야 한다.

이 글자는 조자(造字) 당시 뿐 아니라 그 이후 어느 시기
까지 「씨알」 혹은 「알」로 읽혀진 것으로 보인다. 즉 한
국어 「알」로 읽혀지던 것이 받침 발음에 서툰 한족의 발
음 습관에 따라 「아」로 읽혀졌고 이것이 과(guo)로 변음
되어 오늘날에 이르게 되었다는 말이다.

다비 된 어느 스님의 시신에서 「사리(舍利) 12알」이 나
온 것을 「사리(舍利) 12과(十二果)」로 표기하는데 여기서
도 과(果)는 「알」임을 나타내고 있다.

한국어 「알」은 낱알, 씨알, 사과 한 알 등으로 말하기도

하지만 알몸, 알거지 등의 말에서 알 수 있듯이 아무 것도 걸친 것 없는 상태를 나타내기도 한다. 그리고 「알다」 「알리다」 등의 첫말로 쓰인다. 그러므로 한국어 「알」로 읽어야 해석되는 다음의 글자들을 이룰 수 있었다.

◎과(稞) : 「곡식(禾) + 과(果)」의 구조다.

바로 껍데기 없는 「알곡식」의 뜻으로 쓰이는 글자인데 과(果)를 「알」로 읽지 않으면 그 뜻이 성립되지 않는다. 즉 과(果)를 실과의 뜻으로만 받아들여서는 「알곡식」이란 뜻은 성립되지 않는다는 말이다. 그러나 글쓴이의 밝힘대로 「곡식(禾) + 알(果)」로 읽게되면 곧바로 「알곡식」이란 뜻을 나타내주는 형성(形聲)문자(文字)임을 알 수 있다.

◎과(踝) : 「발(𤴓) + 과(果)」의 구조다.

발목 위의 복사뼈를 가리킨다. 이 복사뼈는 그 모양이 「알」처럼 둥글고 불룩하다. 즉 발에 있는 알(果)같은 뼈를 그려낸 것이다.

◎나(裸) : 「옷(衤) + 과(果)」의 구조다.

과(果)를 실과로만 받아들여서는 알몸이다. 옷을 벗은 알몸이란 뜻은 찾을 길이 없다. 그러나 과(果)를 「알」로 읽게되면 「옷을 벗은 알몸」이란 것을 「옷(衤) + 과(果 : 알)」로 그려낸 옛사람의 조자법을 이해할 수 있다.

◎과(課) : 일과(日課), 부과(賦課) 등으로 쓰이는 글자이다.

이 글자 역시 과(果)를 「알」로 읽어보면 '말(言)로써 알리다'는 뜻을 나타낸 형성문자임을 알 수 있고 이에서 해야 할 일, 구실, 맡기다 등의 뜻으로 늘어난 것임을 이해할 수 있다.

※한국어 시골(씨골)은 도시가 아닌 촌락(村落)의 뜻으로도 쓰고 있으나 본 뜻은 '씨암닭', '씨나락'처럼 「씨(시) + 골(고을)」의 구조로 씨 뿌려진 고을이란 뜻이다.

⑦ 전(田)

밭을 뜻하는 이 글자는 이때껏 밭을 경계 지은 그 모양을 그린 것으로 해석되어 왔다. 그러나 초기 농경사회 때 그렇게 반듯하게 구획되어진 밭이 있었겠느냐는 의문점이 있다.

글쓴이는 새롭게 해석한다.

전(田)은 「씨(十 : ㅓ) + 口」의 합체다. 이것은 씨앗(ㅓ : 十)을 싸안고 키울 수 있는 땅의 모양을 그려낸 것이다. 즉 口자는 빙 둘러싼다는 뜻이고 그 속의 십(十)을 씨앗으로 본 해석인 것이다.

⑧ 씨(氏)

성씨(姓氏), 씨족(氏族) 등으로 쓰이는 글자이다.

모계제(母系制) 사회에서 부계제(父系制) 사회로 전환됨에 따라 자녀의 혈통은 모계를 따르지 않고 부계를 따르게

되었다. 그러므로 부계의 혈통을 따른 것을 씨(氏)라 하게 되었다. 즉 씨(氏)는 원래 남성을 뜻하는 글자였다.

고체는 왼쪽과 같은 두 그림이다.

이 그림은 사람(ㅓ)의 손에 둥근 알맹

이가 쥐어져 있는 모습이다.

이 그림은 엎드린 동물인지 사람인지 쉽게 분간 안되나 그에서 이어진 한 알의 씨알( ))이라는 뜻은 읽을 수 있다.

위 두 그림과 남성에게만 전용되었던 씨(氏)자의 뜻을 묶어보면, 우리말 사람의 씨(種子)를 그려낸 글자가 바로 이것들임을 알 수 있다.

이러한 것을 글자의 모양만을 보고 '갑문자에서 씨(氏)는 나무뿌리가 굽어져 땅 위로 올라온 모양을 본떴다. 이런 자형에서 전성되어 자신의 조상을 나타내는 성씨의 뜻으로 쓰인다.'(자원자해로 익히는 한자, 251P)로 해석하고 있다.

⑨ 종(種)

'씨', '종류', '심다'의 뜻을 지닌 이 글자의 고체는 다음과 같다.

그림 글자의 왼쪽 편은 이삭이 달린 곡식(禾)이다. 오른쪽 그림의 맨 아래쪽은 토(ㅗ : 土)이고 중간 부분은 밭(田)에서 무엇이 나오는 모양( )을 그린 것이다. 맨 위쪽은 구부리고 있는 사람의 모양을 나타낸 것이다.

그림의 뜻을 모아보면, '사람에 의해 뿌려진 씨앗이 싹이 나와 이삭으로 되어진다'는 뜻이다. 여기서 심다, 씨뿌린다, 뿌려진 씨앗의 뜻이 나왔고 씨앗 등의 뜻으로 늘어난 것이다.

⑩ 부(父)

아비를 뜻하는 이 글자의 금문(金文)체는 왼쪽과 같다.

지금까지 왼쪽의 그림을 '돌도끼를 들고 사냥하는 사람 즉 아비를 그려냈다', '손에 가부장(家父長)의 권위를 나타낸 목봉(木棒)을 든 모습이다'로 해석하고 있다.

그러나 그림에서 보듯 손(又)에 잡고 있는 그것(✓)은 돌도끼의 모습도 작대기의 모습도 아니다. 돌도끼나 목봉이라면 상형체 문자의 조자법인 구체성에 위배된다. 그리고 이 글자가 그려질 당시의 사회는 모계체 사회였다.

그렇다면 손위에 그것(✓)은 무엇을 나타내는 것일까?

그것은 바로 우리말 씨(種子)를 그린 것이다. 종족 번성을 제일로 치던 고대사회에서의 아비 역할은 씨(種子)를 이어지게 하는 일이었다.

따라서 부(父 : 又)자는 이어져 내려오는 씨(✓)를 잡고 (지니고) 있다는 뜻이 되어 아비의 역할을 나타내고 있는 것이다. 독음(讀音) 「부」는 「아부지」의 「부」에서 따온 것으로 생각한다.

지금까지의 설명을 두고 혹자는 이렇게 말할 수 있다.

등불을 그려 밝힌다, 밝다는 뜻을 나타내고 구부러진 모양을 그려 구부러진 상태를 나타내는 것은 한국인이 아니라도 할 수 있는 언어의 형상화가 아닌가?

그렇다 그러나 밝은 것에 「밝」, 굽은 것을 「구」 등으로 발음하는 사람은 한국어를 할 수 있는 사람이라야 가능한 일일 것이다. 이 부분과 다음 항의 이해를 돕기 위해 한국인만이 할 수 있는 언어표현 방법을 예로 든다.

「똥구린내」라는 말을 漢字를 빌려 나타내려면 어떻게 해야할까?

한족들은 똥을 '라시'라 하므로 「라시 + 냄새 취(臭)」로 표현할 것이다. 그러나 우리 선조들은 엉뚱해 보이는 동취(銅臭)로 나타내었다. 바로 동(銅)의 음을 빌어 「똥」을, 구리(銅)라는 글자의 뜻을 빌어 「구린(구리)」를 나타낸 것이다.

밝은 땅(박달) 임금을 박달나무 단(檀)자를 빌어 단군(檀君)으로 나타낸 것과 동일한 방법이었다.

음의 세분화가 이루어지지 않은 옛날엔 「밝」과 「박」 또는 「백」과 「배」를 동일하게 읽었다. 그리고 달(達)은 응달, 양달이라는 말에서 알 수 있듯이 땅, 곳 등의 의미이다.

따라서 배달민족의 「배달」 역시 박달(밝은 땅)의 음변(音變)이다. 한자(漢字)의 뜻으로 나타내면 양족(陽族 : 羊族 : ㅜ)이다.

5. 사물 명칭 빌려 추상적인 말
연상(同音假借).

1) ☙ (鳥, 隹의 本體)

날 짐승을 그린 위 그림을 영국 혹은 미국인은 Bird라고 읽을 것이며, 한국인은 「새」로 읽을 것이다.

새것, 새롭다 등으로 쓰이는 새(新)라는 말을 그림으로 나타내려면 참으로 어렵다. 그러나 이 문제를 우리의 조상들은 다음과 같이 해결했다.

새해(新年) 새달(新月)을 ☙ ☼ ☙ ☽ 로 그려낸 것이다. 바로 새(新 : New)와 같은 소리를 지닌 새(鳥, 隹)의 음을 빌린 것으로 동음가차(同音假借)인 것이다.

① 새(☙)를 그려 새(新)의 뜻을 나타낸 기록은 고대금문(古代金文)에서 아주 많이 나온다. 여기선 현재의 한자에서 그 증거를 찾기로 하자.

진(進) : 나아갈 진으로 읽히고 진보(進步), 진행(進行) 등의 뜻으로 쓰이는 글자다. 분석하면 「간다(辶) + 새(隹 : ☙)」의 구조로 되어 있다.

따라서 필자의 주장대로 「새롭게(隹 : 新) + 간다(辶)」로 읽게 되면 문자의 뜻과 연결됨을 알 수 있다.

② 치(稚) : 어린곡식, 새 곡식(新禾)이란 본 뜻에서 어리다, 어리석다의 뜻으로 연결된다. 이 글자 역시 「새(隹 : 新) + 곡식(禾)」로 읽게 되면 글자의 뜻과 정확하게 일치된다.

③ 유(維) : 「벼리 유」로 읽히고 있으며 유신(維新)이란 말을 이루는 글자다. 糸의 옛 글자는 ⑧ 자로 엮는다는 뜻이다. 따라서 '새롭게(隹) 엮는다(糸)로 읽으면 문자의 뜻과 부합된다.

④ 유(惟) : 생각난다, 생각한다의 뜻이다.
「마음(忄) + 새(隹 : 新)」의 구조로 읽으면 「새로운 마음」 「새 마음」이란 뜻이 되어 현재의 뜻과 일치한다.

⑤ 추 : '밀다'의 뜻으로 추진(推進), 추력(推力), 등의 말을 만드는 글자다. '손쓰다'의 뜻을 지닌 才자와 隹 자의 구조다. 隹를 새(鳥)로 해석해서는 「새(鳥)가 손쓰다」 「새(鳥)에게 손을 쓰다」라는 뜻이 되어 글자가 지닌 뜻과는 전혀 맞지 않는다. 그러나 隹 자를 새(新)의 뜻으로, 혹은 「새」와 같은 소리인 「세(세다:强)」의 뜻으로 읽게 되면 「새로이 손을 쓰다」, 「세게(강하게) 손을 쓰다」을 뜻이 되어 추(推)자의 뜻과 일치한다. 음운에 대한 연구가 미비했던 예날에는 「새」, 「세」, 「쇠」, 등의 소리를 같은 음(同音)으로 썼다.

그래서 세워 놓은 세모꼴(▼)로 새롭게 섰다는 말을 나타
내기도 했다.

2) ᠙

닝쿨에 「외」가 열린 모양을 그린 것으로 외(瓜)의 고체
이다. 아까 새의 경우처럼 '외롭다', '외지다' 등의 추상적인
의미를 외(瓜)의 그림으로 나타냈다.

瓜 자로 외치다의 「외」를 나타낸 기록은 좌전 노소공
9년조(左傳魯昭公九年條)에 있다.

'우리들 주(周)나라는 ……. 윤성(允姓)의 간사한 무리들
이 과주(瓜州)에 살고 있는데 …… '

이 기록에 보이는 과주(瓜州)를 우리말로 옮기면 「외진
땅」 또는 「외진 지방」이다. 실제로 주(周)나라 때 과주
(瓜州)는 서융의 땅이라 했던 중국의 중심부에서 멀리 떨어
진 외진 변방이었다. 오늘날의 감숙성 돈황 부근이다.

이 외(과(瓜)자는 자식(子)과 합쳐져 더 구체적인 뜻을
나타내는 글자로 된다.

고(孤) : 외롭다, 홀로이다, 고독하다의 뜻으로 쓰이는 자
다. 「자식(子) + 외(瓜)」의 구조로, 외로운(瓜) 아이(子)로
읽게 되면 문자가 지닌 뜻과 정확하게 일치된다. 고체는 ᠙
자였다.

3) 豕

돼지 「시」로 읽고 있으나 우리 옛말로 하면 「돋(돝)」
이다. 앞의 경우들처럼 돝(豕)이란 동물의 이름을 빌려 우
리말 돋(돋우다, 크다, 높다)의 뜻을 나타냈다.

※'돋보이다', '돋우다'의 의미로 쓰인 경우

① 가(家) : 「집(宀) + 돋(豕)」의 구조다.

지금까지의 학자들은 무엇 때문에 집(宀) 안에 돋(豕)이
있는 그림으로 집(家)이란 뜻을 나타냈을까 궁금하게 생각
했다. 그래서 제나름대로의 해석을 했다.

'돼지를 희생으로 올리는 제사 지내는 집을 나타냈다.'

'집 아래 칸에 돼지를 키우는 우리 민족의 생활 습관이 반
영된 것이다.'

그러나 제사지내는 집은 집(宀)안에 제사지내는 제단(示)
이 있는 종(宗)자로 나타내었다. 그리고 집 아래 칸에 돼지
를 키우는 민족은 우리만이 아니다. 따라서 위의 두 해석은
신빙성을 얻기 힘들다.

그러면, 앞의 隹 와 瓜의 경우처럼, 가(家)를 「돋(豕) 집
(宀)」으로 읽어보자. 그렇게 하면 돋(모두, 크다, 높다)의
뜻을 지닌 집이란 뜻이 되어 일족이 모여 사는 여러 개의
屋(옥)으로 이루어진 큰 집이란 뜻을 얻을 수 있다.

또, 이 의미에서 한 분야에서 큰 성취를 이룬 사람을 일
러 문학가(文學家), 기업가(企業家) 등으로 말하는 것이다.

② 대(隊) : '떼', '무리' 등의 뜻을 지닌 글자로, 군대(軍隊), 대상(隊商) 등의 말을 만든다.

어떤 해설서의 해석은 다음과 같다.

'언덕(阜)과 㒸를 합한 글자. 㒸의 발음이 추(墜)와 가까워 비탈에서 떨어진다는 것이 원래의 뜻. 음(音)을 빌어 군대(軍隊)의 뜻으로 쓰인다.'

실로 애매모호한 설명으로 대부분의 해설서 역시 위와 대동소이하다.

그러나 八자는 '덮는다', '한데 묶는다'의 뜻이다. 豕는 돝(모두, 많다)의 뜻이다. 따라서 㒸자는 「모두 함께」라는 뜻이다. 阝자는 언덕을 상형한 것이나, 언덕 언저리에 취락이 형성되어 있었던 관계로 모여 있다는 것을 나타냄. 글자의 뜻을 묶어보면, 모두 함께 모여 있다는 뜻이 됨

③ 수(遂) : '나아가다', '이루다', '모두 하다'의 뜻으로 수행(遂行), 미수(未遂) 등의 말을 만든다.

기존 해석은 다음과 같다.

'㒸'은 돼지(豕)와 밀어내다는 뜻을 지닌 八의 합체. 돼지 떼가 서로 밀어 제끼며 나아간다는 뜻으로, 추(追)와 가까운 발음을 따르고 이에 간다(辶)의 뜻을 더했다. 대열에서 뒤지지 않듯이 목적한 일을 이루어 내는 것을 가리킨다.

④ 호(豪)

호방하다, 호기롭다, 호걸, 호한(豪悍 : 크게 사납다) 등으

로 쓰이는 글자다.

높을 고(高 : 髙)와 돼지 시(豕)의 합체로서 고체는 아래
와 같다.

기존의 해석은 이렇다.
　'고(高)의 발음이 높다는 뜻인 교(喬)
와 가까워서 돼지가 벌떡 일어선 모습이
라고, 또는 돼지 등의 털이 뻣뻣이 선 것
이라 하여 뛰어나고 억센 것을 가리킨
다.' (한자의 바른 길 빠른 길, 54P)

그러나 이렇게 해석해 보자.
　「돈(豕 : 크다) + 높다(高)」의 구조로 말이다. 이렇게
하면 「크고 높다」는 뜻이 되어 호걸(豪傑 : 크고 높은 뜻
을 지닌 사람), 호기(豪氣 : 크고 높은 기운), 호방(豪放) 등
으로 쓰이는 호(豪)의 뜻과 정확히 일치된다.

⑤ 몽(蒙)
덮다, 입다, 어리석다의 뜻으로 쓰인다.
옛 글자는 다음과 같다.

그림의 맨 위쪽 艸자는 풀(草)을 나타
낸다. 冖자는 덮은 그 모양대로 덮는다는
뜻이다. 그리고 冖안의 一자는 하나(一)
를 나타냈다. 시(豕)는 돈(모두)을 나타
낸 것이다. 이 여러 뜻을 묶어보면 모두

(豕 : 돈)를 하나되게 풀(艸)로 덮어씌웠다는 말이 된다.

이렇게 모두를 하나(一)처럼 덮어씌우게 되면 어떤 것이 좋고 나쁜지 분간할 수 없게 된다. 여기서 몽몽(蒙蒙)하다의 뜻이 나왔다.

이 글자에 어리다, 어리석다의 뜻이 더해진 것은 주(周)나라 때 주역(周易)이 이뤄짐에 따른 것이다. 즉 주역(周易) 산수(山水)몽괘(蒙卦)에 있는 동몽(童蒙)에서 부터다. 동몽(童蒙)은 어리기 때문에 사물을 분간 못한다는 말로써 어리기 때문에 어리석다는 뜻이다.

한국어 어리석다는 어리다에서 변화된 말로 그 뿌리는 같다. 그리고 어리석다는 뜻을 지닌 태(呆)자는 원래 어린이(우)를 그려낸 글자였다.

앞에서 설명한 보(保)의 옛 글자와 지금의 보(保)자를 비교해 보기 바란다. 즉 어린이를 그린 자(子 : 우)자가 태(呆)자로 변했다는 말인데 이것은 바로 우리말의 변화(어린이 → 어리석다)와 같다.

※ 어린 백성이 = 어리석은 백성이(훈민정음에서)

⑥ 단(彖)

「돼지 머리 계(彑) + 돈(豕)」의 구조다. 보통 잘 쓰이지 않는 글자다.

주역(周易)에서는 괘(卦)의 중요한 부분을 설명하는 것을 단사(彖辭)라 하며 판단(判斷)의 뜻으로 새기고 있다.

바로 크고 많은 것(돈 : 豕)들 중에 그것을 대표하는 머리

부분(爻)이란 글자의 구조와 쓰임이 일치된다.

◎전(篆) : 옛 글자 「전」으로 읽히고 있다.

위 단(彖)자에 나왔다, 내보였다의 뜻을 지닌 ++자가 더해진 구조다. 따라서 크고 많은 것을 대표하는 머리가 나왔다, 크고 많은 것을 대표하는 것으로 머리를 나타냈다는 뜻이다. 즉 많은 것 중에서 그것을 뜻하는 중요한 부분만을 나타나게 한다는 뜻이다.

복잡한 그림문자의 뜻을 상하지 않고 간략하게 그려낸 것이 대전체(大篆体), 소전체(小篆体)로 불리는 문자라는 말이다.

4) 야(也)

「이끼 야」 혹은 「잇기 야」로 읽히고 있으나 「이끼」인지 「잇기」인지 그리고 그 뜻이 무엇인지 정확하게 밝혀져 있지 않다.

옛날 글자는 큰 뱀의 모양을 그려낸 ⴵ자 인데 어째서 이끼(잇기)라는 뜻으로 쓰이는 걸까?

이 문제도 한국인의 조상들이 중국 대륙에 살았으며 한국어를 하는 언중(言衆)에 의해 중국문자가 이뤄졌음을 인정하지 않고는 풀 수 없다.

아주 옛날 내(川)와 강 그리고 소택지(沼澤地)에는 이무기라 불린 큰 뱀이 살고 있었다. 흔히 용 못된 이무기라 불리던 동물로 산해경(山海經) 수지편(水地編)엔 위(蝟) 또는 배(蜚)로 기록되어 있는 것이었다. 이 큰 뱀은 줄여서 말하는 사람들의 말 습관에 따라 「이기(이무기의 준말)」로 불려졌다.

이 말은 '그것', '….이다', '이것'을 뜻하는 옛 말이었다. 이럼에 따라 '….이다'는 말을 이무기 그림을 빌어 나타내게 되었는데 이 뜻을 꿈에도 알리 없는 후세의 해석자들은 그림 그대로 큰 뱀으로만 받아들여 추측과 상상에 의한 이상한 해석을 하게 되었다.

위(蝟) : 「벌레(虫) + 위(爲)」의 구조로 위(爲)의 소리와 충(虫)의 뜻이 합쳐진 형성문자다.

「이(위)라는 버러지」라는 뜻이다. 바로 이무기를 말함이다. 옛날 우리들은 곤충 뿐 아니라 조개 그리고 뱀을 비롯한 미물 모두를 버러지(벌레)로 불렀다.

배(蜚) : 비(非 : 베)음과 벌레(虫)의 뜻을 합친 형성문자로 「배」라는 이름을 지닌 벌레 즉 배암(뱀)을 나타낸 것이다.

두 글자 모두 한국어에 따른 조자(造字) 방법이다.

※비(非)를 지금의 우리들은 「비」로 읽고 있지만 경상도 사람들과 중국인들은 「베」「배」로 읽고 있다.

① 지(地)

땅, 곳을 뜻하는 토(土)와 이무기(巴)의 합체자로 옛 글자는 坤였다.

이름 자원자해로 익히는 한자 88P에는 이렇게 해석하고 있다.

'땅 지(地)는 흙(土)의 뜻과 뱀 사(它 : 也)의 음 및 뜻을 결합한 형성문자. 지(地)는 고대에 용과 뱀이 사는 불모의 늪지를 나타냈다. 이런 자형에서 모든 땅의 뜻이 나왔다.'

② 지(池)

못을 뜻하는 이 글자의 해석 역시 그 책 254P엔 이렇게 해석하고 있다.

'못 지(池)는 물(氵)과 뱀(也)의 뜻을 합한 글자. 금문 㳂 자에서, 지(池)는 뱀의 구불구불한 모양과 같이 괸 물을 나타냈다. 이런 자형에서 연못의 뜻이 나왔다.'

그러나 위 두 글자는 '땅(土) 이다(也)', 물(氵) 이다'로 해석하면 곧바로 본 뜻과 쉽게 연결된다.

③ 사(祀)

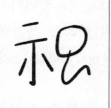

'제사지낼 사'로 읽히는 글자로 고체는 왼쪽과 같다.

제상에 제물을 놓고 제사를 지내는 모양을 그린 시(示)와 구불구불한 뱀을 그린 사(巳 : 𢀳)의 구조다.

이를 이훈종은 이렇게 설명한다.

'신령을 가리키는 시(示)와 사(巳)를 합한 형성문자. 사(巳)의 발음이 시(示)와 같아 위한다는 뜻을 띠고 있어서 제사모시는 것을 가리킨다.'

이 해석은 그야말로 모호하기 짝이 없다.

본시 큰 뱀을 나타내는 그림은 ꝗ 자로 그려지기도 했고 구불구불한 모양(ℓ)으로도 그려졌다. 그러다가 첫 번 그림은 야(也)로 간화되었고 두 번째 그림은 사(巳)로 변해졌다. 따라서 사(祀)자 역시 「제사지내는 것(그것)이다」로 읽어야 한다.

④ 타(他)

'남', '다르다'의 뜻이다. 소전체는 사람과 뱀의 모양을 그린 ꝗ자 이다. 따라서 '사람이다'는 뜻으로 스스로가 아닌 모든 사람을 지칭하게 되었다.

⑤ 이(弛)

'풀어졌다', '느슨하다'의 뜻으로 고체(古体)는 시윗줄 풀어져 늘어진 활(ꝗ)과 이무기(ꝗ)의 합체인 ꝗ 자 였다. 따라서 「활 줄 풀린 활처럼 늘어진 그것이다」는 뜻이다.

시(施) : '베풀다', '쓴다'는 뜻이다. 글자의 구조는 쟁기를 그린 방(方)과 오른손을 그린 ꝗ(𠂢)에 야(也)가 더해진 것이다.

따라서 이 뜻을 묶어보면 '쟁기질하듯 손을 쓰는 것이다' 또는 '방향에 따라 손을 쓰는 것이다'는 뜻이다.

5) 나무(木)

단단한 땅을 뚫고 파릇파릇 돋아 나와 성장해 가는 식물의 모양을 딴 글자는 ⁂와 ⼤(木)자 였다. ⁂자는 금방 나온 나무의 싹을 의미하고 ⼤(木)자는 제법 크게 자란 식물류를 뜻했다.

모든 초목류를 뜻하는 이 나무(⼤, ⽊)는 당시엔 「남」으로 불려지고 있었다. 즉 나무(木)의 옛말이 「남」이었고 이것이 「남구」→「나무」로 변음되어 오늘에 이르게 되었다는 말이다.

글자를 만들어 쓰기 시작한 우리의 선조들은 「나왔다」는 말을 이 남(나무 : 木)을 빌어 나타냈는데 남(나무)과 나왔음(남)이 같은 소리였기에 취해진 동음가차(同音假借)의 조자법이었다. 따라서 나무(木)나 풀 초(艹 : 草)로 구성된 글자의 해석에 있어서도 「남(木)은 남(나옴, 나타남)」의 뜻을 적용시켜야 정확할 것이다.

물론 나무(木)나 풀(草) 자체를 의미하기도 한다. 따라서 측백나무 백(柏), 기둥 주(柱), 시렁 가(架) 등의 글자는 나무의 뜻을 취해 이뤄진 것들이다.

그러나 다음의 글자들은 단지 나무나 풀잎 등의 뜻으로 해석해서는 그 뜻이 절대 풀리지 않는다.

① 검(檢)
'검사하다'의 뜻이다.
이 글자의 소전체는 다음과 같다.

 나무(木)와 두 개가 하나로 맞대었다는 뜻을 그려낸 글자(ᅀ) 그리고 두 사람이 입을 벌리고 있는 (Ꝋ) 그림들로 이뤄져 있다.

이를 김용걸(자원자해로 익히는 한자, 243P)은 이렇게 해석한다.

'나무 상자 안에 중요한 문서를 담아 놓은 것을 나타냈다. 이런 자형에서 봉하다, 검사하다의 뜻이 나왔다.'

그러나 위 그림 그 어디에도 나무 상자와 문서를 의미하는 것은 보이지 않는다. 따라서 이 해석은 글자가 지니고 있는 뜻에 따른 끼어 맞추기 일뿐 정확하다 할 수 없다.

이렇게 해석해 보자.

첨(僉)자는 여러 사람(두 사람)이 입을 벌려 말하고 있는 모습(Ꝋ) 위에 두 개가 하나로 되었다는 뜻을 나타낸 ᅀ 자가 있는 구조다. 이것은 「여러 명이 말하는 것이 하나같다」는 뜻이다. 그러므로 모두(皆), 여럿의 뜻으로 쓰일 수 있었던 것이다. 여기에 나왔다(남)는 뜻을 지닌 나무(木 : 木)를 더한 구조인 검(檢)자는 「여럿이 하나되게 말한 바가 나왔다」는 검사 검증의 뜻을 그려낸 것이다.

② 모(模)

'본뜨다', '본'의 뜻.

'꾀하다', '정하다'의 뜻을 지닌 막(莫)과 나무(木 : 木)의 합체자이다.

이를 자원자해로 익히는 한자 241P에선 이렇게 말하고 있다.

'왼쪽의 소전체에서 모(模)는 물건을 만들기에 앞서 나무로 미리 깎아 만든 틀(본)을 나타냈다. 이런 자형에서 본뜨다의 뜻이 나왔다.'

그러나 위 글자 어디에도 깎아 만드는 모습은 보이지 않는다. 막(莫 : ﹟)자는 쪼개진 영토 및 고을을 그려낸 ⊜자 상하에 ﻼ자가 있는 구조다. 아래쪽 ﻼ자는 위로 향하고 있는 두 개의 손(手)을 나타냈다. 위쪽의 ﻼ는 나무(朩)의 윗부분만을 그린 것으로 나갔다. 나왔다(남)의 뜻을 나타낸 것이다. 여러 뜻을 묶어보면 영토 및 고을(O)을 갈라놓고 있던 것들을 막아냈고 쫓아냈다는 뜻이다.

이러므로 막을 「막」, 몰아낼 「모」의 두 음이 독음으로 따르게 된 것이다.

◎막(幕) : 「풀어진 베(巾) + 막(莫)」의 구조다.

천이나 베로 비바람을 피하기 위해 막아놓은 천막 장막 등을 나타낸다.

◎막(膜) : 꺼풀 막으로 읽히는 글자다.

살 육(肉 : 月) + 막(莫)」의 구조로 「살(月)을 막아주는 부분」 또는 「연한 부분을 막아주는 살(月)」이란 뜻을 얻을 수 있다.

◎모(募) : 「막다(莫) + 힘(力)」의 구조로 「힘을 모아

적을 몰아내다」의 뜻에서 「모을 모」라는 독음이 붙게
된 것이다.

◎모(暮) : 「몰아낼 모(莫) + 해(日)」의 구조다.

태양이 내몰린 상태는 저녁이라는 뜻에서 「해저물 모」
가 된 것이다.

◎막(漠) : '사막'의 뜻으로 쓰이는 글자다.

「물(氵) + 몰아냈다(莫)」의 구조로 물이 내몰려 없는
상태임을 나타내고 있다.

막(莫 : 󰀀)자의 본뜻을 알 수 없었던 뒷날의 학자들은
󰀀자를 모두 풀의 상형체로 해석하고는 여기에 「나물
모」「푸성귀 모」등의 뜻을 새로이 붙였고 '꾀하다', '정하
다'의 뜻으로도 쓰게 되었다.

따라서 모(模)자는 「꾀한 것, 정한 것(莫)을 타나냄(
木)」이란 뜻이다. 여기서 '본', '본뜨다'의 뜻이 나온 것이다.

③ 환(桓)
'푯말', '굳세다'의 뜻으로 쓰인다.
고체는 아래와 같다.

◎자는 감도는 모양을 그려낸 회(回 :
◎)와 반대 운동을 나타낸 글자. 회(回 :
◎)자는 바깥에서 안쪽으로 감아드는 운
동을 나타낸 것이고 ◎자는 안쪽에서 바
깥쪽으로의 진행을 그려낸 글자로 풀어
낸다는 뜻을 나타낸 글자다.

따라서 아래 위쪽에 가로선이 하나씩 더해져 있는 ⑩ 자는 아래위로 크게 풀어졌다는 뜻이다.

그러므로 나타남, 나옴(남)을 뜻하는 목(木)과 선(亘)의 합체인 환(桓)은 「크게 풀어졌음이 나타남」이란 뜻이다. 이에서 푯말, 크다, 베풀어졌다 등의 뜻이 따르게 되었다.

◎환발(桓撥) : 크게 천하를 다스리다.

④ 동(東)

동쪽 해 돋는 방향을 가리킨다.

옛 글자는 東 였다. 나무(木 : 木)와 해(日)의 합자다. 따라서 해(日)가 나옴(남 : 木)이 본래의 뜻이다. 이에 따라 해 떠오르는 방향을 가리키게 되었다.

이 글자는 아래위를 끈으로 묶어놓은 자루를 그린 東 자와 비슷하여 후인들에게 많은 혼돈을 주었고 해석상의 논란이 있게 했다.

⑤ 래(來)

'왔다', '온다'의 뜻으로 고체는 나무(木) 뿌리 부분 위에 두 사람이 서 있는 來 자 였다.

이때까지의 연구자들은 이 글자를 보리로 해석했다. 그런 다음 보리는 외부에서 들어온 곡물이므로 여기서 왔다, 오다의 뜻이 따르게 된 것으로 추정하고 있다.

그러나 필자의 견해대로 풀면 사람들이(人, 人) 올라 왔다(나왔다)이다. 이 글자가 보리를 뜻하게 된 것은 나무뿌리 위에 사람들(人, 人)이 올라 서 있는 그 구조 때문이다. 보리는 딴 작물과는 달리 밟아주어야 하는 특성이 있는데 글자의 구조가 그러하므로 이에서 보리를 뜻하게 된 것이다. 래(來)자가 '오다'의 뜻으로도 쓰이게 되자 혼동을 피하기 위해 래(來)자 아래쪽에 발(夊) 하나를 더 붙여 보리 맥(麥)자를 만들어 쓰게 되었다.

⑥ 구(苟)

'구차할 구'로 읽히는 글자로 구명도생(苟命徒生 : 구차하게 겨우 목숨을 구함)이란 말을 만든다.

고체는 아래와 같다.

이 그림은 금문(金文)으로 꿇어 앉아 있는 사람과 그 머리 쪽에 ⋎자가 있는 구조다.

왼쪽의 소전체에 있는 ⼞자는 오늘날의 ⺾자 이다. 그 아래쪽 꾸불꾸불한 ⼞자는 글자 그대로 구불구불하게 구부러진 모양을 나타내고 있다. 오늘날의 구(句)자이다.

이 글자에 대한 이때까지의 해석을 보면 아래와 같다.

'자원(字源) : 풀이름 구(苟)는 풀의 뜻과 굽을 구(句)의 음 및 뜻을 결합한 형성문자.

자해(字解) : 금문(金文) 구(苟)는 풀 싹을 감싸 당기며

자라는 풀을 나타냈다. 이런 자형에서 풀이름의 뜻이 나왔다.'(자원자해로 익히는 한자, 377P, 김용걸)

'풀을 가리키는 Ψ(艹)와 구(句)를 합한 형성문자. 본래 풀이름이었으나 적어도, 참으로의 뜻으로 쓰인다.'(한자의 바른길 빠른길, 68P, 이훈종)

위 두 해석자는 모두 Ψ자를 풀로만 받아들인 것이다.

그러나 금문 구(苟 : 苟)자는 분명 꿇어 앉아있는 사람의 모습을 그려낸 것이다. 그러므로 위 두 해석은 정확하다 할 수 없다.

필자의 밝힘대로 Ψ자를 나무(木 : 남)의 간략체로 보고 해석해보면 「몸을 구부리고, 굽히고(句) 나옴(남 : Ψ : 艹)」즉 무릎을 꿇고 몸을 구부린 굴욕적인 자세로 나왔다(남)는 말을 그려낸 것임을 알 수 있다.

⑦ 영(英)
「한가운데 앙(央) + 艹(남, 나왔다)」의 구조로 해석하면 「한복판에 나왔음」「한가운데서 솟아 나왔다」의 뜻이 된다. 이에서 영특(英特), 영걸(英杰), 영웅(英雄) 등으로 쓰일 수 있는 것이다.

⑧ 화(花)
꽃을 말한다.
「변화(化)되어 나옴」「변화되어 나온 것」이란 뜻이

된다. 식물에서 꽃이 피어 나오는 상태를 나타낸 것이다.

⑨ 증(烝)

무엇을 삶을 때 나오는 김 즉 증기를 그려낸 글자다.

「삶는다(烝) + 풀잎, 나뭇잎(𭴘 : ⧺)」의 구조다. 필자의 견해대로 해석하면 「삶을 때(烝) 나오는 것(⧺, 𭴘)」이란 뜻이 되어 삶을 때 나오는 김의 모양을 잘 설명하고 있다. 그러나 𭴘(⧺)자를 단지 풀잎만으로 받아들이면 증기의 뜻은 찾기 어렵다.

⑩ 저(著)

'나타났다', '났다', '나왔다'의 뜻으로 저명(著明)하다, 저작(著作) 등으로 쓰인다.

소전체다. 맨 아래쪽에 백(白)자가 있고 맨 위에 𭴘자가 있다. 글자의 구조가 말하는 바를 읽어보면 아래쪽에 덮여 있던 밝음(白)이 밖으로 나타나왔다는 뜻이다. 즉 밝혀냈다, 밝혀져 나왔다는 말을 그린 것이다.

여기서도 𭴘자를 풀로만 보면 위 뜻을 결코 성립되지 않는다.

⑪ 답(答)

대나무 잎(竹)과 합(合)의 합체자다.

합(合)자는 두 개가 하나로 되어졌음을 나타내는 ∧ 자와 일컫는다는 뜻을 나타낸 구(口)로 되어있다. 따라서 두 개가 하나로 되어졌음을 말한다는 것을 나타낸 글자가 합(合)이다. 그러므로 '맞다'는 뜻이 되어 궁합(宮合), 화합(和合) 등으로 쓸 수 있는 것이다.

※한국어 '맞다'는 대(對)가 되다, 옳다 등의 뜻이 있으며 두 개가 서로 맞아야 하나가 된다.

따라서 '나오다'는 뜻을 나타낸 竹자와 합(合)의 구조인 답(答)은 맞는 것 또는 맞춰(對가 되어) 나왔다가 되어 대답(對答), 해답(解答) 등으로 쓰이는 본뜻과 일치되는 것이다.

※竹자를 ⺮ 의 대용으로 했다.

그런데 자원자해로 익히는 한자 335P엔 이렇게 되어 있다.

'답(答)은 대나무(竹)의 뜻과 합할 합(合)의 음 및 뜻을 결합한 형성문자. 소 전체(荅)에서의 답(答)은 종이가 없던 옛날에 대나무를 쪼개어 주고받는 글을 쓴 대쪽을 나타냈다. 이런 자형에서 대답하다의 뜻이 나왔다.'

⑫ 장(莊)

'장중하다', '바르다'의 뜻이다.

「클 장(壯) + 나오다(남 : ⺿)」의 구조로 해석하면 「큰 상태(壯)로 나옴」이란 뜻이다.

⑬ 락(落)

'떨어지다'의 뜻.

락(洛)은 물이 갈라지다, 하나의 물에서 떨어진 상태를 뜻한다. 따라서 락(落)은 떨어진 상태로 나타남이란 뜻이다.

한국어 '떨어지다'는 없어지다, 갈라져 있다와 통하는 말이다. 그리고 '떨어지다'는 한국어는 ⓐ나무에서 떨어지다 ⓑ식량이 떨어지다(바닥나다) ⓒ뒤로 쳐지다 ⓓ무리에서 갈라지다 등으로 다양하게 쓰인다.

그러므로 수락석출(水落石出 : 물이 바닥을 드러내자 돌이 나타났다)로 쓸수 있는 것이다. 즉 중국문자가 한국어 언중(言衆)들에 의해 이뤄지지 않았다면 떨어질 락(落)자를 낙과(落果), 낙오(落伍), 낙점(落點), 수락석출(水落石出) 등으로 광범위하게 쓸 수 없다는 말이다.

⑭ 소(蘇)

깨어났다는 뜻.

다시 살아간다는 뜻인 소(穌)와 艹자의 합체이다. 따라서 다시 살아(穌) 나왔다(艹, 남)는 뜻이다.

8. 기다.

이 말은 「긴가 민가」라는 말에서 알 수 있듯이 그것이다. 맞다의 뜻을 지니고 있으며 경상도 지방에서 쓰는 말이다. 이 「기다(그것이다. 맞다)」는 말을 나타내기 위해 도입된 것이 「귀」혹은 「키」로 불려지고 있던 그릇을 그려내는 것이었다. 역시 동음가차에 의한 제자법이었다.

1) 기(其) : 그것. 맞다의 뜻으로 쓰인다. 고체는 키(기)를 그려낸 ⿷ 자였다.

2) 기(期) : 때의 뜻으로 기약(期約) 기대(期待)로 쓴다. 「그것이다(其) + 달(月)」의 구조다.

달(月)은 시간(때)을 뜻했다. 달력(月曆)이란 말도 시간 즉 달(月)의 운행을 엮어 놓았다는 뜻이다. 따라서 기(期)는 「시간(月) 그것이다(其)」는 뜻.

3) 기(基) : 터의 뜻. 「그것(其) + 토(土 : ㅗ)」의 구조로 씨를 뿌릴 수 있는 땅이라야 터가 될 수 있다는 뜻.

4) 기(旗) : 깃발의 뜻. 방향(方)과 깃발(ㅡ) 그리고 그것(其)의 합체다. 방향을 나타내는 깃발 그것이다 는 뜻.

5) 기(欺) : 속이다. 거짓의 뜻.

「그것이다(其)+흠(欠)」의 합체다. 따라서 「기(欺)는 흠(欠)이 있는 그것」이란 뜻이다. 이에서 거짓, 속이다의 뜻이 나왔다.

6) 기(祺) : 길하다. 상서(祥)롭다는 뜻.
「제사지냄(示)+그것이다(其)」의 구조로 제사지내는 그 것이다는 뜻.
옛날 우리 생활은 제사지냄에서부터 시작되었다 해도 과 언이 아닐 정도로 큰 비중을 차지하고 있었다. 그래서 제사 를 잘 지내면 복(福)이 오고 잘못지내면 화(禍)가 생기는 것 으로 믿어 지극정성을 다했다.

①복(福) : 「제사지냄(示)+ 부풀어지다(畐)」의 구조 로 제사지냄에 따라 불어나고 부풀어짐이 있음을 나타내고 있다.

②화(禍) : 재앙의 뜻이다. 고체는 다음과 같다.

시(示) 오른쪽의 그림은 부셔진 사다 리를 나타냈고 그 아래엔 말하다(口 : ㅂ)가 있는 구조다. 제사지냄에 있어 이 어짐(사다리)이 끊겼음을 말한다는 언어 의 형상화이다. 이는 제사를 잘못 지냄에 따라 생기게 되는 앙화를 말하고 있다.

③예(禮) : 예의의 뜻.

「제사지냄(示)+풍(豊)」의 구조다.

풍(豊)은 굽이 놓은 제사그릇인 두(豆)위에 꼬챙이로 꿰어진 많은 산적(음식)이 푸짐하게 놓여져 있는 모양을 그려낸 것이다. 그러므로 푸짐하다. 푸지다가 본래의 뜻이었다. 따라서 예(禮)자는 푸짐하게 차려놓고 정성을 다해 제사지내는 모양을 본 뜬 것이다. 즉 제사지냄에 있어서는 목욕재계 하여 심신을 맑게 하여야 할 뿐 아니라 기(忌)는 기하고 순서와 절차를 중요시 했는데 이런 것들이 바로 예(禮)의 근본이었고 시작이었다.

④상(詳) : 길상(吉祥)스럽다는 뜻.

「제사지냄(示)+양(羊)」의 구조로 양(羊)을 희생(犧牲)으로 올리는 제사모양을 본 뜬 글자다. 즉 양(羊)을 바쳐서 지내는 제사는 응험이 있어 신(神)의 도움을 얻는다는 뜻에서 길상(吉祥)이란 뜻이고 이에서 길(吉) 상(詳)의 뜻이 따르게 되었다. 따라서 기(祺)는 제반절차에 맞게(其) 제사지냄이란 뜻이고 이에서 길(吉) 상(詳)의 뜻이 따르게 되었다.

7) 기(棄) : 버리다. 의 뜻이다. 고체는 다음과 같다.

키(기)와 아이(子 : 우) 그리고 점 몇 개로 이뤄진 그림이다. 이를 이때까지의 해석자들은 이렇게 말하고 있다.

'키(기 : 其)에 아이를 담아 버리는 모

양을 그려낸 것이다. 이에서 버리다의 뜻이 나왔다' 그러나 위 그림은 「버린 자식」이란 말을 그려낸 것으로 주(周)의 시조인 후직(后稷)을 나타낸 것이었다. 이것이 나중에 「버리다」의 뜻으로 쓰이게 된 것이다.

후직(后稷)에 대한 역사적 이야기는 기회 있으면 밝히기로 하겠다.

9. 감다.

한국어 「감다」는 Ⓐ검다(감다) Ⓑ눈을 감다. Ⓒ줄을 감는다. 등으로 쓰인다. 이런 「감다」는 말을 나타내기 위해 우리 선조들은 하나의 실머리(실마리)밑에 둥글게 감아진 모양의 그림(ㅎ)을 그렸다. 즉 「감다」를 「감다(감은 모양 : ㅎ)」로 나타냈다는 말이다. 이 역시 동음가차에 의한 조자법이다.

1) 현(玄) : 감을 현으로 읽고 있으며 캄캄하다. 검다의 뜻으로 쓰이고 있다. 고체는 감아진 모양을 그려낸 글자(ㅎ)다.

2) 현(絃) : 「실(糸)+현(玄:감다)」의 구조로 「실을 감았다」는 뜻이다. 이렇게 실을 감은 악기를 현악기(絃樂器)라 한다.

①현(鉉) : 「쇠(金)+감을 현(玄)」의 구조로 「솥귀 현」으로 읽히는 글자다. 쇠솥에 둥그런 형태로 감아 놓아 들기 쉽도록 해놓은 귀를 나타낸 것이다.

3) 현(眩) : 「눈(目)+감다(玄)」의 구조다.

바로 눈(目)을 감다. 눈을 감기게 하다는 뜻이다. 이에서 어둡다.(눈감은 상태). 사람을 미혹되게(보고 판단 못하도록) 한다. 어질어질하다 등의 뜻이 따르게 된 것이다.

4) 현(弦) : 「활궁(弓)감을 현(玄)」의 구조로 「활에 감는 것」 즉 시위 줄을 나타낸 것이다.

10. 밭

이 밭이란 말은 씨 뿌려진 하나의 공간인 밭(田)을 뜻하기도 하지만 바깥(外)의 옛말이며 받(받드다)과 동음으로 쓰였다. 새(新)가 쇠(金)와 동음으로 쓰인 것처럼 말이다. 이러므로 밭(田)을 빌어 바깥·받(받드다)이란 말을 나타냈는데 역시 동음가차법이었다.

1) 남(男) : 우리 한국인들은 일반적으로 여자를 「안사람」 남자를 바깥 사람으로 일컫는다. 그래서 「밭(田)+사람(人)」의 구조인 奰 자로 남자를 나타냈다. 바로 밭(田)의 음과 사람의 뜻을 더한 것이었다. 그러다가 상(商)나라 때

에 이르러 「밭(田)+쟁기(丿)」의 구조인 ᗷ자로 대체 되었고 이후에 「밭(田)+힘력(力)」의 구조인 남(男)자로 바뀌어져 오늘날에 이른 것이다. 즉 사내를 뜻하는 남(男)자는 우리말 바깥사람을 형상화 시킨 것이다.

밭(田)아랫쪽에 쪼그리고 있는 사람의 모습을 더한 글자(畏)가 갑골문자 ᗷ 로 바뀌게 된 것은 밭 옆에 쪼그리고 앉아있는 사람의 모습을 그린 㽞자와 혼동 될 수 있기 때문이었다.

㽞자는 직(稷)의 옛글자로 밭농사를 돌봐주는 직신(稷神)의 뜻으로 쓰였던 글자였다.

오제시기(五帝時期:4500여년전)엔 신농씨(神農氏)의 맏아들인 희화씨(羲和氏)가 그의 손자인 고양씨(高陽氏)에 의해 직신으로 받들려졌고 하(夏)나라 초와 주(周)나라 땐 기(棄)라 불려졌던 후직(后稷)이 사직신(社稷神)으로 모셔지게 되었다.

① 안(安) : 집(宀)안에 여자가 있는 구조로 편안하다는 뜻이다. 밭(田:바깥)에 있는 사람이 남자라면 집안에 있는 사람은 여자(안사람)가 될 수밖에 없다.

이런 상대적 관계에 따라 생겨난 글자가 바로 이안(安)자로 생각된다. 즉 안(安)자는 원래 집안에 있는 여자(안사람)을 나타내는 글자였고 한국어 안애(아내 : 妻)를 뜻하는 글자였다는 말이다.

한국어 아내(妻)는 안에 있는 사람을 가리키는 안애(內兒) 또는 안아(內兒)라는 뜻으로 퉁그스어 안아가(anaka: 妻)와 비교되며 경상도 말 나매(남애:男兒)와 상대적인 말로 추정된다.

처(妻) : 아내를 뜻하는 이글자의 고체를 지금의 문자 연구자들은 다음의 세글자로 알고 있다.

처(妻)을 뜻하는 갑골문으로 받아들이고 있는 글자다.

그림의 왼쪽부분은 머리 푼 여자를 나타냈고 오른쪽은 손(手 : 又) 을 그린 것이다. 그림의 뜻을 묶어보면 「손으로 머리를 풀었다」 「손을 쓰서 여자의 머리를 풀게 했다」 이다. 이것을 머리 푼 여자를 손으로 잡았다로 해석하면 오류다.

이 그림은 가슴큰사람(여자)이 머리를 올린 모습을 그린 것이다. 바로 「머리올린 여자」 를 나타내고 있다.

이 그림은 「손(又)으로 여자의 머리를 올려 주었다」 는 뜻이다.

우리들은 남의 아내가 됐음을 「머리올렸다」 로 말한다. 그리고 어떤 여자를 아내로 맞았을 때 「그 여자 머리 올려

주었다」로 말한다.

바로 Ⓑ의 그림이 「머리올린 여자(결혼한 여자)」이고
Ⓒ의 그림이 처(妻)자의 고체로 「머리 올려준 여자」를 나
타낸 것이다. 이 역시 한국어의 형상화인 것이다.

2) 외(畏) : 두렵다, 겁나다. 의 뜻으로 쓰인다. 고체는 다
음과 같다.

이 그림을 '머리에 귀신 탈을 쓴 사람
이 무기를 들고 있는 모습'으로 대부분의
해석자들은 말하고 있다. 그러나 이것은
바깥 사람이 무기(│)를 들고 있는 모습
으로 해석된다. 즉 외부인(바깥사람)이
무기를 들고 있는 그 모습으로 두렵다. 겁난다. 등의 뜻을
나타냈다는 말이다.

이 갑골문 역시 밭(田 : 바깥)사람이 무기를 잡고 있다는
말뜻을 더 구체적으로 나타내고 있다.

3) 략(略) : 「밭(田) + 떨어져 나갔다(名)」의 구조다.
이때까지의 해석은 이렇다.

'밭(田)의 뜻과 각각 각(各)의 음 및 뜻을 결합한 형성문
자. 밭의 경계를 각자의 발걸음에 의해 대략 정한 것을 나타
냈다. 이런 자형에서 간략하다의 뜻이 나왔다.' 그러나 이
글자 또한 밭(田 : 바깥)으로 갈라져(떨어져) 나간 것(各)으
로 읽게 되면 전체가 아닌 일부를 뜻하는 말을 그려낸 것임

을 쉽게 알 수 있다.

4) 획(畫) : 긋다. 그림. 꾀하다 의 뜻이다.

손으로 붓을 잡고 있는 그림(聿)과 밭(田) 그리고 가로선 하나(一)자로 구성되어 있다. 읽어보면 「손으로 붓을 잡고 바같(田)으로 길게 그은 것이 바로 획(畫)이다」는 뜻이다.

5) 수(蒐) : 찾아낸다. 모으다. 숨다의 뜻이다. 옛글자는 다음과 같다.

이 글자는 '머리에 탈을 쓰고 풀을 꽂은 여자 무당이 춤을 추는 모습'으로 해석되고 있다. 언어의 형상화가 문자다는 시각으로 보지 못하고 그림의 모양에서 더듬어 본 해석인 것이다.

그림의 맨 윗부분(艸)은 앞장에서 확인했듯이 「나오다」는 말을 나타낸 것이다. 그 아래 밭(田)은 바깥(外)을 나타냈다. 그리고 밭(田)아래에 있는 두 개의 손은 아래쪽에 있는 것으로 작용되고 있음을 나타낸다. 그림이 말하는 바를 묶어보면 '아래쪽에 있는 것을 두 손으로 찾아 바깥으로 나오게 한다'이다.

6) 비(卑) : 낮다. 천하다. 노비(奴婢)의 뜻으로 쓴다.

비(卑)의 고체인 이 그림 맨 위쪽은 밭(田)을 그린 것이고 맨 아래쪽은 위를 떠 받치고 있는 손(手 : 又)을 그린 것이

다. 뜻을 모아 보면, 「손으로 떠 받든다」,「손으로 밭(받들어 올린다)」이다. 바로 그런 위치에 있는 사람을 말하며 그런 행동을 말하고 있는 것이다.

① 비(卑) : 「여자(女)+비(卑)」의 구조로 여자 종 즉 받들어 올리는 역할을 하는 여자를 나타낸 것이다.

7) 이(異) : 남다르다의 뜻이다. 고체는 아래와 같다.

왼쪽 그림의 맨 윗부분(田 위에 있는)은 빛난다는 뜻이다. 그 아래 밭(田)은 우리말 받(받드다)을 나타낸 음부(音符)다. 따라서 「받들어 올려져 빛난다」는 뜻이다. 이(異)의 고체다.

두 손이 위로 향하고 있는 이 그림의 뜻은 '받(밭)든다', '받들리다'이다.

남다른 재주가 있거나 특출하면(보통보다 다르면 받들려진다는 뜻에서) 「남다르다」로 쓰이게 됐음을 알 수 있다.

이 갑골문은 지금의 황(皇)자로 해석
되고 있다.

그림의 뜻을 보면 「태양처럼 빛나는
사람」이다.

8) 묘(描) : 그려낸다. 그린다. 의 뜻이다.

「손쓰다(扌)+묘(苗)」의 구조다. 묘(苗)는 나왔다. 나온
다. 의 뜻을 그려낸 초두(艸)와 밭(田)으로 구성되어 있다.
본뜻은 씨 뿌린 공간(田)에서 나오는 것으로 밭 위에 고개
를 내민 새싹의 모습을 말하고 있다. 그러나 밭(田)을 바깥
(外)의 음부(音符)로 보면 바깥(밭)으로 나온다. (艸)는 말
이 된다.

여기에 손쓰다(扌)의 뜻을 더하면 「밭(바깥)으로 나타
나게끔 손을 쓴다」는 말이 되어 묘(描)의 뜻인 그려내다.
그린다. 와 일치된다.

◎소묘(素描) : 본 바탕이 밖으로 나타나도록 그리는 것.

11. 친다.

한국어 「친다」는 Ⓐ때린다 Ⓑ기른다(돼지친다) Ⓒ…여긴다, …와 같다. Ⓓ설치하다(진치다) 등의 뜻으로 쓰이는 말이다. 이런 여러 뜻으로 쓰이는 「친다」라는 말을 그림으로 그려낸 것이 손에 작대기나 채찍을 들고 후리는 모습을 나타낸 칠 복(攵:攴 : 𝐱:𝐱)자이다.

밭(田) 그림으로 밭(바깥)과 밭(밭들)을 나타낸 것과 동일한 수법인 것이다.

그런데 이때까지의 모든 연구자들은 칠 복(攵:攴)을 '때린다'로만 받아들였다.

그리하여 말도 안 되는 이상한 해석들을 하게 되었다.

1) 수(數) : 셈, 헤아리다. 의 뜻이다. 고체는 다음과 같다.

왼쪽 그림을 부산의 모 대학 중문과 교수인 하영삼은 이렇게 해석했다.

'글자의 왼쪽부분은 매듭을 여러 개 지어 놓은 모습을 그렸고 오른쪽 부분의 손은 매듭을 짓는 모습을 나타냈다' 옛날 아주 옛날엔 셈을 하기 위해 노끈이나 새끼를 등에 매듭을 지어가며 했던 것은 사실이다. 그러나 위 해석 중에 작대기를 든 손 그림을 매듭을 짓고 있는 모습으로 설명한 것은 완전히 잘못된 것이다.

한국어를 모르며 한국인의 조상에 의해 중국문자가 이뤄지기 시작했다는 사실을 알리 없는 중국학자들의 문자 해설을 이어 받은 것이다.

매듭을 짓는 손을 그렸다면 손(手)하나만 그려져 있어야 하나 그림에는 분명히 막대기나 채찍을 든 손(⺻)이다. 그러면 이제는 필자의 밝힘대로 한국어 「친다」로 읽어보면 수(數)자는 「하나하나 매듭을 지어 가는 것으로 친다(여긴다)」는 언어의 형상화가 분명하다.

2) 목(牧) : 기르다는 뜻을 지닌 글자로 「소(牛)+친다(攵)」의 합체다. 따라서 그림이 말하는 그대로 「소(牛)친다」로 읽을 수 있다. 즉 소(牛)를 기른다(친다)는 말의 형상화가 목(牧)이다는 말이다.

갑골문엔 「양(羊 : ⺌)+친다(攵)」의 구조로 되어진 글자(⺌)자 있는데 이 역시 양(羊)을 친다(기르다)로 우리말을 그려낸 것이다.

옛날에 소친다(牧), 양친다(⺌)로 구별하여 쓰다가 뒤에 와서 가축을 기르다는 뜻을 목(牧)자로만 전용하게 된 것 같다.

3) 경(敬) : 몸을 굽히고 나음을 그려낸 구(苟)자로 친다(攵)의 합체다.

뜻을 합쳐보면 몸을 굽히고 낮춘 자세로 상대를 대하는 것으로 여긴다(친다)이다. 그런데 칠 복(攵)을 두들겨 때린다는 뜻으로만 받아들여 경(敬)자를 해석하면 때려서(친다)

몸을 굽히게 한다. 두들겨 맞아 몸을 낮춘다는 뜻이다.

　즉 남의 강압이나 폭력(때림)에 의해 억지로 몸을 굽히는 행위가 경(敬)이고 이렇다면 공손, 공경의 뜻과는 거리가 아주 멀다.

　4) 정(政) : 「바르게 하다(正)+친다(攵)」의 구조다. 이 때까지의 해석자들은 한결같이 '두들겨 때려 바르게 하는 것이 다스리는 것이다'로 해석했다. 그러나 이제부턴 이렇게 해석해 보자.

　다스린다(政)는 것은 편편하고 바르게 하는 것(正:앞장 正부분 참고)으로 여긴다(친다)로 말이다.

　5) 교(敎) : 가르치다 의 뜻이다. 이 글자 역시 '매질하여 예나 지금이나 아이 교육은 매질만이 능사가 아닌데 옛사람이라 해서 이 이치를 몰랐을까? 그러나 한자 교육을 받은 사람이면 모두들 위 해석들을 검증 없이 그대로 받아 들이고 있다. 그럼에 따라 이렇게 이해한다.

　옛사람들은 예절과 정치 그리고 교육까지도 모두 두들겨 때려 만들었으니 참으로 무지막지 했구나로 말이다. 잘못된 글자 하나의 해석이 모든 이들을 엉터리로 만들었으니 그 책임은 참으로 크다 아니할 수 없다. 교(敎)의 고체는 다음과 같다.

　　왼쪽 그림의 맨 위 글자(爻)는 오늘날의 효(爻) 자로 옳고 그름을 가름한다는 뜻이다.
　　갑골문에도 효(爻:爻)자가 보이는 데는 이를 어떤 이는 교(敎)자로 받아들이고 있다.

　　그 밑에 있는 글자(孚)는 아이(子)를 그린 것이고 오른쪽편의 그림은 칠복(攴 : 攴)자이다. 따라서 그림이 말하고 있는 바는 「아이(子)에게 옳고 그름을 가름하게끔 하는 것(孚)으로 친다(여긴다)이다.
　　효(爻)에 있는 가름한다는 뜻 때문에 주역(周易) 각 괘(各卦)에 육 효(六爻)가 있고 그에 따른 효사(爻辭)가 이뤄진 것이다.

　　이 고체(古體)의 왼쪽그림은 두 개의 손(臼)과 가름하다(爻) 그리고 아이(孚 : 子)로 구성되어 있다. 따라서 옳고 그름을 가름하도록 두 손으로 아이에게 전해준다는 뜻이다. 바로 오늘날의 배울 학(學)자이다.
　　여기에 칠복(攴)이 더해진 것은 「아이에게 옳고 그름을 가름하도록 가르쳐 주는 것으로 친다(여긴다)」는 하나의 언어를 그려낸 것이다. 이러므로 교(敎)의 옛글자로 쓰였던 것이다. 가르치는 것(敎)과 배우는 것(學)은 어느 한쪽이 없으면 성립될 수 없는 표리관계이다.

6) 미(微) : 아주 작다. 쇠약하다. 몰래. 의 뜻으로 쓰인다. 고체는 아래의 글자다.

머리가 긴사람(老人) 뒤쪽에 칠복(攴: 攵)자가 있는 구조다. 이를 「문화로 읽는 한자 139P」엔 이렇게 해석하고 있다.

'원시 시대 사람들은 죽음을 육체와 영혼이 분리되는 것이라 생각했지만 그 과정에서 피를 흘리지 못하면 영혼은 영원히 육체에서 분리되지 못한다고 생각했다. 이는 당시 사회가 사냥이 생활의 많은 부분을 차지했던 까닭에 늙어서 죽는 사람보다는 사냥이나 사고에 의해 죽는 사람이 더 많았기 때문으로 추정된다. 어쨌든 그들은 나이든 노인이 아직 죽지 못하고 있는 까닭은 피를 흘리지 못했기 때문이라고 해석했다.'

지금으로서는 듣기 민망한 말이지만 그 당시에는 죽는 것을 도와주기 위해 노인을 뒤에서 몽둥이로 때려 죽이는 습속이 있었다. 한자(漢字)에서의 몰래 미(微)가 이를 반영한 글자이다. 이 글자는 머리를 길게 풀어헤친 노인을 뒤쪽에서 몽둥이로 내려치는 모습을 그렸다.

광서성 계림의 증피암 유적지 발굴보고에 의하면 당시로는 고령인 50세 이상 된 유골모두가 뒷머리부분이 파손된 채 발견됐는데 이 또한 미(微)자에 반영된 습속의 고고학적 반영이라 하겠다.‘ 참으로 소름이 끼칠 만큼 무시무시한 얘기다. 그러나 이것은 고고학적 자료를 끌어다 붙인 엉터리 해석이다.

한국어 언중에 의해 중국문자가 이뤄졌다는 사실을 알리 없는 해석자들의 유치한 한계인 것이다.

위 그림문자 왼쪽부분은 머리긴 사람(老人)이 걸어가고 있는 모습을 나타냈다. 그리고 오늘쪽에 있는 칠복(攴:攵)은 한국어 「치다」를 시각적으로 형상화 한 것이다. 따라서 그 뜻을 더해보면 미(微 : 㣲)는 노인의 행보(行步)로 친다 (여긴다). 즉 노인의 행보처럼 힘없고 소리 없으며 쇠약한 것이 미(微)자의 뜻이다. 는 말이다. 잘 모르면 그냥 있을 것 이지 괜히 잘 아는 척 떠들어 없었던 사실을 있는 것처럼 믿게 한다면 이는 분명한 역사 왜곡으로 씻을 수 없는 큰 죄를 짓는 것이 될 것이다.

7) 고(故) : 「고(古)+친다(攵)」의 구조로 고향을 뜻하고, …한 탓으로 등의 뜻으로 쓰인다.

고(古)자는 「씨(十)+골(口)」이라 밝힌 바 있다. 따라서 고(故)자는「씨골(시골:古)로   친다」「씨골(시골)이다」「씨골과 같다」는 언어를 그려낸 것이다.

씨골은 씨암닭, 씨나락으로 쓰인 것처럼 씨 뿌려진 고을(골)이라는 말인데 지금은 「시골」로 쓰고 있으며 번화한 도시와 반대인 촌(村)을 뜻하는 것으로 받아 들여 지고 있다.

8) 방(放) : 놓다의 뜻이다.

손에서 놓아진 쟁기의 모양을 그려낸 방(方)자와 치다(攵:여기다)의 합체다. 따라서 방(放)자는 잡고 있던 쟁기를 놓는 것과 같다(여긴다. 친다)는 말을 그려낸 것이다.

한국어 「놓다」는 손에서 놓다. 총과 불을 놓다. 덫을 놓다(설치하다) 등의 여러 뜻이 있다. 이럼에 따라 방출(放出:놓아 보냄) 방임(放任) 방화(放火) 등의 말이 이뤄진 것이다.

즉 방(放)자가 「놓다」로 읽혀짐에 따라 상이한 여러 뜻이 따르게 됐다는 말이다.

효험 효(效), 베풀 서(敍), 거둘 렴(斂) 등의 글자 역시 때린다(친다)로 해석해선 절대 풀리지 않는다.

① 방(方) : 방향 · 모의 뜻으로 쓰인다. 놓아진 쟁기의 모양을 상형한 글자이다. 쟁기는 모가 나야 땅을 잘 팔수 있고 이 방향이면 이 방향으로 저 방향이면 저 방향으로만 가야한다. 이럼에 따라 모 · 방향 등의 뜻이 따르게 된 것이다.

② 방(妨) : 방해한다. 는 뜻이다. 옛글자는 여자의 엉덩이 쪽이 방(方)자 앞에 있는 구조였다.

바로 나아가는 쟁기 앞을 여자가 가로막아 못가게 하고 있는 것으로 이에서 방해하다는 뜻이 나왔다.

③ 방(防) : 막히다. 막다. 는 뜻이다.

쟁기 방(方)앞에 언덕(阝)이 있는 구조다.

쟁기는 언덕을 만나면 더 이상 나아가지 못하고 막힌다.
이에서 막치다. 막다의 뜻이 따르게 된 것이다.

12. 탄다.

이 말을 들으면 제일 먼저 생각되어 떠오르는 것이 불탄다. 이다. 그렇지만 우리는 이 말을 「손탔다」 가믐탔다(당하다). 배급탄다(얻는다). 물탄다(섞는다) 등으로 광범위하게 쓰고 있다. 그래서 불이 활활 타고 있는 모양을 그려 당하다, 얻다. 올라탄다(上位에 오른다), 물탄다(섞는다) 등의 그림으로 그리기 어려운 말뜻을 나타냈다.

바로 지금의 우리들이 「화」로 읽고 있는 불타고 있는 모양을 그린 火자를 그려 타다(당하다, 얻다, 섞는다. 등의 뜻)라는 말을 나타냈다. 이런 동음가차에 의한 조자법(造子法) 역시 한국어 언중만이 할 수 있고 이해할 수 있는 것이다. 즉 한국어를 도입하지 않은 문자 해석은 엉터리일 수 밖에 없다는 말이다.

1) 추(秋) : 곡식을 거둬들이는 가을을 뜻하며 「곡식(禾)+타다(火)」의 구조다. 「곡식을 얻는다(타다)」는 뜻이고 이에서 그런 계절인 가을을 뜻하며 「곡식을 얻는다(타다)」는 뜻이고 이에서 그런 계절인 가을을 뜻하게 됐음을 금방 알 수 있다. 그러나 「한국어의 형상화가 중국문자이다」는 사실을 알 수 없었던 이때까지의 해석자들은 다음과 같이 해석했다.

메뚜기 그림 아래에 화(火)가 그려져 있는 왼쪽의 그림을 현대의 연구자들은 추(秋)의 갑골문으로 알고 있다. 그래서 하영삼(문화로 읽는 한자. 261P) 은 '곡식이 영근 가을에 메뚜기 피해가 심했기에 그것을 잡아 불에 태운 것을 나타냈다'로 해석한다.

그러나 메뚜기가 덮치는 계절은 알곡을 거둬들이는 가을이 아니고 이삭이 영글기 시작하고 잎새들이 한창 그 푸르름을 뽐낼 여름철과 초가을이다. 그리고 메뚜기는 지금처럼 식용으로 할 수도 있는데 하나하나 애써 잡은 것을 뭣 때문에 또 번거롭게 불에 태워 없앨까? 먹거리가 풍족치 않은 그 시절에 말이다. 따라서 위 해석은 사리에 맞지 않은 것으로 추측과 상상에 의한 끼어 맞추기이다.

위 갑골문 역시 화(火)자를 불타는 모습을 그린 것으로 보지 말고 「타다」로 읽게 되면 「메뚜기 탔다」는 말이 된다. 즉 농작물의 메뚜기에 의한 피해를 입었음을 나타낸 기록임을 쉽게 알 수 있다.

왼쪽의 그림문자 역시 가을을 뜻하는 옛 문자로 받아들이고 있다. 글자의 왼쪽부분은 곡식(禾)과 화(火)로 구성되어 있고 오른쪽은 메뚜기를 그려낸 것으로 해석되고 있다.

그러나 이 갑골문은 앞의 갑골문보다 더 구체적으로 하고저 하는 말을 그려내고 있다.

화(火)를 「타다」로 읽어 보면 「메뚜기가 곡식(禾)에 탔다」 「곡식에 메뚜기 탔다」는 말이 되어 곡식이 메뚜기에 의해 피해 당했음을 나타내고 있다. 따라서 위 두 개의 갑골문은 추(秋)의 옛글자가 아니다. 화(火)를 「타다」로 읽을 수 없는 중국인의 해석을 이어 받은 것으로 본다.

추(秋)자에 대한 또 다른 해석을 보자.

'추(秋)자의 원형은 가을을 뜻하기 위해 가을의 전령사인  귀뚜라미를 그려 놓은 것이었다. 火(불화)는 그 귀뚜라미의 다리모양이 변모된 것이다. ….'(조선일보 연제 '97.9. 전광진. 성균관대 중문과 교수) 글자 그 어디에도 없는 귀뚜라미마저 등장시키고 상형문자의 구체성마저 생각지도 못한 참으로 한심한 해석이 아닐 수 없다.

2) 재(災) : 엄청난 피해(재앙)를 나타내는 이 글자는 재(灾) 재(裁)자와 같은 뜻으로 쓰이고 있다. 그러나 글자의 구조를 분석해 보면 재앙이긴 하나 그 원인에 있어서는 차이가 있다.

① 재(災) : 물이 크게 넘쳐난 모양을 그린 글자(巛)와 화(火)의 합체다.

따라서 「큰물, 크게(巛) 탔다(火)」는 언어의 형상화임을 쉽게 알 수 있다.

② 재(灾) : 「집(宀)+타다(火)」의 구조다.

집이 탔다. 는 말이다. 즉 집이 불에 의한 재앙을 당했음을 나타낸 것이다.

③ 재(栽) : 이 글자의 오른쪽 부분은 창(戈)을 그려낸 것이다. 따라서 「창(戈:과) 즉 무기에 탔다」는 말로서 무기에 의해 피해당했음을 말하고 있다.

3) 멸(滅) : 없어지다. 소멸되다. 의 뜻이며 멸망(滅亡)이란 말을 이룬다. 고체는 불(火)과 큰 도끼(𠂆)를 합친 𤇾 𠂆 자였고 이것이 𣳚 으로 변화됨. 도끼가 과(戈)자로 대체된 것이다.

따라서 도끼(𠂆)에 탔다(火 : 𤇾), 창(戈)에 탔다.는 뜻이다. 여기서 없어지다, 없애다.(죽다) 등의 뜻으로 쓰인 것이다.

4) 담(淡) : 싱겁다. 특별한 맛없다. 맹물 등의 뜻으로 쓰인다. 담수(淡水) 담백(淡白) 등의 말을 이룬다. 이 글자 역시 화(火)를 「타다」로 읽지 않으면 절대로 그 뜻을 찾을 수 없고 이상한 해석을 유발한다.

'담(淡)의 발음이 조금이다. 적다. 는 뜻을 지닌 㦮 과 가까워 국물에 소금기가 적은 것을 나타낸다(이 훈종. 한자의 바른길 빠른길).

'담(淡)은 불에 끓인 증류수를 나타냈다. 이런 자형에서 맑다. 싱겁다. 의 뜻이 나왔다'(자원자해로 익히는 한자

267p) 그러나 이 글자 역시 「물(水)을 타고 (火) 또 탔다 (火)」로 읽게 되면 진한 것에 물을 타고 또 타면 묽게(싱겁게)된다는 말임을 쉽게 알 수 있다.

5) 번(煩) : 번뇌하다. 머리가 복잡하여 어지럽다 등의 뜻.
「타다(火)+머리혈(頁)」의 구조로 「머리가 탄다」로 읽을 수 있다. 우리 한국인 들은 속 탄다. 애탄다. 머리 탄다. 로 말하고 있다.

6) 조(燥) : 마르다의 뜻. 「화(火)+조(喿)」의 구조다. 이를 김 용걸(자원자해 ….283p)은 이렇게 말한다.
'자원·마를 조(燥)는 불(火)의 뜻과 새(鳥)의 떼지어 울 소(喿)의 음 및 뜻을 결합한 형성문자.
자해, 소전체(燥)에서 燥은 새떼소리처럼 불길이 활활 소리 내어 타는 것을 나타냈다. 이런 자형에서 말리다(마르다)의 뜻이 나왔다.'
그러나 새 떼지어 운다. 로 푼 조(喿)의 고체는 나무(木 : 朩)위에 아주 많은 말을 했음을 나타낸 글자(ϋ : ㅂ이 세 게는 아주 많은 말을 뜻함)의 합체다. 이는 아주 많은 말 (3개 의 ㅂ)을 내 놓았다(나왔다:木)는 언어를 그려낸 것이다.
새떼와는 아무 연관도 없다. 아마도 나무(木)위에 있는 많은 입(口 : ㅂ)을 보고 그렇게 짐작한 것 같다. 이러므로 떠들 조(喿)의 옛 글자로 쓰였던 것이다. 따라서 조(燥:火+喿)는 아주 많은 말을 내뱉으니 목이 탄다(火)는 하나의 언어를 그려낸 것이다. 즉 한국어 속 탄다. 머리 탄다(火+頁)와 같은 유형인 「목이 탄다(많은 말을하면 목이 마르다)」를 형상화 시킨 것이다.

7) 탄(炭) : 「산(山)+회(灰)」의 구조로 산(山)에 있는 타는 것(火)이란 뜻으로 숯과 석탄을 그려냈다. 독음 「탄」도 한국어임을 쉽게 알 수 있다. 이를 어떤 이는 이렇게 해석한다. '탄(炭)은 오랫동안 땅속에서 열을 받아 화석이 된 것을 나타냈다. 이런 자형에서 석탄의 뜻이 나왔다'

8) 걸(杰) : 앞장에서 설명한 걸(傑)과 같은 뜻으로 쓰이는 글자다. 「나무(木)+타다(火⋯)」의 구조로 「나무 탄다」로 읽을 수 있다. 이는 나무가 불에 타는 것이 아니라 사람이 나무에 올라 왔다 갔다하는 행위인 「나무 탄다」는 말이다. 이러므로 사람이 나무를 타고 있는 모습을 더 구체적으로 나타낸 걸(傑)자와 같은 뜻으로 쓰일 수 있는 것이다.

9) 승(勝) : 이기다. ⋯보다 상위(上位)에 있다. 는 뜻이다. 이긴다는 것은 상대보다 상위에 있다는 뜻이다.

그림의 왼쪽부분 글자(片)는 같다. 같이하다. 는 뜻을 나타낸 것으로 나중에 月자로 변한다. 이 뜻 때문에 벗·친구·동반자의 뜻을 지닌 붕(朋)자가 생겨났다. 붕(朋)은 같이 하다. 같이 하는 사람이란 뜻.

소전체의 오른쪽 부분 맨 위는 불 화(火)자로 「타다」로 읽어야 한다. 그 아래에 있는 위로 향하고 있는 손 두 개 (枡)는 떠받친다. 떠받든다. 올린다. 는 뜻을 나타냈다. 그리고 맨 아래쪽 글자(乃)는 오늘날의 힘력(力)이다. 따라서 승(勝)자 즉 이긴다는 것은 「힘(力)을 사용하여 (써서)위로 올라타는 것(枡)과 같다(丬)」는 언어를 그려낸 것이다.

한국어 올라 타다는 굴복(굽히고 엎드리다)과 상대적인 뜻을 지니고 있다.

10) 등(騰) : 오르다의 뜻이다. 위 승(勝)자와 똑같은 구조이나 맨 아래쪽에 힘력(力), 대신에 말(馬)이 있는 점이 다르다. 따라서 등(騰)자는 말(馬)위에 올라타는 것과 같다. 는 말을 형상화했음을 알 수 있다.

즉 오르다. 는 것은 말위에 오르는 행위와 같다는 말이다.

11) 연(燕) : 나라이름. 제비의 뜻으로 쓰인다.
이 글자의 소전체는 다음과 같다.

이 글자가 제비의 뜻으로 쓰이게 되자 후세의 학자들은 이를 제비(燕子)의 날렵한 모양을 그려낸 것이라 해석한다. 그리곤 이를 뒷받침하기 위해 연경(燕京: 北京)에 제비가 많았기에 연경이란 이름을 지니게 되었다는 설명을 덧붙인다.(문화로 읽는 한

자.70p) 그러나 상(商)이 망한지 얼마 안되어 지금의 북경 부근 지역에 연(燕)이란 이름을 지닌 나라가 등장했다. 이러므로 연나라의 중심이 되는 서울을 일러 연경(燕京)이라 하게 된 것이지 제비가 많은 곳이기에 연경이란 이름을 지닌 것은 아닌 것이다.

이 글자는 나왔다는 뜻을 지닌 그림(ㅂ)과 순임금을 의미하는 북(北)자. 그리고 입 구(口)와 타다(火:⋯)로 이뤄져 있다. 따라서 그 뜻은 북(北)즉 순(舜) 임금에게서 타고(火) 나왔음(ㅂ)을 일컫는다(口)이다. 아마도 상(商)이 망한 후 왕족이었던 기자가 동쪽으로 와서 새로 세운 나라가 연(燕)이라 생각된다.

※ 상(商)나라는 순임금의 후손을 주축으로 하여 성립된 나라인데 이는 다음 기회에 밝히겠다.

응용편

1. 측자법(側子法)

글자를 살펴(헤아려) 어떻게 되었고 어떻게 쓸 수 있는지 재어본다는 뜻이다. 그러나 아무렇게나 자기 눈에 보이는 데로 하는 것이 아니고 일정한 법칙에 따라야 한다.

여기서 말하는 측자법은 춘추전국시대 때부터 연구되기 시작하여 주로 길흉화복(吉凶禍福)을 예지(豫知)하기 위한 수단으로 활용되었다.

귀곡(鬼谷)에 거주했다고 알려진 귀곡자(鬼谷子)가 대표적인 달인이었다.

그 이후 수많은 달인에 의해 연구 개발되어와 지금까지 약 20여 종류의 방법이 전해지고 있다.

여기서는 성명학(姓名學)에 필요한 몇 가지만을 다루기로 한다.

(1). 상형측법(象形測法)

이것은 글자와 각 사물의 모양이 서로 같은 상형문자라는 특성 때문에 성립될 수 있는 것으로서 모든 측자법의 기본이 된다. 이 상형측자에도 4가지 방법이 있다.

1) 이물상자(以物象字)

사물의 형상과 글자의 형상이 비슷한 것을 취한다.

◎ 차(且)자의 모양은 무덤 앞에 서 있는 비석과 닮았다.

◎ 책(冊)자의 모양은 난간(欄干)과 닮았다.

◎ 회(回)자는 큰 그릇 속에 들어 있는 작은 그릇과 비슷하다. 또 큰 입(口)속에 들어 있는 작은 입이다.

◎ 을(乙)자는 구부러진 갈고리와 비슷하고 새가 앉아 있는 모양과 비슷하다.

◎ 답(畓)자는 논밭위에 물이 있는 모양이고 땅위에 물이 뒤덮인 모양이다.

그 외의 여러 글자들도 위와 같이 활용한다.

2) 이자상자(以字象字)

글자의 모양이 비슷한 것을 취한다.

예) 住 - 往, 田 - 由, 王 - 主, 王 - 壬, 天 - 夫, 臣 - 巨

3) 이의상자(以意象字)

글자의 뜻에 기대어 그 뜻과 근사한 글자를 취하여 판단의 자료로 삼는다.

실(失)과 흠(欠)은 뜻이 근사하고 상관성이 있다.

4) 이자상물(以字像物)

글자의 모양과 비슷한 사물의 모양을 취한다.

예) 여(呂)자는 입(口)이 아래위로 연결되어 있는 모양이다. 그러므로 입에서 입으로 전달된다.

또 윗사람의 말을 아랫사람이 이어 받아 똑같이 말한다는 뜻이다.

◎ 일(日)자는 두 개의 입이 맞닿은 모양인데 여(呂)자

보다 더욱 밀착된 관계임을 뜻하고 입 맞추다(뽀뽀하다. sex하다)는 뜻이 있다.

　◎ 차(車)자는 사람들이 가마를 들고 가는 모습이고 관(棺)을 들고 가는 모습으로 본다.

　◎ 금(金)자의 모양은 자루 끊어진 우산으로 본다.

　◎ 성(成)자는 산 또는 언덕(戊:土)에서 촛불(丁火)을 켜 놓고 기도하는 모양이다. 또 대장간 불(丁火)로 창(戈)을 만드는 모양이다.

　◎ 가슴에 칼(刀)을 꼽고 있는 형상은 인(忍)자의 상이다.

　◎ 필(必)은 마음이 갈라지고 찢어지는 형상이며 가슴에 못이 박힌 상이다.

　◎ 선(仙)자는 산에 사는 사람이다.

(2). 형성측법(形聲測法)

발음이 비슷하게 나오는 글자를 취하여 그 뜻을 적용시
키는 방법이다.

예) 사(士)는 사(事, 使, 四, 私)와 같은 소리이다.

그럼으로 사(士)자의 뜻 이외에 사(使, 死, 私)의 뜻들을
더한다.

김 사율(金 士律)이라는 이름이 있다면 정해진 규칙(律)
에 따라 일한다.(事. 使)는 뜻으로 해석한다.

◎「비(飛)-비(非)」「부(富)-부(副)」「거(巨)-거(去)」「상식(相識)-상식(常識」「재(在)-재(再)」「추자
(秋子)-춤추다」,「등지자(登知子)-등지다」

실례) 1990년 7월 중순, 무더운 어느 날 자매인 듯한 50대
초반의 두 여성이 찾아왔다. 그 중 예쁘게 생겼고 젊게 보이
는 여인이 먼저 입을 열었다.

'언니! 내가 먼저 물어 볼게'

여인은 자기 나이와 전 등지자(全 登知子)라는 이름을 밝
혔다. 성(姓) 한글자(一子)에 이름 석자(三子)인 일본식 이
름이다. 그녀의 나이를 참작한 필자가 말했다.

'아주머니! 일본에서 태어났습니까?'

'예 그렇습니다.'

'아주머니는 어려선 부모와 헤어지고(등지고) 젊어선 남
편과 등지게 되고 늙어선 자식마저 모두(全) 등지게 되는
아주 불길한 이름인데……, 실례지만 살아온 과거가 어떠했

습니까?'

그녀는 옆에 앉아 있는 언니와 눈을 한번 맞춘 후 아무 말 없이 한숨만 길게 내뿜었고 언니가 대신 말했다.

'야야. 네 이름이 그래서 그런 운명이 왔나본데 이름이나 바꿔보렴.'

등지자씨가 처연한 목소리로 말했다.

'이왕 그렇게 돼버린 것 지금에 와서 이름을 갈면 무엇하겠습니까만 앞으로는 그런 일 없게 좋은 이름이나 뽑아주세요.'

(3). 가필측법(加筆測法)

이 법은 글자의 상하좌우에 다른 글자를 가하여 이루어진 문자를 가지고 그 길흉사상(事象)을 파악하는 것이다.

예1) 日, 一, 昌, 旨, 昔, 春, 香 등
日자 위에 다른 글자를 더하여 이뤄진 예이다.

예2) 心, 一, 忘, 忍, 念, 想, 惡 등
글자 아래에 마음(心)을 더하여 이뤄진 경우

예3) 重+力(動), 木+目(相), 正+攵(政)
글자의 오른쪽에 글자를 더해 이뤄진 글자로 논단한다.
중훈(重勳)이란 이름이 있다면 중(重)자에 역(力)을 더한 동(動)자로 하여 그 이름이 지닌 특성을 찾는다.

예4) 昌(唱, 娼), 每-海, 羊-洋 등 글자의 오른쪽에 글자를 더하여 이뤄진 글자를 가지고 논단한다.

(4). 파자측법(破字測法)

글자를 나누어 놓고 그 나눠진 글자를 앞뒤 글자와 연결시켜 숨은 뜻을 찾아내는 방법이다.

예) 선(仙) : 사람(亻)과 산(山)으로 나누어진다. 따라서 산 사람이란 뜻을 취한다.

석(錫) : 쇠(金)와 쉽다 혹은 바꾸다(易)로 나누어진다. 그럼으로 쇠를 바꾸다, 쉬우나(易) 강하고 야물다(金)의 뜻을 취해 논단한다.

길(吉) : 선비 사(士)와 입(口)으로 나눌 수 있다. 따라서 선비(士)의 입(口)이란 뜻을 얻고 여기서 잘잘못을 따져 신랄하게 비평한다는 연차적인 뜻마저 끌어낸다.

2. 글자가 지닌 오행

중국 문자에는 그 글자만이 지니고 있는 오행(五行)이 있다.

(1). 金으로 이뤄진 글자는 오행 중의 금(金)으로 본다.
예) 鎭, 錫, 鈺, 鏡 등등

(2). 木이 들어 있는 글자는 목(木)으로 본다.
예) 相, 林, 權, 和, 秀 등등

(3). 火가 들어 있는 글자는 화(火)로 본다.
예) 日, 煥, 燮, 明, 昌, 宣, 桓 등등

(4). 土가 들어 잇는 글자는 토(土)로 본다.
예) 基, 陸, 崔, 岩, 田, 垠, 艮 등등
간(艮)자에 토(土)가 없으나 산(山)을 뜻하므로 토(土)로
본다.

(5). 水가 들어 있는 글자는 수(水)로 본다.
예) 海, 淑, 泰, 洪, 泉, 井, 龍, 魚 등등
용(龍)과 어(魚)는 수(水)가 들어간 글자는 아니나 물(水)
과 밀접한 관계가 있으므로 물로 본다.

이상의 경우 외에 다름과 같이 파악한다.

① 토(土) : 戊, 己, 辰, 戌, 丑, 未자가 들어 있는 글자는 토(土)로 본다. 또 中, 央, 信, 五, 十자는 오 행상 토(土)로 분류된다.

② 금(金) : 申, 酉, 庚, 辛은 십간십이지(十干十二支)에서 금(金)에 속하므로 이 글자들로 구성된 문자는 금(金)으로 본다. 西, 義, 車, 秋, 實, 百, 四, 九는 그 뜻이 금(金)에 속하므로 금(金)으로 본다.

③ 수(水) : 亥, 子, 壬, 癸 자가 들어간 글자는 水로 본다. 比, 黑, 智(知), 玄, 六, 一, 腎, 魚, 冬자는 수(水)에 속한다.

④ 목(木) : 寅, 卯, 甲, 乙 은 木이므로 이 글자로 이뤄진 글자는 목(木)으로 본다. 春, 東, 仁, 靑, 三, 八 등도 목(木)으로 본다.

⑤ 화(火) : 巳, 午, 丙, 丁 의 글자가 들어간 것도 화(火)로 보며, 禮, 豊, 南, 心, 二, 七, 夏의 글자도 화(火)로 본다.
　글자에 들어있는 이 오행(五行)은 첫째로는 사주팔자(四柱八字)에 연관시켜 활용한다.

예를 들면 겨울(冬)에 태어나 불(火)이 필요한 사주팔자에는 화(火)를 뜻하는 글자를 써서 작명(作名)을 하여 그 모자란 기운을 보충해 주어야 한다.

거꾸로 여름에 태어난 물(水)이 필요한 사주(四柱)에는 물(水)을 뜻하는 글자를 써야 팔자(八字)에 적합한 것이다. 그러나 이런 활용은 사주팔자를 정확히 읽을 줄 아는 능력이 있어야 함으로 초심자들은 함부로 적용하면 안된다.

둘째로 다음과 같이 활용한다.
예 1.

金
泳
三

왼쪽의 성명은 金 (金) 泳(水) 三(木)으로 구성되어 금생수(金生水) 수생목(水生木) 으로 (위에서 아래로) 상생의 기운이 잘 흐르고 있다.

예 2.

李
錫
煥

성(姓)이 (李)는 木, 석(錫)은 金, 환(煥)은 火이다. 따라서 이 이름은 아래에서 위로 火剋金, 金剋木 아랫 사람이 나를 치며 나 또한 위(上)를 극하는 상이 되어 불길하다.

예 3.

李
承
晩

이(李)는 木이고 승(承)은 오행이 없으므로 이어지다(계승하다)라는 뜻만 취한다. 만(晩)은 日자가 있으므로 火에 속한다. 木의 기운이 이어져(承) 火(日)에 접속되어 상생하고 있다.

예 4.

성(姓)은 금(金)이고 중간자 대(大)는 오행이 없으므로 크다는 뜻만을 취한다. 중(中)은 土에 속한다. 따라서 아래에 있는 큰 토(土 : 中)가 위에 있는 金을 생(生)해주고 있는 형태로 기(氣)가 통하는 이름이다.

金大中

아랫사람의 득이 많은 이름이다. 또 大中은 大 衆 과 같은 소리이다. 그러므로 대중(大衆)이 金氏을 생해주는 상이다.

이름 각 글자에 들어 있는 이런 오행을 내오행(內五行)이라 부르며 외오행(外五行)인 음오행(音五行)과 내외상보(內外相輔) 관계가 되어 운명에 영향을 주게 된다.

예를 들면 다음과 같다.

예 1.

왼쪽의 이름은 성(姓) 송(宋)이 木이고 옥(玉)은 土며 리(利)는 木이다. 상하(上下)에 있는 두 목(木)이 중간에 있는 土를 剋하므로 내오행(內五行)의 구성이 아주 흉하다. 그러나 외오행인

宋玉利

음오행(音五行)을 보면 송(宋)은 金이고 옥(玉)은 土며 리(利)는 火에 속한다. 그러므로 火(리) 生 土(옥) 토 생 金(송)으로 아래에서 위로 상생되어 기(氣)가 통하고 있다. 따라서 내부의 기는 통하지 않아 평생 위장병(木剋土는 위장병)으로 고생한다.

외오행이 상생됨으로 남 보기에는 (外面的)으로 편안한 삶을 누리게 된다.

　예 2.

```
┌─────┐
│  金  │
│  大  │
│  中  │
└─────┘
```
　이 이름의 음 오행은 김(木) 대(火) 중(金)으로 구성되어 木生火하나 火剋金이 되어 별로 좋지 못한 구조의 이름이다. 그러나 내오행이 金(金氏) 土(大中 : 中은 土)로 구성되어 아래에서 위로 상생되는 구조이다. 이렇게 기(氣)가 통하므로 외적인 고난을 이겨내고 성공할 수 있었던 것이다.

　예 3.

```
┌─────┐
│  盧  │
│  武  │
│  鉉  │
└─────┘
```
　외오행(外五行)인　음오행은「노」가　火, 「무」는 水, 「현」은 土이다. 바로 火水土의 구성으로 土剋水 水剋火가 되는 상극이다. 그러므로 음오행으로만 감정하면 아주 불길한 이름이다. 그러나 내오행(內五行)으로 보면 盧는 土, 武는 金, 鉉자 역시 金이다. 바로 土生金의 구조이다. 이러므로 외적인 어려움을 이겨낼 수 있는 힘이 있는 것이다.

　※ 盧자엔 田이 들어있으므로 오행은 土가 되며 武자는 창(戈)이 들어있는 글자이므로 金으로 보며 鉉은 「쇠(金)+감다(玄)」의 구조로 金이며 水(玄 : 검은색은 水)에 속한다.

예 4.

| 朴
正
熙 |

이 이름의 음오행은 수(朴) 金(正:정) 土(희)
의 구조로 아래에서 위로 상생되고 있다. 내오
행(內五行) 역시 木(朴) 火(熙)로 상생이 되어
기(氣)가 통하고 있다.

예 5.

| 鄭
周
永 |

이 이름의 음오행은 金(정) 金(주) 土(영)로
상생의 구조다.
내오행(內五行) 역시 金(鄭) 水(永)의 구조로
상생되고 있다.

※ 周는 널리 씨 뿌리는 모양을 그려낸 글자($\unicode{x8318}$)로서 오
행이 없다.

永은 물(水)이 길게 흐르는 모양을 상형한 글자이므로 오
행은 水에 속한다. 따라서 좋은 이름이라 할 수 있다. 더욱
이 나라(鄭)에 널리 오랫동안 씨를 뿌린다는 뜻까지 있어
대업을 이룰 수 있었을 것으로 생각된다.

3. 글자의 성명학적 풀이

여기서 소개하는 문자에 대한 해석은 앞에서 잠깐 설명한 측자법(測字法)에 따른 것으로 오랜 세월에 걸친 필자의 경험이 포함된 것이다.

작명과 해명(解名)에 활용해 보면 그 적중률에 놀라움을 금치 못할 것이다.

◎ 인(仁) : 「사람(人)+두이(二)」의 구조다. 여러 사람 즉 더불어 사는 사람을 그려 더불어 사는 마음가짐을 나타낸 것이다.

남에게 베풀기 좋아하며 내심은 투쟁적이고 강하다. 모임(會)에 참여 잘하며 남과 더불어 움직이는 성격이다. 부부 운은 대체로 불길하여 재혼하거나 애인을 두는 경우가 많다.

◎ 대(代) : 대신한다는 뜻이다. 「사람(亻)+주익(弋)」의 구조다. 주익(弋)은 줄달린 화살을 말한다. 줄 달린 화살을 쏘게 되면 그것에 맞은 사냥감을 주우러 갈 필요 없이 줄만 잡아당기면 된다. 이런 뜻으로 사람을 「대신하다」가 된 것이다.

인명(人名)에 이 글자를 쓰면 수술 부상 등이 따르고 동료에 의해 피해를 많이 당한다. 성격은 끈덕지며 연대의식이 강하다.

◎ 이(伊) : 「사람(亻)+윤(尹)」의 구조다.

저것이것의 뜻으로 쓰이며 답답하다의 뜻도 있다.

포악하고 사사건건 간섭 잘하는 배우자를 만나기 쉽다.

이것저것 여러 직업에 종사함이 많고 남의 피해를 많이 당하게 된다.

성격은 착하며 매몰차게 결단을 내리지 못하고 우왕좌왕함이 많다.

◎ 임(任) : 맡기다. 믿다. 의 뜻.

인정 많고 눈물도 많다. 여성은 생리(生理)에 이상이 많이 생기고 자궁(子宮)에 유산 낙태가 많이 따른다. 남의 짐을 대신 짊어지게 되고 교육가, 보육사 등의 직업에 종사함이 많다.

약속과 신용을 잘 지키나 수틀리면 제멋대로 행하는 성질도 있다.

◎ 선(仙) : 세속의 험한 바람을 많이 받으며 항상 고독을 많이 느껴 유혹에 약하다. 산(山)자 들어간 지명(地名)에 인연이 많으며 신(神)을 모시든지 공줄이 심한 집안 태생이 많다. 영감(靈感)이 뛰어나며 물에 관계된 직업이 좋다. 배우자 운이 매우 불길하다.

◎ 금(今) : 급한 성격이 있으며 항상 남과 합(合)이 되려하나 화합이 되지 못하는 일이 많다. 그럼으로 가정적으로

행복하지 못하고 할 말을 다 못하고 사는 삶을 누리게 된다.

시작은 잘하나 끝맺어지는 일이 없게 되고 배우자의 득이 없어 자신이 벌어 온 식구를 먹여 살림이 많다. 생각과 공상이 많으며 말(口)로서 돈을 버는 직업에 종사함이 많다.

◎ 개(介) : 사람사이에 끼어 있다는 뜻이다.

꼿꼿하고 야문 성격이나 인덕이 없어 키운 개에게 발등 물리는 격이다. 많은 사람사이에 있으나 항상 고독을 많이 느끼고 배우자 운이 불길하다. 밖으로 멀리 보는 안목이 부족하고 고집이 세다.

◎ 령(슈) : 자존심이 세며 함부로 아무 말이나 내뱉지 않는 성격이다.

깔끔하여 정리정돈을 잘한다. 생각이 깊고 정신적인 면을 강조하는 성격이나 복부나 자궁에 수술이 따르며 자식이 귀하다.

◎ 백(伯) : 맏이의 이름에 많다.

책임감이 강하고 남의 일에도 앞장을 서는 활기찬 성품이다.

자신의 가정엔 소홀함이 많으면서도 남의 일은 잘 해주는 경우가 많다. 우물쭈물하는 것을 싫어하고 어두운 것을 밝히려는 밝은 성품이다.

이 글자는 원래 바깥 사람(外家人) 및 사돈을 뜻하다가 뒤에 와서 벼슬이름. 맏(長)의 뜻으로 쓰이게 되었다.

◎ 휴(休) : 「사람(亻)+나무(木)」의 구조로 사람이 나무 밑에서 쉰다. 는 뜻이다.

신체가 허약해지며 만사가 도로무공이 되는 불길한 글자로 이름자엔 쓰면 안된다. 한숨쉬는 소리인 「휴」와 같으므로 근심 걱정이 떠나지 않는다.

◎ 우(佑) : 옳다고 생각하면 끝까지 밀어 붙이는 기질이 많다.

적과 내편을 가르는 흑백논리를 주장하게 되고 편향적이다. 그러나 자기의 마음에 들면 아낌없이 잘해주는 형이므로 주위엔 항상 사람이 많이 따른다. 물론 적도 많이 만드는 경우가 많다. 언변이 좋고 인물도 좋은 경우가 많다.

◎ 가(佳) : 아름답다. 좋다는 뜻이다.

꺼진 불도 다시 살펴보는 성격으로 꼼꼼하고 빈틈이 없다. 다소 급한 성격에 꾸미는 것을 좋아하고 저축심이 강하다. 사랑을 하면 불붙듯이 하는 정열을 감추고 있으나 보수적이고 고지식한 성격이다.

부동산, 토지 등으로 치부할 수 있으나 큰 재물은 이루기 어렵다. 신체는 허약하므로 건강에 항상 유의해야 한다.

여성은 팔자가 험하며 사랑에 속고 돈에 우는 경우가 많다.

◎ 중(仲) : 가운데(中) 사람이란 뜻이다. 차남(次男)의 이름에 많이 쓴다.

두뇌회전이 빠르며 언변이 유창하다. 분리와 이별이 따르는 글자다. 따라서 결혼운도 그러하고 사회생활 역시 그러한 경우가 많다.

다리가 아프거나 부상을 당하게 되는 경우가 많다. 사람 가운데 중심이 되려하나 대중(大衆) 속에서 활동하는 직업에 인연 있다.

◎ 백(佰) : 「사람(亻)+백(百)」의 구조다.

백 사람의 어른(長)이란 뜻이다. 그러므로 무리 가운데에서 두각을 나타내게 되고 어른 대접을 받는 일이 많다. 아랫 사람의 일을 내일처럼 챙겨주므로 사람들의 신망을 얻기도 한다. 그래서 좋은 운은 일시적이고 머물러 있음이 많다.

모음(會)에 관여함이 많고 남의 길흉사엔 꼭 참석하려는 성품이다.

군인, 경찰, 교사 등에 종사함이 많고 여관업을 하기도 한다.

◎ 래(來) : 나무 뿌리위에 두 사람(二人)이 올라 서 있는 모양의 글자다.

보리(麥)의 본래 글자였다. 역경을 이기고 나오는 끈기와 투지가 있다.

두 사람이 서로 마주보고 있는 모양이므로 경쟁자가 항상 따르며 최고의 경지에 오르긴 어렵다. 결혼은 재혼 격이

며 시비와 구설이 많이 따른다. 평생 이동수가 많으며 수술
과 부상이 따르는 글자 운이다. 역경에서도 희망을 잃지 않
는 강한 정신력이 있다.

◎ 시(侍) : 「사람(亻)+절사(寺)」의 구조다.

사람을 따라 다니며 모신다는 뜻이다.

종교 특히 불교와 인연이 많다. 행동거지가 겸손하고 눈
치가 빠르다. 흐름을 읽는 안목이 있고 대세에 순응하는 기
질이다. 손(手)을 움직이는 일에 소질이 있으며 완력이 세
다. 신분 상승에 대한 욕망이 강하며 소성(小成)은 할 수 있
으나 대성(大成)은 어렵다.

◎ 준(俊) : 「사람(亻)+높을 준(夋)」의 구조로 보통사
람보다 높게 된 사람을 뜻한다.

인생행로에 넘기 어려운 시련이 많이 닥치는 경우가 많
다. 따라서 불굴의 의지가 있으면 성공할 수 있다.

◎ 신(信) : 온후독실한 성품이며 종교인이 많다.

언변이 좋고 남에게 믿음을 줄 수 있는 언행을 한다. 무
리 중에 중심이 될 수 있는 운이며 언론, 출판, 외교 등에
종사자가 많으며 문예방면에 진출함도 많다. 약방의 감초같
은 역할을 함이 많다.

비장과 위장은 좋으나 신장 방광계통이 약하다.

◎ 협(俠) : 큰 사람(大) 좌우에 두 사람이 있고 그 옆에 또 사람이 있는 글자다.

이러므로 많은 사람 속에서 생활하며 큰 사람 역할을 하려하게 한다. 의리 있고 불의를 보면 못 참는 성격이다. 다리에 부상수가 있으며 관절이 약하다. 협동적이며 솔선수범하는 기질이 있다. 별일 아닌 것으로 남의 구설수에 만이 오르게 된다.

◎ 보(保) : 「사람(亻)+어리석을 매(呆)」의 구조다.

때묻지 않은 소년 소녀 같은 마음이 있으나 이로 인해 남에게 바보스럽게도 보이기도 한다. 감수성이 예민하여 감정이 격해지기 쉽고 눈물이 많다.

입(口)을 삐쭉 내미는 사람이란 뜻도 있다. 부부 운이 좋지 못하여 폭언 폭행을 많이 당하므로 가급적 이름자엔 쓰지 않음이 좋다. 사람 등에 업힌 애기라는 뜻도 있다.

◎ 수(修) : 빛나는 사람이 되도록 힘써 노력해 간다는 뜻에서 '딱다. 수행(修行)'의 뜻으로 쓰이게 된 글자다.

깔끔하게 정리정돈을 잘하며 남에게 더러운 꼴은 보이지 않으려 하는 성격이다. 배우자 운이 안 좋으며 매사에 한번에 이뤄지질 않는다. 학업 역시 재수(再修) 삼수(三修)가 많다. 재물운도 부족하고 인덕도 약하다. 알뜰한 삶을 살고자 하는 노력형이다.

◎ 륜(倫) : 사람과 하나 되기 위해 지켜야할 여러 개의 규율을 그려낸 글자다.

사람이 나와 하나 되고자 사사건건 간섭하고 얽매어 놓으려 하는 일이 많다. 특히 인륜지 대사(人倫之大事)인 혼인이나 연애시에 더욱 그렇다.

짜증은 많이 내고 생각이 많다. 결단력이 약해 우물쭈물하며 혼자서만 고민하는 성격이다. 남에게 억제를 많이 당하는 글자 운이므로 이름자엔 쓰지 않음이 좋다. 자유로움을 상실당하기 때문이다.

◎ 의(倚) : 기댄다. 의지한다. 는 뜻이다.

「사람(亻)+기이할 기(奇)」의 구조다.

이러므로 사람에 의지하려하게 되고, 종교나 정신세계에 빠져 마음의 허전함을 메꿀려하게 된다. 기이한 사람이란 뜻이므로 남다른 행동을 하기도 한다.

그러나 인관관계를 잘 가지려하고 남을 잘 봐주는 어진 성품이 많다. 대인(對人) 업무에 종사함이 많다.

◎ 건(健) : 굳세다. 건강하다. 의 뜻이다.

창조적인 성품에 노력형이다. 누이 좋고 매부 좋은 격을 지향하며 항상 바쁘게 설치나 이익은 적다. 붓과 인연이 있고 학문, 토목, 건축, 디자인 등에 종사함이 많다. 남자 이름엔 괜찮으나 여자 이름엔 좋지 않다. 제 역할을 하기 힘든 남편 운이 없기 때문이다.

◎ 부(傅) : 심성이 착해 자신의 이익보다 대중의 이익을 먼전 생각한다. 이러므로 자기의 것을 남에게 두세 번 내어주기도 하며 큰 세력에 빌붙기도 한다.

두세 번 결혼하는 운이며 치밀하고 꼼꼼하여 기록하기를 좋아한다.

◎ 걸(傑) : 남다른 재주가 있다.

좌충우돌하는 저돌적인 성품이므로 어느 쪽으로 갈지 헤아리기 어려운 돌발적인 행동을 하는 경우가 많다.

시원시원한 성격에다 적은 일(小事)은 그냥 넘어가는 허점도 있다. 술을 좋아하고 여자를 좋아한다. 큰 성공은 어렵고 남에게 나쁜 놈이란 손가락질을 받기도 한다.

◎ 억(億) : 자신의 뜻을 세우기 위해 억척스레 노력하는 성품이다.

그러나 인생행로에서 억울한 일을 많이 당하며 '억'하고 쓰러질 염려가 있는 글자다. 기막힌 일을 당하기도 하며 뇌졸중, 심장마비 등의 질환을 조심해야 한다.

사람이 자신의 마음 밖으로 내세우다. 는 뜻이 있으므로 남의 잘 잘못에 대해선 곧바로 지적하는 당찬 기질이 있게된다. 부모 운이 약하여 자수성가함이 많다. 멀리 살피는 지혜도 있으며 경우가 바르다.

◎ 윤(允) : 상에서 하(下)로 진행되는 질서를 신봉한다.

무리 가운데서 어른 노릇 하려하고 목소리가 크다.

맏이(長男)의 역할을 많이 하며 상대를 윽박질러 따르게 하려는 경향이 많다. 말띠(牛生)와 연인이 많고 김(金) 허 (許) 씨와 연분이 많다.

◎ 원(元) : 두 사람이란 뜻이다.

즉 남녀 두 사람이 있어야만 인간 삶이 계속이어 질 수 있는 근원이 된다는 뜻이다. 즉 인간의 삶이 계속되는 첫째 요소가 남녀 두 사람이란 뜻이다.

이러므로 사물의 비롯됨. 물질의 근본적인 것(元素).

첫째 으뜸 등의 뜻이 따르게 된 것이다.

장남과 장녀의 이름에 많이 보이는 글자다.

밑바탕과 원리원칙을 따지기 좋아하나 원만한 가정을 지 니긴 어려운 글자 운이다. 소유욕이 강하고 질투가 많은 성 정이다.

◎ 선(先) : 깔끔한 성격으로 씻고 닦고 수리하기 좋아한다.

무리 중에서 앞장서기 좋아하는 기질이 있으며 목소리가 크다. 자신의 과오가 있는지 뒤돌아보는 형이며 입(口)으로 먹고 사는 직업에 인연이 있다.

◎ 광(光) : 빛나는 사람을 그려낸 글자다.

장남장녀에 많이 나타나며 초년 운이 불길하다. 명예욕이 강하고 할말은 꼭하고야 마는 성품이다. 별것 아닌 것도 제법 쓸만한 것으로 만드는 재주가 있다.

문화, 언론, 법조계 종사자가 많다.

◎ 태(兌) : 기쁘다. 바꾸다. 등의 뜻이 있다.

혁신적인 기풍이 있어 초라한 것도 보기 좋게 만들려 한다. 술(酒)을 좋아하고 감상적인 마음이 많으며 때로는 변덕스럽게 보이기도 한다. 변화시키는 재주가 있다. 온화하게 보이나 내심은 강하고 과단성이 있다. 금융업, 금속제조업, 군인, 경찰, 화가(조각), 등의 업에 종사자가 많다.

◎ 충(充) : 「살찌울 육(育)+사람(亻)」의 구조다.

사람의 머리 꼭대기까지 살이 차올랐다는 것을 그려낸 것이다. 즉 꽉 차올랐다. 꽉 차다. 는 뜻을 이렇게 나타낸 것이다. 지성(知性) 함양에 힘쓰는 형이다. 자신있는 것은 말하나 약간이라도 모자란다 싶으면 잘 내보이지 않는 신중한 성격이다.

◎ 종(宗) : 제사지내는 집을 그려낸 것이므로 장남과 장손(長孫)에 많이 보이는 이름자다.

집(宀)안에 보일시(示)가 있는 구조이므로 겉치레보다는 실속을 중히 여긴다.

어른 대접 받는 것을 좋아하나 애처가 또는 공처가가 많다. 남에게 내보이기 좋아한다. 돈 있는 척, 마음 넓은 척,

착한 척 한다.

◎ 우(宇) : 빈손으로 일가(一家)를 이루기도 하나 말년이 좋지 않다. 주위를 살피는 안목이 뛰어나고 흉금도 넓어 만 사람을 포용한다.

이어질 때는 계속 호운(好運)을 맞이하나 한번 끊기게 되면 복구하기 힘든 글자 운이다. 이것과 저것 이쪽과 저쪽을 연결해주며 막힌 곳을 통하게 하는 재주가 있다.

◎ 택(宅) : 아랫사람의 일을 잘 돌봐주며 남의 부탁을 잘 들어준다. 큰집과 인연이 있어 큰 부자라는 소릴 들을 수 있는 재운이 있다.

노년 운이 좋지 않고 건강 운 역시 좋지 않은 글자다.

◎ 수(守) : 세밀하고 꼼꼼한 성격이므로 좀체 실수가 없는 형이다. 재치와 눈치가 빠르나 자기 중심적이다.

남의 실수와 잘못을 지나치게 꼬집는 경향이 있고 보수적이다. 의처증 있는 경우가 많다.

◎ 안(安) : 처(妻)가 밖으로 나다니는 것을 싫어한다.

세심하고 빈틈없는 성격으로 심중의 말을 선뜻 내보이지 않는다. 비밀이 많은 타입이다.

보신(保身)하는 재주가 있고 자신의 영달과 이익을 위해서는 수단과 방법을 가리지 않는다. 큰 바람 한번에 모든 것이다 날아가고 감췄던 실체가 다 드러나는 운을 지니고 있다.

◎ 완(完) : 장남의 글자며 집안의 기둥 역할을 한다.
좋은 일이든 나쁜 일이든 매듭짓는 역할을 하게 된다.
집(宀)안에 두 사람(元)이 있는 구조이므로 서로 완전함
을 주장하여 시기쟁론을 부르기도 한다.
무엇하나 빈틈을 보이지 않으려는 철저한 성품이다.

◎ 의(宜) : 집(宀)안에 또 차(且)가 있는 구조다.
차(且)자는 원래 남자 성기를 상형한 글자(且)였다. 그
리고 그 모양이 무덤 앞에 서 있는 비석을 닮았고 우리 불
룩 솟은 모자를 닮았다. 그러므로 정력이 강하며 여자를 가
까이 함이 많고 여자도 잘 따른다. 또 집안에 흉사(凶事)가
많이 생기게 되고 집안에서 감투를 쓰고 여러 사람을 내려
다보는 격이다.
초년 운이 불길한데 특히 부모와 일찍 이별함이 많다.

◎ 관(官) : 사람을 올바르게 뒤따르도록 하는 집이란 뜻
이다.
관(官)이 민(民)을 이끌고 가던 시대상을 반영한 글자다.
권력 지향적이나 관운(官運)은 그리 좋지 않다. 권위적이
고 독선적인 성격이 있으므로 남과 화합하기 어렵다.
나무목(木)이 붙게 되면 널 관(棺)이 되므로 불길함을 암
시하고 있다. 가족중에 불구(不具)나 흉사(凶事)가 많이 나

타난다.

◎ 정(定) : 집(宀)안에 발을 펴고 쉬고 있는 모양을 그려
낸 글자다.

그러므로 활동력이 약하고 투쟁보다는 안거(安居)함을
좋아한다.

깊은 지혜가 있고 시끄러운 일은 질색이다. 혈액순환관계
의 질병이 많이 따른다.

◎ 선(宣) : 표현력이 좋고 경우가 바르다.

언론, 출판, 홍보, 이벤트 등에 종사함이 많다.

운우지정(雲雨之情)을 좋아하고 배우자의 기분을 잘 맞
춰준다. 그러나 여자에겐 성적으로 무능력한 남편에 인연
있거나 애인을 두게 되는 경우가 따른다.

남녀 모두 헛돈 쓰지 않는 알뜰한 성격이나 남에게 과시
하기 좋아한다.

◎ 환(宦) : 벼슬의 뜻이나 환관(宦官) 즉 부랄(불알)없는
내시를 말함이다.

그럼으로 이름자엔 쓸 수 없는 글자다.

신(臣)자는 눈알의 초점이 아래쪽에 있는 글자(ε)에서
변화된 것이다. 그러므로 환(宦)은 집안에서 눈을 내리 깔
고 있는 모양이고 가정에서나 사회조직에서 눈 아랫사람
역할을 하게 된다. 말수가 없어 그 사람의 본심이 무엇인지

대중 잡기 힘들다.

◎ 부(富) : 집안에 물건이 수북히 쌓인 모양을 그려낸 글자다. 그러므로 알뜰한 성품이다.

마음은 너그럽고 남의 결점을 받아들일 줄도 안다. 남이 뭐라하든 묵묵히 자기 일에만 종사하는 형이다.

큰 재물 운은 없으나 의식은 걱정 없는 글자 운이다. 위장과 비장 그리고 신장 방광의 질환에 잘 걸린다.

◎ 실(實) : 집안에 꿰어진 돈 꾸러미가 있는 모양을 그려 알차다. 튼실하다. 의 뜻을 나타냈다.

어려서 부모 운이 좋지 못하다. 외형보다 내실을 기한다.

부지런하고 검소하나 악착같은 점도 있다. 겉보기는 어수룩해도(볼품없어도) 복잡한 일을 잘 정리 정돈하는 지혜가 있으며 끈기도 있다.

◎ 관(寬) : 너그럽다. 용서하다. 는 뜻이다.

살피고 또 살펴 그 허실 선악을 구별하는 안목이 있다. 자신의 소견대로 밀고 나가는 형이다.

활동력이 좋아 자신이 본대로 행동한다. 법조인, 연구직, 종교인 등의 업에 적합하다. 쉽게 잘 받아들이나 수틀리면 요지부동이다.

복부 수술이 따르며 사회 운과 재물운도 좋은 편이다.

◎ 보(寶) : 사람을 쉽게 믿지 않고 일단 의심부터 한다.

경계심이 강해 쉽게 친해지기 어려운 성품이다. 의부증, 의처증 있는 배우자와 인연이 많다. 야물고 야물어 좀처럼 내놓지 않는 성격이다.

◎ 일(日) : 십간(十干)으로 丙에 해당된다.

하늘의 태양이므로 한 방면에 있어서 상당한 영도적 위치를 차지한다. 경쟁자를 싫어하고 독단적이고 권위적이다. 눈 시력이 나빠 안경을 쓰게 되고 그렇지 않으면 눈을 자주 찡그리게 된다.

이처(二妻)의 운이며 여성관계 복잡하다. 남들이 부러워해도 본인은 항상 고독을 많이 느낀다. 여름에 태어난 사람에겐 적합지 않은 글자다.

◎ 명(明) : 태양(日)을 적고 달(月)은 크게 되어 있는 구조다. 따라서 여자에게 있어서는 남편 운이 불길하다. 남편의 정력이 약하든지 능력이 부족하여 가정불화가 많이 따른다.

자신의 존재를 나타내려는 욕구가 강하다. 성격은 시원시원한 점이 있고 통이 크다. 외면은 화려해도 항상 어두운 그림자가 따른다. 남자에게 있어서는 공처가, 애처가가 많고 부드럽고 여성적인 성품이 많다.

가을과 겨울에 출생한 사람에겐 적합한 글자다.

◎ 호(昊) : 하늘 위에 태양이 떠 있는 구조다.

끝없이 하늘에 태양이 홀로 빛나고 있는 상이다. 눈이 부셔 눈 시력이 약해지기 쉽고 땀이 많다. 음료를 좋아한다. 고독하고 객사(客死) 변사(變死)의 암시가 있는 글자다.

하나의 사랑, 하나의 빛(光明)을 위해 두 사람이 함께하고 있는 모양이므로 삼각관계, 동업관계가 많이 일어난다. 여름 태생에겐 좋지 않은 글자다.

◎ 시(時) : 「날(日)+절사(寺)」의 구조다.

불연(佛緣)이 많은 집안 출생이 많고 산수(山水)를 즐기는 우아한 품성이 있다.

시간관념이 강하고 남에게 지식 전달 잘한다. 언행이 신중하고 마음이 맑고 깨끗한 경우가 많다.

절(寺)에서 입(口)을 맞추었다는 뜻도 있다. 사(寺)자는 높이 받들려지는 곳이란 뜻이 있다. 즉 옛날엔 백성들이 뒤따르도록 본보기가 되는 곳이 사(寺)였다. 그러므로 날, 시간을 뜻하는 일(日)이 더해진 시(時)자는 사(寺)에서 알려주는 「때」라는 뜻을 나타낸 것이다.

◎ 성(星) : 기도해서 놓은 사람이 아니면 칠성(七星) 공줄 있는 집안출생이 많다.

시간관념이 정확하고 어떤 조직이던지 이 사람이 있으면 활기(活氣)가 생겨난다. 한 가지 남다른 재주가 있다. 섹스(sex)를 좋아하며 많은 여성에게 호감을 산다. 이름 구조가 나쁘면 두 번 세 번 결혼하는 글자 운이다.

◎ 경(景) : 「일(日)+서울 경(京)」의 구조다.

서울에서 입 맞추다는 상의(象意)다. 연애, 섹스의 뜻이 있다. 세련된 옷차림을 하며 감상적인 성격이다. 영화, 연극, 사진, 디자인, 화가, 문학 등의 직업에 적합하다.

남자는 공상과 상상력이 풍부하고 항상 입신(立身)에 대한 욕망을 지니고 있으며 잘못된 것과 어두운 부분을 밝히려는 혁신적 기질이 많다.

◎ 영(映) : 태양이 한가운데(央)에 비친다는 뜻에서 비치다. 빛나다. 는 뜻이 따르게 되었다. 무리가운데에서 빛나려는 욕망이 강하다.

신장, 방광계통의 질환에 걸릴 확률이 높다. 영화, 사진, 화가, 예술인 등의 직업에 종사함이 많다.

◎ 소(昭) : 밝다. 빛나다. 는 뜻이다.

사물의 본질을 캐내는 재주가 있으며 경우가 바르나 남의 잘못은 칼날처럼 비평한다. 어물어물 넘어가는 것은 못 봐주고 분명함을 좋아한다. 그러나 여자에 있어선 불리어가(召) 입 맞춘다(日)는 상의(象意)가 있으므로 좋지 않은 글자다.

유흥업소, 언론, 출판, 기자(記者) 등에 종사함이 많다.

◎ 창(昌) : 말 잘하고 또는 노래 잘한다. 날카롭고 예리한 창(戈)같은 기백이 있다. 목소리가 크다. 목소리를 크게 낸다. 는 특징이 있다.

천하는 밝아야 된다. 천도(天道)는 이래야 된다며 크게 입 벌려 말하는 상이다.

그러나 여자(女)가 있으면 몸팔 창(娼)이 되므로 이름의 구조에 따라 그 길흉사상을 파악해야 한다. 변호사, 언론인, 혁명가, 학자, 출판업, 법조인등이 많으며 격이 나쁘면 시정잡배가 많다.

◎ 욱(旭) : 「아홉 구(九)＋날(日)」의 구조다.

운세가 좋을 땐 한없이 치솟다가 갑자기 욱하고 떨어지는 글자 운이다.

아홉 번 입을 맞춘다는 상의가 있으므로 이성 관계가 복잡해지며 여름 태생은 더욱 심하다. 성격은 차분하다가도 욱하고 치밀어 오르면 물불 안 가린다.

남을 깔보는 성격도 있다.

◎ 민(旻) : 태양(日) 아래에 빛나는 무늬(文)가 있는 구조다.

화려함을 좋아하고 꾸미길 좋아한다. 또 태양아래에 사람(文은 사람의 형상임)이 서 있는 모양이다. 그러므로 더위를 많이 타서 땀을 많이 흘리는 편이다. 겨울과 가을 태생에게 쓸 수 있는 글자다. 그러나 「민」이라는 우리말은 부풀어 반전되지 않은 상태, 꾸밈이 없는 원형 그대로라는 뜻이 있기에 이런 성격도 있을 수 있다.

민짜 : 꾸밈없는 그대로의 상태를 말한다.

민며느리 : 아직 다자라지 않은 어린 여자를 받아들여 며느리로 삼는 것.

민하다 : 약삭 빠르지 못하고 행동이 민첩치 못하다.

◎ 승(昇) : 「태양(日)+오를 승(升)」의 구조다.

태양이 올라갔다. 또 태양을 두 손으로 받들어 올린다는 뜻이다.

태양처럼 빛나는 것을 받들어 모신다는 뜻으로도 해석됨으로 권위에 추종하게 되고 빛나게 함을 선망하게 된다. 예술(영화, 연극, 무용, 미술) 방면에 소질이 있으나 영화(榮華)는 일시적이다.

◎ 춘(春) : 봄은 양기(陽氣)가 바야흐로 사방으로 발산하는 계절이다.

이러므로 일찍 이성에 눈뜨게 되며 조달(早達)하는 경우가 많다.

쉽게 기분이 들뜨게 되고 남과 어울리길 좋아한다. 매우 화려한 것 같지만 내실은 없는 경우가 많다. 봄꽃이 만발하면 뭇 벌레가 모여든다. 따라서 다양한 부류의 사람과 교제하게 된다. 초년에 부모 운이 좋지 못하여 이별 아니면 사별(死別)이 많다.

삼형제격의 장남이 많으며 그렇지 않으면 형을 대신하는

역할을 하게 된다.

많은 사람과 어울리는 것을 좋아하며 술도 즐기게 된다. 연예계. 예술계. 등에 진출함이 많으나 이름 구조가 나쁘면 쓸모없는 인물이 되던지 화류계로 빠지기도 한다. 본성은 순박하고 착하며 남을 위해 일하기 좋아한다.

◎ 욱(昱) : 태양이 솟아 올랐다는 뜻이다.

욱일승천(昱日昇天)의 기세가 있으며 동쪽 및 동(東)자와 인연 있다.

동쪽산봉우리 위에 태양이 나타나 있는 형상이므로 새(新)로운 것에 관심이 많고 남자는 양기가 좋아 여성 편력이 심하게 된다.

구름(雲)과 비(雨)를 만나면 해(日)가 빛을 잃게 됨으로 스캔들로 인해 곤욕을 치를 수 있다. 불굴의 의지가 있는 상이다.

◎ 창(昶) : 「길 영(永)+날일(日)」의 구조다.

밝음이 오래다는 뜻에서 해가 길다. 밝다의 뜻으로 쓰이게 되었다.

식을 줄 모르는 정열과 패기가 있으나 운세는 일시적이다. 독단독선이 강하고 권위적인 성품이 많다. 소유욕이 강하여 타인으로부터 배척질시를 많이 당한다. 겨울과 가을 태생에겐 이 글자가 대체로 좋다.

정력이 강해 여성들이 호감을 쉽게 얻으나 이성으로 인

해 여러 곤란을 겪기도 한다.

◎ 만(晚) : 대기만성(大器晚成)이란 말을 만드는 글자다. 따라서 소원과 소망이 늦게야 이뤄지는 예가 많다.

일(日)자와는 나쁜 인연이 있으나 면하지 못하고 관계를 갖게 되는 경우가 아주 많다.

교육가, 법조인, 사회사업가, 혁명가 등에 많이 볼 수 있는 글자다. 이름 구조가 나쁘면 여성과 나쁜 인연을 맺게 되고 그로인해 갈등을 많이 느끼게 된다. 이름 글자에 일(日)자가 들어간 사람과는 좋지 않은 인연이 따르게 됨이 많다.

◎ 호(晧) : 「일(日)+고(告:곡)」의 구조다.

사랑 때문에 많은 희생을 치르게 되는 경우가 많다. 사랑에 울고 사랑에 속고 그로 인해 자책함이 많다. 여성 관계로 인해 법적인 문제가 발생함이 많다. 따라서 평생 이성 관계를 조심해야 한다. 때를 잘 살피는 재능이 있고 영적 감각도 뛰어나 예지 예측 능력이 있다.

기상 관측, 역술인, 문학인, 교육가에 적합한 글자다.

◎ 정(晶) : 맑다. 빛나다. 수정(水晶)의 뜻이다.

솔직담백하여 투명하게 보이는 성격이다. 이성 관계는 많으나 크게 문제되지는 않는다. 문제가 야기되어도 끝에는 잘 해결된다.

숨김없이 속을 떨어놓는 성품이므로 남에게 많은 호감을

얻는다.

이름 구조가 나쁘면 2~3번 배우가 인연을 바꿀 수 있다.

◎ 지(智) : 「알지(知)+왈(曰)」의 구조다.

아는 것을 말할 수 있는 것이 지(智)라는 뜻이다. 남의 잘 못을 크게 날카롭게 꾸짖는 경향이 많다. 그러나 겁이 많아 큰 애로가 닥치면 어쩔 줄 몰라 전전긍긍 한다. 머리 씀이 비상하여 엉뚱하게 큰 일을 만들기도 한다.

여성은 미모가 많고 남성은 정력이 약하다. 산(山)자 들 어간 지명(地名)이 유리하다.

◎ 훤(暄) : 밝은 날(日)에 베풀어 낸다(宣)는 뜻이다.

이러므로 환한 곳에서 활동함이 많다. 집안에 합(合)을 맞추는 사람이 있고 집밖에도 입 맞추는(日) 사람이 있는 격이다.

저술가, 지도자, 경찰, 법조인, 스포츠맨에 많다.

◎ 휘(暉) : 「날일(日)+군(軍)」의 구조다.

군(軍)은 차(車)를 묶어 놓은 연결체를 뜻하는 말이었다.

옛날의 차(車)는 전차(車)를 말하는 것이었는데 이것이 싸우다는 뜻의 군(軍)이 된 것이다. 이러므로 어둠을 밝히 는 전사(戰士)의 기질이 있게 된다.

밝게 빛나는 날 전차가 줄지어 나아가는 힘차고 장엄한 광경이 연상되는 글자다. 사랑을 해도 분수에 맞게끔 또는 때에 따라하며 절제 없이 아무하고나 하지 않는다.

　언론 출판, 혁명가, 교육가, 문필가, 군인, 경찰 등의 직업
에 인연이 있다.

　◎ 효(曉) : 밝음을 일깨운다는 뜻이 있어 새벽(날 새다)
밝다. 의 뜻이 되었다.

　따라서 밝음을 알려주는 전도사라는 상의(象意)가 있다.

　굴하지 않은 기상과 용맹이 있고 누구에게나 밝게 대한
다. 그러나 결혼 운은 좋지 않아 이별수가 따른다. 구름(雲)
과 비(雨)를 만나지 않아야 하며 그렇지 않을 땐 뜻을 펴지
못할 뿐 아니라 효웅(梟雄)으로 변하게 된다.

　◎ 엽(曄) : 「일(日)+화(華)」의 구조다.

　화(華)자는 내부에 있던 수많은 것들이 밖으로 그 모습을
활짝 드러낸 모양을 그린 것이다. 그러므로 사랑을 하면 아
낌없이 미치도록 한다. 너무 자신을 많이 드러내는 성격이
므로 인덕이 없다.

　폭발적인 힘의 분출을 지닌 글자이므로 성공을 거둘 수
있으나 해가 기우면 화려한 모양이 보이지 않게 됨으로 영
화는 결코 오래지 않다. 뒷심이 약하다.

　뇌졸중, 심장병 등을 조심해야 한다.

　◎ 엽(燁) : 불 칼 같은 성격이고 쉽게 격해지는 약점이
있다. 아낌없이 망설임없이 즉시 해치우는 격정을 지니고

있다. 심장병 대장, 폐, 기관지 호흡기의 건강에 주의해야
한다.

뒤에 가서 이말 저말 하지 않는 깨끗한 성격이다. 화끈하
다. 구질구질한 것을 싫어한다. 불은 타고 나면 남는 것이
없다. 그래서 성공과 영화는 일시적이다.

◎ 병(炳) : 화(火)는 십간으로 바꾸면 정(丁)에 해당되며
촛불, 화로 불, 용광로 등의 물을 의미한다.

병(丙)은 해(日), 전기(電氣)를 뜻하는 불이다.

丁火는 丙火를 보면 빛을 빼앗기고 공(功)이 나타나지 않
는다. 이러므로 내 공(功)을 남에게 빼앗기게 되고 경쟁자
가 있어 일등은 어렵다.

병(丙)자에는 개조하다. 고친다는 뜻이 있으므로 병(炳)
은 丁火를 써서 개조하다. 고친다는 의미가 된다. 이러므로
화공약품, 또는 불(火)로서 개조하고 고치는 직업에 인연이
있다. 조심성이 많아 철두철미하게 대비하려는 성정이 있고
수단 방법을 가리지 않고 어두운 곳 잘못된 것을 밝히려는
기질이 있다.

남과 잘 사귀며 자신을 낮출 줄도 아는 겸손한 성격도 있다.

의사, 언론인, 발명가, 학자, 공업가, 제조업에 인연이 많다.

◎ 열(烈) : 「뼈 추리다(歹)+가르다. 나누다(刀:刂)+불
(火:⋯.)」의 구조다.

열(列)은 추려서 벌려 놓는다. 는 뜻이다. 여기서 불(

火:…)을 더한 것은 불길이 사방으로 치솟으며 번져가는 모양을 나타낸 것(烈)이다. 이러므로 열화 같은 성격이며 저돌적으로 전진하는 기질이 있는 것이 많다. 폭발적인 에너지를 지니고 있다. 불(火)은 문명(文明)의 상(象)이며 두뇌 활동 및 심장을 뜻한다. 그러므로 기획력이 좋고 상상력이 뛰어나며 활동력도 왕성한 것이다. 그러나 쉽게 식어버리는 약점도 있다. 폐, 기관지, 대장의 질환에 걸릴 확률이 많으며 신체절상(切傷)수가 많이 따르는 글자다. 이름의 구조가 나쁘면 가족간에 이별 불화가 따른다.

◎ 훈(熏) : 좋은지 나쁜지 그 내심을 잘 드러내지 않는다. 산수(山水) 자연을 좋아하며 상상력과 공상이 풍부하다. 힘껏 노력하면 성공을 거둘 수 있으나 큰기와 인내가 부족한 경우가 많다. 혈, 행 불순과 피부병에 주의해야 한다.
다소 급한 성격이다.

◎ 훈(勳) : 느긋한 성품에 예의 바르다.
두뇌 활동은 왕성하나 실행력이 부족하고 끈기와 악착같은 마음이 없다. 별려 놓기만 하고 매듭을 짓지 못하는 일처리가 많고 불을 켜놓고 일하는 야행성 습관이 많다. 여름 태생이거나 사주팔자(四柱八字)에 화(火)가 많으면 대장이 좋지 못해 변비, 치질, 맹장에 병이 생기게 되고 피부가 약하며 땀을 많이 흘리게 된다.

◎ 섭(燮) : 느긋하게 보이나 내심은 급하다.

친구나 지인(知人)과 더불어 논쟁하기를 즐기며 한번 말을 했다하면 계속 쉴 새 없이 하며 잔소리가 많은 경우가 많다. 화(火)가 많으면 머리 쪽으로 화기(火氣)가 올라간다. 이러므로 머리가 맑지 못하든지 아프기도 한다. 목이 타는 형상이므로 음료를 좋아하나 술(酒)은 금해야 한다.

신장(腎)이 약하므로 조루증이나 발기 부전이 오기 쉽다. 언론인, 화가, 문인, 변호사, 기술, 공업 등에 인연이 많다.

◎ 휘(輝) : 단체 행동을 많이 하며 일사불란하게 움직인다.

중인(衆人)의 신망을 얻는 경우도 있으나 거꾸로 중인(衆人)의 지탄을 받기도 한다. 술을 마시면 쉽게 달아오르고 피부도 벌겋게 된다. 대중 속에서 활동하여 일시적으로 성공을 거두기도 한다.

◎ 희(憙) : 마음은 넓고 밝으나 사람들을 짜증나게 하는 경우가 많다. 일처리가 명확치 않다. 변화시키는 재주가 많고 호기심이 많다. 심장기능이 약하므로 항상 유의해야 한다. 기쁨과 행운은 일시적이고 우울한 세월을 보냄이 많다.

◎ 형(炯) : 어두운 곳을 눈을 크게 뜨고 살핀다는 뜻이 있고 내부에 있는 것이 무엇인지 꺼내어 내어 본다는 뜻이 있다 이러므로 통찰력이 아주 강하다.

그러나 동료 같은 사람에게 배신당하고 얻어터지는 일이

많으며 뜻밖의 횡액이나 사고를 당해 좌절되는 일이 많다.

◎ 연(然) : 익살이 많고 쓸데없는 짓을 많이 한다.
나쁜 운이나 일을 만나도 초연해지는 넓은 마음이 있다.
남이 안하는 일에 호기심이 많다. 모임을 좋아하고 식성이
좋으며 비위가 좋다.
심장과 간(肝) 기능이 약한 경우가 많다.

◎ 찬(燦) : 특이한 재주가 있어 남에게 돋보이는 운이
있다. 가는 곳마다 따르는 사람이 많아 사람 속에 파묻혀 있
는 경우가 많다. 평생 먹고 사는 걱정은 없는 글자 운이다.
관절과 뼈에 다침이 많고 시력이 나쁜 편이다.

◎ 환(煥) : 불길을 바꾼다는 글자의 구조에 따른 뜻이 있다.
혁신적인 기품이 있으며 한 조직의 우두머리에 많이 볼
수 있다. 잘못된 것, 틀어진 것을 바로 교정한다는 뜻도 있
어 군인, 경찰, 의사, 교육가등에 인연이 많다.
동력에 관계되는 수송, 차량, 원동기, 항공 분야에 인연이
있다. 보수적인 기풍이 있고 임기 응변에 약하다.

◎ 영(榮) : 마음에 들면 아낌없이 베푸는 성격이다.
내면보다 외면에 치우치기 쉽고 내실(內實)보다 허용(虛
榮)이 많은 상이다.
피(血)를 보는 재액이 많이 따르며 활짝 꽃 피우려는 찰

나에 오욕을 뒤집어 쓰고 좌절함이 많다.

◎ 교(校) : 여러 사람과 잘 사귀는 상냥한 성품이 있다.
형옥수가 따르며 신체의 절상과 수술이 따르는 글자 운을
지니고 있다.

◎ 업(業) : 경쟁자 및 적에게는 수단 방법을 가리지 않
고 대항한다.
  박력 있고 추진력 또한 좋아 씩씩하게 보인다. 그러나 항
상 시비구설에 휘말림이 많으며 원수를 맺을 일이 많이 생
긴다. 세상에 자신의 존재를 부각시키려는 욕망이 아주 강
하다. 형 옥수 및 장기간 입원수가 있으며 일회용 처럼 남에
게 이용당하는 불길한 글자 운이 있다.

◎ 나(奈) : 사과 나무를 뜻한다.
  남에게 자신을 과시하기 좋아하며 신경이 예민하여 평생
신경통류의 질환이떠나지 않는다. 결단력이 없고 매사에 의
혹이 많은 성품이다.

◎ 가(柯) : 가지의 뜻.
  행동과 처신이 올바르게 보이려 노력하는 성품이다.
  남편을 내조하여 일심동체가 되려는 성정이 있으므로 마
누라 감으론 좋은 여성이다. 남편과는 떨어지면 못살 것 같
은 생각을 갖고 있으며 항상 붙어 있으려 하고 섹스를 좋아

한다.

어떤 조직이던 이 사람이 있어야 일이 된다. 큰 그릇은 되기 어렵고 참모 또는 보조자의 역할을 수행함이 많다.

◎ 매(梅) : 매화나무를 뜻한다.

머리올린 여성이 집안에 있지 못하고 밖으로 나가 활동한다는 글자의 상이다.

부지런하고 민첩하나 인덕이 없으며 특히 애정 운이 불길하여 남자에게 버림받는 경우가 많다.

인내력이 강하고 바다(海)를 좋아하는 감상적 성격이 많다. 자신의 잘못을 되돌아보며 후회함이 많으나 잘못된 점을 즉시 시정하려는 좋은 기질도 있다.

◎ 도(桃) : 해서는 안 되는 일을 하여 일생을 그르칠 수 있는 불길한 글자 운이다. 색정(色情)이 강하며 유혹에 쉽게 빠져든다. 신경이 예민하여 정신적(우울증, 강박증 등)이 따르며 항상 불안을 많이 느낀다.

◎ 권(權) : 사물의 질량과 선악을 헤아려 분석하는 통찰력이 뛰어나며 이쪽 저쪽 말을 잘 들어 공평하게 판단하여 내는 능력이 있다.

권위의식이 강하여 끝없이 신분상승을 도모한다. 새로운 것을 기획하는 능력이 있고 세상에 나타내는 수완도 좋다.

◎ 율(栗) : 자신의 포부를 펴기 어려운 글자 운이다.

특히 서쪽(西)이 불리하고 금(金)이 내 앞길을 막고 누르는 격이다.

야물고 단단하게 내실을 기하려 하며 억제를 싫어하는 자유주의자가 많다.

평소 조심성이 많으며 성이나면 무서운 성질을 나타낸다. 사상과 삶의 영역을 훌쩍 뛰어 넘어 새로운 삶을 시작하는 혁신성이 있다.

◎ 조(條) : 잔소리가 많고 이론적이다. 간결하게 매듭 짖기보다 길게 늘이길 좋아한다. 사물을 살피는 안목이 좋아 남이 못 보는 것도 찾아내는 능력이 있다.

◎ 환(桓) : 남에게 베풀기 좋아하며 통이 크다.

남을 인도하려는 마음이 많아 제 몸 아끼지 않는 성품이다. 그러나 일에 임해서는 머뭇거림이 많고 가족간에 흉사(凶死) 흉액이 많이 따른다.

◎ 지(芝) : 진흙탕 속에서 연꽃을 피워 올리는 자상(字象)이다.

상상력과 공상이 많으며 꼭 남과 함께 행동하거나 빌붙기 좋아 한다. 이길 저길 제 마음 내키는 대로 서슴없이 행하는 기질이 있다.

강력한 일광(日光)을 좋아하지 않으므로 밤에 활동하는

야행성이 많다.

◎ 화(花) : 이랬다 저랬다 변화함을 좋아하며 남이 이 길로 가면 자기는 저 길로 가는 독자적인 기질도 있다. 마음이 항상 불안하며 한번 원수지면 절대 잊지 않는 성정이 있다. 부부 운이 불길하다.

수술과 부상을 많이 당하며 타인의 위해를 많이 받는다. 화류계, 연예계, 문인, 화가, 약사. 등의 직업에 인연이 많다.

◎ 영(英) : 자부심과 배짱이 좋으며 무리 중에서 지도자로 군림하려는 기질이 있다. 소소한 일에는 신용과 약속을 잘 지키나 큰일에는 그것을 저버리기도 한다. 경쟁자와 적이 많이 생기나 동조자와 협조자도 많이 따르며 부하 및 아랫사람 운도 좋다.

영역의 한복판에 삶의 터전을 잡으려 함이 많다.

◎ 무(茂) : 산과 언덕위에 큰나무는 없고 풀잎만 가득 있는 상이다.

위엄을 보여 상대를 제압하려하며 항상 경계심을 늦추지 않는 성품이다. 웃음 속에 칼을 감추고 있는 모습이라 허술하게 생각하며 대한다면 큰 코 다친다.

군인, 경찰, 사법계통, 연예인, 체육인, 보험인 등의 직업에 인연이 많다.

◎ 화(華) : 속에 있는 많은 것을 밖으로 드러낸다는 뜻이 있다. 이러므로 사심 없이 남을 대하며 감춰둔 비밀이 없다는 형이다.

밖으론 화려하게 보여도 내적으로 비어 있는 상태이다. 곱고 착한 마음으로 남을 자신처럼 생각함으로 남에게 속기 쉽다.

◎ 말(末) : 나무가 끝까지 다 자랐다는 모양으로 끝났다.(진행이) 는 뜻을 나타냈다. 막내의 이름에 많이 나타나고 또 그만 놓겠다고 말숙(末淑) 말희(末姬) 등으로 이름 된 경우가 많다. 착하고 곧은 성격으로 오지랖도 넓으나 매사가 계속되지 않고 끝나는 글자 운이다. 따라서 이름자엔 피하는 것이 좋다.

◎ 본(本) : 나무(木)의 맨 아래쪽에 선을 그어 나무의 밑바탕(뿌리)을 나타낸 지사(指事) 문자다.

근성이 강해 쉽게 조절하지 않는 강한 생명력이 있다. 원리원칙을 따지기 좋아하고 꼿꼿한 성품이다. 성기(性器)나 하부에 부상과 질병이 많이 따르며 음료를 좋아한다. 산(山), 전(田)자 들어간 지명(地名)에 살면 좋다.

화창한 봄날을 좋아하는 격이므로 신분과 지위향상에 대한 열망이 강하고 끼리끼리 합치려는 결속력이 강하다. 사회적 모임에 참여함이 많다.

체육인, 사업가, 교육가에 인연이 있다.

◎ 미(未) : 나무가 끝까지 다 자라지 못했다는 것을 맨 위에 있는 작은 선으로 나타냈다. 말(末)과 반대되는 운동 구조이다.

아직도 다자라지 못했다는 뜻이 「아니다」, 「아직도」 의 뜻으로 쓰이게 된 것이다. 인명(人名)에는 쓸 수 없는 글 자이다.

◎ 재(材) : 「쓸 수 있는(才) + 나무(木)」 의 구조로 쓸 수 있는 나무라는 뜻이다.

용모단정에 행동거지가 깔끔하나 너무 격식을 따진다. 쇠 붙이에 다치기 쉽고 남에게 농락당하기 쉽다. 이름에 잘 쓰 지 않는 글자다.

◎ 촌(忖) : 손에 나무를 들고 휘두르는 모양이다. 이러 므로 어떤 조직에서든 두각을 나타내어 지도자 역할을 하 려하게 된다. 권위의식이 강하고 통솔력이 좋은 편이다. 그 러나 이름의 구조가 나쁘거나 사주팔자와 맞지 않으면 은 둔자의 삶을 살거나 빛을 보기 어렵다.

◎ 걸(杰) : 나무(木) 탄다(·····.)는 뜻으로 걸(桀)과 같은 뜻을 지닌 글자다.

남모르는 특이한 재주가 있으나 초년 운이 좋지 못하고 특히 모(母)와는 인연이 약하다.

화상(火傷)과 화재(火災)를 많이 당한다. 화끈하고 구질구질한 것을 싫어하는 다소 급한 성정이다.

◎ 동(東) : 「나무(木)+해(日)」의 구조로 해(日)가 올라나왔다. 해 나오는 곳이란 뜻이다.

장남에 많으며 그렇지 않으면 장남이나 맏형 노릇을 하게 된다. 힘이 치솟아 오르는 상이므로 활동력이 좋고 체력도 좋다. 동(東)은 아침이고 활동의 시작이므로 모든 일의 시발점이란 뜻이 있다.

야구 선수 특히 투수와 포수의 이름에 이 글자를 지닌 사람이 많은 것도 이 때문이다.

교육가, 스포츠, 연예인, 정치가, 문학가, 사상 계몽가 등에 인연이 있고 격에 따라 대성(大成)하기도 한다.

◎ 송(松) : 남자는 풍채 좋고 위엄 있으며 후덕하게 보인다. 그러나 큰 성공은 어렵고 성공 일보 직전에 멈추고 좌절됨이 많다. 남에게 대접받기 좋아하고 또 대접도 잘 받는 편이다. 여자는 부부 운이 좋지 않고 마음 고생이 심한편이다. 남녀 공히 산(山), 원(原) 등의 지명(地名)과 인연 있고 참을성과 끈기가 좋다.

◎ 림(林) : 집단과 조직 생활에 적합하며 동료에 대한 애정이 많으며 결속력이 강하다. 외견상으론 화려하게 보이나 내면적으론 어두운 구석이 많다.

어려운 사람을 포근하게 맞아주는 덕이 있으며 흉금이 넓은 사람이 많다.

동업을 많이 하기도 하나 재물 운은 그리 좋지 않고 배우자 운도 좋지 않아 풍파이별이 많다. 신경통과 위장병에 약하다.

◎ 지(枝) : 외롭고 고단함을 뜻하고 있다.

축복 속에 태어났으나 육친이 흩어지고 찬바람에 시달리는 가엾은 나뭇가지처럼 외롭게 된다는 뜻이 있다. 이름엔 쓸 수 없는 글자다.

◎ 병(柄) : 개조하여(고쳐서) 나온다는 숨은 뜻이 있다. 그럼으로 자신의 마음과 생활을 개조하여 멋진 삶을 사는 사람이 많다.

권세욕이 강하며 잘못된 것을 좋도록 고치는 재주가 있다. 어릴적에는 병약(病弱)하기 쉽고 여러 질병에 많이 시달리게 된다.

◎ 병(秉) : 이삭 맺힌 곡식(禾 : 禾) 손으로 움켜잡고 있는 모양을 그린 글자다.

「잡다」는 뜻을 이렇게 나타낸 것이다.

◎ 주(株) : 인화력(人和力)이 좋고 화합력도 좋다.

꼼꼼하고 세심한 성격이나 어질고 착하게 보인다. 이론적

인 것을 좋아하고 합리적인 것을 선호한다. 남다른 특색이
뚜렷이 나타내려는 기질이 있다.

동업이나 합자(合資)로 업을 하는 경우가 많으며 금융기
관과 인연이 많다.

◎ 모(模) : 방어본능이 뛰어나 항상 경계심을 늦추지 않
는다.

무리를 규합 설득하는 능력이 있고 적에 대해선 수단과
방법을 가리지 않고 몰아내려는 기질이 있다. 깊은 지혜가
있으며 나의 모범이 되려하나 자신의 약점과 비밀은 쉽게 노
출시키지 않는다. 조직의 지도자가 많다. 소유욕이 강하다.

◎ 근(根) : 쉽게 굴복하지 않는 끈덕진 성품이다.

사물을 파고들어가는 집착력이 강하며 넘어질 땐 꼭 남
을 걸고 넘어지려한다.

출생에 대해 한(恨)이 많으며 초년부터 많은 고난이 따르
는 글자 운이다. 한 번 원수지면 절대 잊지 않고 갚아주려는
복수심이 아주 강하다.

◎ 상(相) : 사물의 허실을 잘 살피는 재능이 있으며 남
의 의견에 반대 잘한다. 고집과 승부욕이 강하다.

여러 대중을 상대하는 직업에 인연 있으며 운수업, 선박,
여행, 기계제작, 저울질하는 업, 등에 종사함이 많고 이름의
구조가 좋으면 한 조직을 움직이는 중책을 맡기도 한다. 공

상과 상상력이 풍부하여 문인(文人), 학자의 이름에도 많이 보인다. 어른 대접 받기를 좋아한다.

◎ 계(桂) : 무엇인가를 꼭 보여주는 매운 맛을 지니고 있다. 세심하고 준비성이 철저하며 자신의 내면을 좀체 나타내지 않으려 한다.

남자는 이처지명(二妻之命)이고 여자 역시 여러 남자와 연분을 맺게 된다.

학문이 뒷받침되면 여러 방면에 자신의 재능을 나타낼 수 있다.

◎ 중(重) : 일찍 고향을 떠나 타향에서 학업 또는 생활함이 많다.

실력이 조금 있으면 즉시 움직이려하고 천리 밖 해외로 진출하기도 한다.

체구는 우람한 편이고 위엄 있고 무게 있는 품행을 보인다. 그러나 결혼은 중혼(重婚)격이고 무엇 하나 처음에 곧바로 이뤄지지 않으니 재수생(再修生), 재혼자(再婚者)가 많다.

두 가지 이상의 업을 겸하는 일이 많고 수완과 재주가 있어 사람을 적재적소에 잘 활용한다.

인쇄, 출판, 정미소, 학문 관계 등에 인연 있다. 대체로 식록과 재물 운이 따르는 글자다.

◎ 유(柔) : 유순하고 착하며 복종심이 강하나 어떤 고난도 이겨내는 끈끈함이 있다.

초년에 고생과 풍파가 많으나 시련을 이기고 나가면 어느 정도 성공을 거둘 수 있다. 부드러움 가운데 강함을 내포하고 있다. 어릴적 마음은 여리고 순하나 커갈수록 야물어지고 강해진다. 감정이 섬세하여 동정심이 많고 겁이 많다.

금(金)자 들어간 지명과 인명(人名)과는 깊은 인연을 맺지 않음이 좋다.

◎ 주(柱) : 자신과 가족에 대한 보호심이 강하다.

주관이 똑바르고 곧은 성격이나 편향성이 있다. 독선독단이 많으며 예수교에 인연 있다. 안되는 일에도 고집스레 버티는 경향이 많고 밑 빠진 독에 물 붓기 식의 일처리를 하다가 쫄딱 망하는 경우가 많다. 종종 잘난체하기도 한다.

◎ 영(永) : 쉼 없이 흐르는 물의 모양을 그려낸 글자이다. 활동력이 좋고 어느 분야에서든지 자신의 역량을 발휘한다. 윗사람을 잘 받들고 아랫사람을 보살피기 좋아하나 반발하는 사람은 용서하지 않는다. 틈만 있으면 파고들며 사물에 대한 집착력이 강하고 두뇌 회전이 좋아 막히면 뚫고 나가는 추진력도 갖추고 있다. 자신의 잘 못이나 과오에 대해선 쉽게 지워버리며 지나간 일에 미련을 갖지 않는다.

◎ 용(龍) : 재주 있고 머리 좋으며 변화를 좋아하고 창

조력도 갖추고 있다. 참을성도 있으나 순발력이 약하다. 화가 나면 물불 안 가리는 격한 성정도 있다. 용두사미(龍頭蛇尾)의 행동 양식을 많이 보이며 남을 걸고 넘어지려는 성격이 많다. 용이 승천(昇天)을 못하면 이무기다. 따라서 잡술(雜術)로 세인(世人)을 현혹케 한다.

용은 비와 구름과 인연이 많으므로 운우지정(雲雨之情) 즉 섹스를 즐긴다.

따라서 많은 이성과 인연을 맺게 되니 이처지격(二妻之格)의 결혼운이다. 호(虎)와는 상극이 되어 서로 으르렁거림이 많다.

◎ 구(求) : 희망과 행복을 찾아 끊임 없이 흘러가는 상이다. 약한 사람을 잘 도와주며 잡은 손은 결코 뿌리치지 못하는 성격이다. 탐구적이며 미래지향적이며 끈기와 인내심이 강하다. 미래를 예측하는 지혜가 대단하다. 동료나 친구 형제의 덕을 많이 볼 수 있는 경우가 많다. 움크리고 있는 개구리가 먹이를 보면 멀리뛰어 낚아채듯 한번의 기회를 결코 놓치지 않는 민첩함이 있다.

◎ 강(江) : 아래 위를 크게 맞닿은 물이란 뜻이다. 외견은 멋있게 보이나 무엇하나 남아나는 것이 없다. 남 좋은 일만 하고 다니는 형이라 할 수 있다.

이름자엔 피하는 것이 좋다.

◎ 지(池) : 큰 물뱀이란 글자의 상(象)이다. 승부욕이 강하며 남에게 지기 싫어한다. 성질나면 물 불 가리지 않는다. 재주 있고 민첩하나 용두사미(龍頭蛇尾)의 일 처리가 많다. 물고 늘어지는 집요한 기질이 있으며 남을 걸고 넘어지는 경향이 많다. 돼지띠(年)와는 상극이고 돼지띠(年)의 이름에도 쓸 수 없는 글자다. 자신의 분야에서는 남다른 재주를 발휘하나 그 외의 것에는 서툴다.

◎ 옥(沃) : 「물(水) + 요(夭)」의 구조다.

물에서 요절(夭絶)한다는 뜻이므로 물조심해야 하며 물(水 : 氵)이 들어간 지명(地名)과 인명(人名)은 좋지 않다. 머리가 자주 아프며 목관절에 이상이 생기기 쉽다. 성공했다는 순간에 와르르 무너지게 되며 수명도 좋지 않은 글자운이므로 이름에는 안쓰는 것이 좋다. 철두철미 빈틈없는 성격이다.

◎ 하(河) : 큰 물. 황하(篁河)의 뜻이다. 쓸 수 있는 물. 똑 바로 오른쪽으로 흐르는 물이란 파자(波字)된 뜻이 있다. 큰 물이 제방이 부실하던지 또 다시 물이 더해지면 홍수(洪水)가 나 모든 것을 쓸어버린다. 이러므로 대중을 위해 일하나 일조일석에 모든 것을 잃고 마는 운을 지니고 있다. 거침없는 성격으로 무엇이던 차고 나가는 강한 추진력과 침투력이 있다.

◎ 소(沼) : 연못의 뜻이다. 「부를 소(召) + 물(水)」의 구조다. 야무지게 칼날처럼 비평하는 입을 지녔다. 음료와 술을 좋아하고 사람을 불러내길 좋아한다. 속이 깊어 본심을 잘 내보이지 않는 형이다. 교육자, 간호사, 비평가, 문인, 술장사 등에 인연 많다.

◎ 치(治) : 물에 비친 별 빛이다. 눈동자가 맑고 지혜가 뛰어나다. 어려운 경우를 잘 헤쳐 나가며 매사에 서둘지 않으며 침착 냉정하다. 승부욕이 강하여 지는 것을 극히 싫어한다. 좋은 여자의 도움으로 일이 비롯되며 성공하기도 한다. 내성적으로 온유하게 보이나 불굴의 투지를 지니고 있다.

◎ 필(泌) : 샘솟 듯 하는 기획, 조직 상상력을 지니고 있으나 믿었던 사람에게 가슴 저리는 상처를 많이 받는 경우가 많다. 의지가 강하여 불굴의 신념으로 험난함을 잘 헤쳐 나가는 기질이다. 마음(心)에 칼이 꼽혀 피가 줄줄 흐르는 글자의 상(象)이다. 그러므로 이름자엔 피하는 것이 좋다.

◎ 파(波) : 물(水 : 氵) 결(결)이란 뜻이다. 그럼으로 풍파(風波)와 파란이 항상 가까이 있는 글자운이다. 또 모든 것이 파(破) 되는 글자운이므로 이름자엔 쓰면 안된다.

◎ 주(注) : 물(水 : 氵)을 주다는 뜻이다. 주다의 「주」를 主자로 나타낸 한국어에 따른 형성문자이다. 이름자엔

잘 쓰지 않는 글자다.

◎ 태(泰) : 술을 즐기진 않지만 폭주하는 성질이 있다. 화끈한척 말하기 좋아하며 한번씩 엉뚱한 짓을 하기도 한다. 세사람(三人)이 술자리를 같이 한다는 자상(字象)이다. 삼형제 격이며 장남이거나 장남 노릇(맏형)하게 되는 운이다. 이름의 구조가 좋으면 한방면의 태산(泰山)같은 존재가 되기도 하나 영속성이 없어 일시적이다.

◎ 영(泳) : 물(水)에 오래도록 (永) 있을 수 있다는 뜻으로 헤엄치다. 지맹질하다의 뜻을 나타냈다. 지구력과 끈기가 있어 험난함을 잘 이겨내는 특성이 있다. 한번 먹은 마음은 끝까지 지니고 있으며 남다른 재주가 있어 무리중에 돋보이게 됨이 많다. 원대한 꿈을 이루기 위해 끊임없이 노력하는 형이다. 물(水 : 氵)자가 들어간 지명(地名)과 인명(人名)에 인연이 아주 많다.

◎ 양(洋) : 양(羊)은 무리지어 생활한다. 넓은 초원을 가득 메운 양떼. 이처럼 엄청 많은 물을 「물(氵) + 양(羊)」의 구조로 나타낸 것이다. 즉 양(羊)자로 엄청 많다는 뜻과 소리를 나타낸 것이다. 사람됨이 어질고 착하며 해외 업무나 유통적인 업무에 종사함이 많다. 고독함이 많다. 쥐띠, 소띠 사람에겐 이 글자로 이름지으면 좋지 않다.

◎ 수(洙) : 물가에 빨간 나무 한그루가 서 있는 격이다. 감상적인 성품이며 키가 작거나 작은 사람과 인연이 많다. 물(氵)과 불(火)이 같이 있는 구조이므로 변화 변덕심이 많으며 격해지기 쉬운 성품이다. 예술을 좋아하거나 인연 있으며 재혼(再婚)함이 많다. 처세에 원만치 못해 적을 많이 만들기도 한다.

◎ 락(洛) : 「물(氵) + 떨어져 나갈 각(各)」의 구조이다. 락(落)과 같은 뜻이 있으므로 무리에서 떨어져 나갔다. 높은 곳에서 아래로 떨어지다. 있었던 것이 바닥나다(떨어지다.)는 뜻이 있다. 지모가 있고 남다른 관찰력과 안목이 있다. 말년이 외로운 글자운이다.
　군인, 경찰, 사창정보기관, 세무관리, 사법관, 등에 종사함이 많다.

◎ 홍(洪) : 「물(氵) + 같이 할 공(共)」의 구조다. 지모가 관인하며 남을 떠받들 줄 알아 여러사람의 신망을 얻을 수 있다. 무리와 함께 일한다. 넓고 크게 떠 받든다는 뜻이 있으므로 그런 일에 많이 종사한다. 그러나 큰 물(洪水)이란 뜻도 있으므로 재산과 건강 그리고 명예가 하루 아침에 모두 떠내려 간다는 좋지 않는 뜻도 있다. 마음은 넓고 대중을 먼저 생각한다.

◎ 활(活) : 유창하게 물흐르듯 막힘 없이 말한다는 자상

(字象)이다. 오지랖이 넓어 만사람을 모두 껴안을 수 있는 도량이 있다. 그러나 뜻밖의 구설로 인해 봉욕을 당하며 키운 사람에게 배신을 당하기도 한다. 교육가, 변호소, 의약관계, 종교인 등에 인연이 많다. 남을 위해 일하려는 마음이 많다.

◎ 호(浩) : 물이 크고 넓다는 뜻이다. 이땅 저땅을 밟는 이동적인 생활과 직업에 종사함이 많다. 한번씩 호연지기(浩然之氣)를 내보이기도 한다.

◎ 해(海) : 「물(氵) + 늘상 매(每)」의 구조로 늘 물이 있는 곳. 즉 바다란 뜻이다. 매일 바쁘게 다니면서 땀흘린다. 매일 땀과 물을 흘린다는 자상(字象)이다.

그러므로 풍파가 잘날 없고 땀흘려 일해도 큰 공이 안 나타나는 경우가 많다.

바다같은 넓은 성품이 있어 이해성과 관용성이 있다. 직업에 변동이 많고 항상 바쁘게 다니나 소득은 적다. 산(山)자 지명에 인연이 많다. 부부운이 불길하며 자식운도 좋지 않다.

◎ 순(順) : 마음은 항상 불안하며 머리가 자주 아픈 경우가 많다. 남의 시중 드는 일과 물, 음식장사에 인연이 많다. 혈행이 순조롭지 못해 생기는 신경통 등에 고생이 있을 수 있고 생리불순도 따름이 많다.

◎ 섭(涉) : 「물(氵) + 다일 보(步)」의 구조로 물을 건너가다는 뜻을 나타냈다. 활동력이 좋아 무슨 일이건 참견하기 좋아한다. 막힌 것 통하지 않는 것을 통하게 하는 재주가 있고 굳은 일도 마다 않는 솔선수범하는 기질이 많다. 항상 부지런하게 설치고 다니나 소득은 적고 남을 위해 일하나 오히려 욕 먹는 수가 많다. 쓸데없는 잔소리가 많다.

◎ 숙(淑) : 마음은 항상 감성적이며 감수성이 예민하다. 마음이 넓을 때는 한 없이 너르고 좋다가 좁을 때는 조그만 일에도 잘 토라지고 꽁하는 마음을 먹는다. 활동력은 좋고 사람 차별하지 않으며 남의 짐을 대신 지는 경우가 많다. 즉 남이 놓은 자식이나 조카 등을 키우던지 안지내도 될 제사를 지내는 경우가 많다. 음식장사, 문인(文人), 교육가, 사회사업(고아원, 양로원 등), 보육사, 간호사 등에 인연 많다. 음식 솜씨가 좋은 여성이 많다.

◎ 순(淳) : 온후독실하게 보이나 두뇌가 아주 좋고 공상과 상상력이 풍부하다. 자식에 대한 관심이 아주 많아 아이의 성공을 위해선 물불 안가린다. 품행이 단정하며 남의 신망을 많이 받는다. 말띠(午)와 토끼띠(卯) 그리고 양띠(未)의 이름으로는 쓰면 좋지 않다.

◎ 연(淵) : 언변이 유창하며 변화무쌍한 지모가 있다. 감수성이 예민하나 쉽게 동요되지 않는 신중함이 있다. 산

(山)을 좋아하며 혼자있길 즐긴다.

◎ 준(準) : 물새가 십자가 위에 앉아 있는 상이다. 대중과 대의(大義)을 위해 내 한몸을 희상 할 수 있는 침착하며 온건하게 보이나 활화산 같은 열정이 숨어 있다. 해외만리에 출입이 잦으며 그로 인해 공을 이룰 수 있다. 불의와 폭력을 싫어하며 큰 소리로 떠드는 것을 좋아하지 않는다. 골육이 이산되는 아픔을 겪기도 한다.

◎ 택(澤) : 재물운이 좋아 뜻하지 않은 횡재를 하기도 한다. 사람을 가려서 사귀고 쓸모 없으면 돌아보지 않는 이기적인 성품도 있다. 법에 의해 간난신고를 겪기도 한다. 깊게 숨어 있는 것을 잘 찾아내는 천부적 능력이 있으며 사람을 설복시키는 감화력도 지니고 있다.

4. 이름대로 살아간다.

이름을 살펴 그 삶의 이모저모를 알아보는 이름 풀이는 여러 가지 방법이 있어 왔으나 여기서는 제일 쉬운 방법인 글자가 지닌 뜻을 해석하여 풀어 보는 방법을 설명하기로 하겠다.

(1). 유명 인사의 이름.

먼저 우리가 잘 알고 있는 사람들의 이름을 풀어 그 사람의 운명과 일치되는지 살펴보기로 하자.

1) 신라의 어진 임금 박 혁거세(朴赫居世)

이 이름은 발그네(밝은이)라는 우리 고유의 이름을 빌어 나타낸 것이다.

이분은 밝은 색을 지닌 말(白馬 : 白은 밝다는 뜻)이 울고 있는 그 옆에 눈부신 밝은 빛을 내는 큰 박이 있고 그 속에서 태어났다는 신화와 전설을 지니고 있다. 새벌(서라벌)의 임금이 된 그는 우리 민족의 건국설화에 나타나고 있는 광명이세(光明理世)의 이념을 실천한 분으로 기록되어 있다.

먼저 그의 이름을 풀어 보면 혁(赫)자는 붉다는 뜻을 지닌 적(赤)자가 겹쳐진 것으로 불이 이글이글 타오르니 '밝고 빛난다'는 뜻으로 쓰이는 글자다.

거(居)자는 땅에 씨뿌려 놓고 살고 있다는 것을 나타낸 글자로 살다, 거주하다는 뜻으로 쓰인다. 세(世)는 세상을 뜻하며 일생(一生)이란 뜻과 나다(生)는 뜻으로 쓰인다.

따라서 박혁거세(朴赫居世)라는 이름은 밝고(朴) 빛나게 (赫) 한 세상을(世) 살았다.는 뜻이 되어 그가 지닌 신화와 치적에 부합되는 것으로 후인(後人)들에 의해 붙여진 이름 으로 생각된다.

우리말 밝은이(발그네)와 같은 뜻이다.

2) 통일을 이룬 신라의 김춘추(金春秋)

이 분은 김유신과 더불어 삼국을 하나 되게 통일한 업적 을 남긴 유명한 사람이다.

금(金)은 쇠, 귀하다, 병장기(兵器)라는 뜻이 있고, 새롭 다는 뜻도 지니고 있다. 金은 쇠이고 쇠는 새(新)와 비슷한 소리이기에 샛별을 금성(金星)이라 함.

춘(春)은 봄이란 뜻과 화합한다는 뜻도 있다. 이 글자는 삼인(三人)이 입(口) 맞추다(日)는 파자(破字) 측자(測字)의 뜻이 있다. 주된 뜻인 봄은 초목이 소생하고 만물이 움트는 희망과 시작의 계절이다.

추(秋)는 곡식을 얻는다는 뜻으로, 수확하는 계절이며, 때, 세월의 뜻도 있다.

김춘추로 하여 묶어 보면, 병기(金)로 세 사람(三人)의 날 (日)을 거두어 들이고, 결실(秋)한다는 뜻이다.

3) 고려 태조 왕건(王建)

왕(王)은 하늘과 땅 사이에 제일 큰 사람이란 말을 그려낸(天) 글자로 임금을 뜻하고 왕노릇 한다는 뜻이다.

　건(建)은 세우다, 두다, 심다는 뜻으로 쓰인다. 뜻을 연결해 보면 「임금의 자리를 일으켜 세움」이 되어 자신의 업적과 일치된다.

4) 조선 태조 이성계(李成桂)

　이 분은 고려말기의 무장(武將)으로 조정의 명을 받고 회군하여 고려를 뒤엎고 이씨 왕조를 세웠다.

　이(李)는 오얏나무라는 뜻과 새끼(子) 나무(木)라는 측자에 따른 뜻이 있다.

　성(成)은 무(戊)와 정(丁)의 합체로서 이루다, 되었다, 거듭하다, 평(平)의 뜻이 있다. 계(桂)는 계수나무를 뜻하는데 이 나무는 달나라에 있는 나무이며 백가지 약용식물(藥用植物)의 어른(長)이란 뜻이 있다.

　그리고 이 글자는 규(圭 : 百官 들이 조회할 때 손에 드는 옥으로 만든 홀)와 목(木 : 나오다)의 합체다. 세글자의 뜻을 모아보면 새끼나무(오얏나무)가 백가지 약용식물의 장(長)인 계수 나무가 되었다는 뜻이고 이씨가 백관이 홀을 들고 나타나게 만들었다는 뜻이다.

5) 이조를 끝낸 이완용(李完用)

　이 사람은 우리나라 사람이면 누구나가 매국노로 손가락질하는 인물이다.

　이(李)는 오얏나무를 뜻하고 이씨(李氏)를 뜻한다. 완(完)

은 일을 끝낸다, 완전하다, 꾸민다는 뜻으로 쓰인다. 용(用)은 쓰고 부리다, 쓰인다 등의 뜻이 있다. 각 글자의 뜻을 연결해 보면 이씨(李氏, 李朝)를 끝내는데 쓰인다 이다.

그러나 개인적으로는 가문의 우두머리 역할과 일을 한다는 뜻이 있어 호의호식하며 큰 소리치는 삶을 살았다.

※ 완(完)자는 집을 뜻하는 갓머리(宀)와 으뜸을 의미하는 원(元)자로 구성되어 가문(家門)의 으뜸이라는 뜻이 있다.

6) 한글 맞춤법의 기초를 이른 주시경(周時經)

이 분은 한글 맞춤법 통일안의 기초를 다져 놓은 학자이다. 그의 이름이 그의 업적을 의미하고 있는지 살펴보자.

주(周)자는 원래 두루, 널리 씨뿌리다는 것을 나타낸 글자 였는데 이에서 두루, 널리, 구하다, 미쁘다 등의 뜻이 따르게 되었다. 시(時)는 때, 살피다, 엿보다 등의 뜻이 있다. 그리고 일(日) 사(土) 촌(寸)의 글자로 구성되어 있기에 날마다(日) 선비(土) 로써 손쓴다(寸)는 숨은 뜻이 있다. 경(經)은 글, 책이라는 뜻과 날줄과 씨줄이라는 뜻이 있다. 이 글자의 구조는 엮는다(糸) + 길게 이어지도록 만든다(巠)이고 이 뜻은 씨줄과 날줄을 이리저리 길게 엮어간다, 이다. 또 그렇게 만들어진 것 이라는 뜻도 있다. 각 글자를 맞춰보면, 두루 널리 살펴 볼 수 있는 경(經)이란 뜻이고 이것을 좀 더 부연해보면 모든 사람이 두루 살펴 볼 수 있도록 날줄(닿소리)과 씨줄(홀소리)을 서로 어울리게 엮어 하나의 경(經)을 만든 사람이란 뜻이 된다.

7) 김구(金九) 선생

선생의 어릴적 이름은 창암(昌巖)이었으나 17세에 창수(昌洙)로 개명했다. 그 후 40세경에 다시 김구(金九)로 개명했다. 그러므로 17세까지는 창암(昌巖)이란 이름의 영향을 받게 되고 17세 이후 40세까지는 창수(昌洙)라는 이름이 주는 운명적 영향을 받게 된다. 40세 이후부터는 김구(金九)라는 이름의 영향력이 작용하나 창암, 창수라는 이름의 영향력 역시 더불어 작용하게 된다. 선생은 어렸을 때부터 남에게 업신여김을 당하면 참지 못하고 강하게 저항하는 기질을 나타냈다. 21세에는 대동강 하류에 있는 치하포에서 일본 육군 중위 쓰찌다를 칼로 찔러 죽였는데 그 명분은 국모(명성황후) 시해에 대한 민족의 복수였다. 이 일로 체포되어 선생은 인천(仁川) 감옥에서 2년을 썩었다.

그 후 황해도(黃海道) 안악에 있는 양산학교에서 교편을 잡고 항일 자주 독립에 대한 연설을 하기도 했다. 이 무렵 독립 자금을 모으던 안명근(안중근의 사촌)이 체포 되었고 선생도 연루 체포되었다. 엉터리 재판에서 17년을 언도 받아 서대문 감옥에서 3년을 있다가 인천 감옥으로 이감되었다. 이 감옥에서 5년으로 감형되었는데 이때 자신의 이름을 김구(金九)로 개명하게 된다. 44세에 상해(上海)로 망명하여 임시 정부의 경무국장이 되었으며 곧 바로 한국 독립당을 조직했다.

이때 이봉창 의사의 일황 저격이 실패했으나 1932년 1월 8일 윤봉길 의사와 모의하여 상해의 홍구공원에서 일본의 시라카와 대장을 폭사시켜 세상을 놀라게 했다. 이 후 선생은 임시 정부의 수반이 되었고 1945년 광복을 맞이하여 꿈에 그리던 조국땅으로 돌아왔다.

이승만 일파의 남한만의 단독 정부 수립에 반대한 선생은 통일 조국의 꿈을 이루기 위해 불철주야로 분투하던 중 1949년 6월 26일 하수인이던 안두희의 총에 맞아 한 많은 일생을 마감하였다. 그러면 이런 선생의 발자취가 그의 이름에 나타나는지 살펴보자.

창(昌)자는 창성하다, 나타나다, 날 빛(日光)나다 등의 뜻이 있으며 「일(日) + 왈(曰)」의 구조이다. 암(巖)은 바위, 험하다, 산이 가파르다, 높다 등의 뜻이 있으며 「山 + 口 + 口 + 敢 (용감하다. 과감하다.)」로 구성되어 있다.

창암(昌巖)이 두 글자를 연결해보면 용감하며 말 잘하며 과감하나 운명의 행로는 높고 험한 산을 넘는 것처럼 평탄하지 않음을 암시하고 있다. (口자가 두 개이므로 말 잘한다는 뜻으로 봄)

17세부터 40세 까지 사용한 창수(昌洙)라는 이름은 글자의 뜻 그대로 물가(洙)에서 창성하다. 인데 이것은 후일 물(水)이 들어간 지명인 상해(上海) 등에서 빛을 발할 것임을 암시하고 있다. (海 : 물)

그리고 창수(昌洙)라는 이름은 오행의 이치와 파자측자(破字側字)을 활용하여 풀면 다음과 같은 또 하나의 뜻이 숨어 있다.

창(昌)은 일(日)과 왈(曰)로 구성되어 있으므로 오행으로는 화(火)가 되고, 수(洙)자는 물(水)이 된다. 그러므로 이것은 수극화(水剋火)의 상이 되어 일(日) 즉 일본(日本)을 제압하고 일본을 외치는 (日 + 日 하는자) 친일파를 극(剋)하는 뜻이 된다.

이런 뜻을 선생의 발자취에서 찾아보면 그는 일찍이 대동강(大同江) 하류 치하포(浦)에서 일본의 육군장교 쓰찌다를 죽여 국모시해에 대한 한을 풀었다.

그리고 황해도(黃海道)라는 물이 들어간 지명(地名)에서 항일(抗日) 운동을 했고 역시 물이 들어가 있는 지명인 상해(上海)에서 항일 운동을 크게 전개했다.

또 일본 동경(東京)에서의 의거(이봉창 의사의 일황 살해)는 실패했으나 상해에서의 의거(윤봉길 의사의 의거)는 성공했던 것이다.

이젠 40대 이후에 사용했던 김구(金九)라는 이름에 대해 살펴보자.

김(金)자는 생략하고 구(九)자부터 살펴보자.

구(九)자는 원래 구부린 손(九)를 그린 것으로 본 뜻은 손을 구부리다, 구부러 졌다의 뜻이었으나 숫자 아홉의 뜻으로 차용된 글자이다. 그런데 이 글자는 사람(人)이 붙게 되면(九 + 人) 구(仇)자가 된다. 이 글자는 원래 친구, 도와주러 온 사람, 아주 친한 사람, 짝(配) 등의 뜻으로 쓰이다가 춘추시대 이후엔 원수라는 뜻을 지니게 된 글자다.

그리고 이 구(九)자는 구중대문(九重大門) 구천지하(九天地下) 등의 표현에서 알 수 있듯이 1수가 최대로 발전, 변화된 단계임을 의미하고 이에 따라 가장 넘기 힘든 고갯길임을 뜻 한다. 이 때문에 우리들은 아홉수 이므로 좋지 않다. 아홉수는 넘기 힘들다 등의 말하게 된 것이다.

그리고 이 구(九)의 단계는 통일과 화합의 단계인 10수에서 하나가(1)가 없는 미완의 상태이다. 즉 통일과 화합 및 완성을 향해 달렸으나 이루지 못하고 좌절된 상태를 나타낸다는 말이다.

김(金)은 쇠붙이, 병장기라는 뜻이고 여기에 아홉(九)이 붙은 김구(金九)는 아홉 개의 병장기(쇠)가 되어 숙살과 투쟁의 뜻이 된다.

이 뜻에 다 먼저 설명한 구(九)자의 뜻을 더해보면 선생의 인생 행로는 완전한 통일과 화합을 지향한 고난의 가시밭길이었으며 끝내는 돕는 듯 찾아온 사람(仇)이 원수(仇 : 안두희)가 되어 흉탄에 비명횡사하게 된 것이다.

이것을 항간의 성명학자들은 성(姓) 한자 이름 한자로 구성되어 중도좌절이라는 흉한 운을 가져왔다로 말하며 이준(李準), 허정(許政), 장면(張勉) 등의 이름을 예로 들기도 한다.

그러나 외자 이름이지만 행복된 삶을 누린 수많은 사람들이 있었는데 이것은 어떻게 설명 할 것인가?

8) 대한민국 초대 대통령 이승만(李承晚)
그가 태어나기 전 그의 부모가 용꿈을 꾸었다해서 그 이름을 이승룡(李承龍)으로 지었다. 그 이름은 15세까지 사용하다가 16세부터 이승만으로 개명했다.

그러므로 16세부터는 이승만이란 이름의 영향력이 작용하나 이승룡이란 이름의 영향력도 조금 작용한다.

먼저 이승룡(李承龍)을 살펴 보면 승(承)은 잇다, 받들다, 받다 등의 뜻이 있다. 용(龍)은 별이름, 귀신이름, 임금, 수신(水神) 등의 뜻이 있다. 두 뜻을 연결해 보면 이 씨를 이어받은 임금, 이 씨를 받드는 용(임금, 귀신, 별)이란 뜻이 있다.

이승만(李承晚)을 풀어보면 만(晚)은 해가 저물다는 뜻에서 늦다, 저녁(夕)이란 뜻으로 쓰이게 된 글자다.

그러므로 이승만(李承晚)이란 이름은 이씨(李氏)를 늦게 이어 받는다는 뜻이다.

이것을 부연해 보면 해(日 : 日本)가 질때(저녁) 조상의 자리인 이씨 왕조(이승만은 전주 이씨)를 이어 받는다는 뜻이다. 그는 철저한 항일 투사였다. 그러나 정권을 잡고 그 정권을 이어 가기 위해 친일파를 숙청하기는커녕 오히려 손을 잡았는데 이 뜻은 자신의 이름에서도 엿볼 수 있다.

즉 만(晚)자는 일(日) + 면(免) 자로 구성되어 있는데 여기다 승(承)자의 뜻을 더하면 일(日 : 日本 및 친일파)을 면하려 했으나 면하지 못하고 이어 받는다는 측자파자에 따른 뜻이 숨어 있는 것이다.

9) 자유당의 실력자 이기붕(李起鵬)

이 사람은 배를 타가다 이승만 대통령 밑에서 부통령까지 지냈으나 부정선거와 수많은 비리를 저질렀다. 그러다 4.19 의거로 독재 권력이 무너지자 아들의 손에 의해 일가족 자살이라는 비참한 말로를 맞이했다.

기(起)자엔 '일어나다', '일다'라는 뜻이 있다. 또 뱀(巳)처럼 몸을 꼿꼿하게 세우고 달린다(走)는 측자에 따른 뜻도 있다. 붕(鵬)자는 엄청나게 큰 새를 일컫는데, 이 새는 큰 바다에 있던 큰 고기(魚)가 변해서 되었다고 한다. (설문해자)

이기붕(李起鵬)이란 글자의 뜻을 맞춰보면 오얏나무(李)에서 구천(九天)을 나르고 하늘한 공간을 더 덮어 버릴만한 큰 새가 일어났다는 뜻이다.

이것을 부연해보면 바다에서 헤엄치고 살아가던 큰 물고기(長)가 어느 날 갑자기 큰 새가 되어 구천을 훨훨 나르게 되었으며 그것은 오얏나무(李承晩 : 李氏)을 통해서 이뤄졌다는 뜻이다. 이것은 바다를 항해하던 큰 배의 선장인 이기붕이 이승만의 눈에 들어 갑자기 세상을 쥐락펴락하게 되는 큰 인물로 변신된 그의 이력과 부합된다.

그러나 큰 새(鵬)가 작은 오얏나무에서 일어나긴 했지만 그 큰 새의 중량에 못이긴 오얏나무는 부러질 수밖에 없다는 비극을 감추고 있다.

※ 이때의 오얏나무(李)는 이기붕 자신의 가문과 이승만 정권을 뜻 할 수 있다.

10) 삼성 그룹 회장 이병철(李秉喆)

이 분의 본래 이름은 이병길(李秉吉) 이었으나 30대 초에 이병철(李秉喆)로 개명하여 한국에서 가장 돈 많은 사람으로 일컬어져 그의 별명마저 돈병철로 불려졌다.

이 분은 1910년(年)생인데, 그의 이름이 어떠했기에 일국의 대재벌이 될 수 있었을까?

병(秉)자는 화(禾 : 벼, 곡식)자에 손으로 잡는다(⺕)는 글자가 더해진 것으로 원래의 뜻은 '손으로 곡식을 잡았다' 였는데 여기서 잡는다는 뜻으로 쓰이게 된 것이다. 철(喆)자는 길한 길(吉)이 중복된 것으로 쓰이고 있는 뜻은 「밝다」 이다. 그러나 길(吉)자 「사(士) + 입구(口)」의 합체로 땅에 씨뿌림(土)을 말 한다(口)는 것이 원래의 뜻이고 여기서 좋다, 길하다는 뜻으로 쓰이게 된 것이다.

※ 사(士)자를 「씨(十) + 땅(一)」의 구조로 해석한 것인데 땅에 씨뿌림. 땅에 씨뿌리는 사람의 뜻으로 쓰였다가 후일에 가서 선비의 뜻으로 쓰이게 된 것으로 생각된다. 따라서 이병철(李秉喆)이란 이름은 씨(十)를 뿌리고 또 뿌려 이삭이 열린 곡식(⺕)과 오얏나무를 손으로 잡았다는 뜻이다.

근면 성실함이 엿 보이고 재물을 잡을 수 있는 사업가로서는 아주 좋은 이름이라 하겠다.

11) 현대의 왕(王) 회장 정주영(鄭周永)

이 분 역시 한국 사람뿐 아니라 전세계의 많은 사람들도 그의 이름을 알고 있는 한국 재계(財界)의 거목(巨木)이었다.

그는 가난한 농사꾼 집안에서 태어났다. 초등학교도 마치지 못한 채 맨몸으로 월남한 그는 불굴의 의지와 기상천외한 지략으로 마침내 한국경제계의 유래없는 거인(巨人)이 되었다.

그의 성공 일화는 후인들의 귀감이 되고 있으며 신화적 존재로 까지 여겨지고 있는 분이었다.

정(鄭)자는 두 손으로 술 그릇을 받들어 올린다는 뜻을 지닌 준(奠)자에 사람 사는 곳을 뜻하는 글자(阝:邑)가 더해진 것으로써 원래의 뜻은 떠받들려지는(奠) 마을 및 고을(阝:邑)이었다. 그러다가 정(鄭)이란 국호를 지닌 나라가 성립됨에 따라 「나라」 라는 뜻을 지니게 되었다. 주(周)자는 넓은 땅에 씨뿌린다. 두루 널리 씨뿌린다는 뜻으로 기산 아래에 있는 넓디 넓은 땅에 씨뿌려 농사짓기 시작한 일에서부터 비롯된 글자로 그 곳을 후인들은 주원(周原)이라 했고 그 나라를 일러 주(周)라 하게 된 것이다. 따라서 지금 쓰이고 있는 「두루」, 「널리」 라는 뜻도 그런 연유에서 파생된 것이다. 영(永)자는 물이 길게 흘러 그침이 없다는 뜻에서 「오래도록」 길다는 뜻이 따르게 되었다.

정주영(鄭周永) 이 석자의 뜻을 묶어 보면 '넓은 땅에 널리 오랫동안 씨뿌려 떠받들어지는 나라' 라는 뜻이다.

이 이름은 외오행도 금금토(金金土)로 상생이고 글자가 지닌 내오행(內五行)도 금(金 : 鄭) 생수(水 : 永)로 상생되어 안팎으로 기가 통하고 있다.

그런데 이 분 말고도 정주영(鄭周永)이란 이름을 지닌 사람은 여러 명이 있을 것인데 그들 모두가 경제계의 신화적 존재가 되어야 되지 않겠는가? 하는 생각이 남는다. 이 분 이름뿐 아니라 이승만, 이병철 등의 이름도 동명이인(同名異人)이 적지 않을 것이다. 그러나 이름이 똑같다해서 똑같은 삶을 사는 것은 아니다. 그것은 똑같은 이름을 지녔을 지라도 태어난 환경에 따라서 그 역할이 다르며 타고난 그릇(四柱八字)이 다르기 때문이다. 이 문제에 대해선 잠시 후에 살펴보기로 하고 다음으로 넘어 가자.

12) 오병문(吳炳文)

오(吳)자는 나라, 성(姓), 큰소리 친다 등의 뜻으로 쓰인다. 병(炳)자는 「불(火) + 병(丙 : 태양을 뜻 함.)」의 구조로 밝다, 빛나다, 나타나다 등의 뜻이 있다. 문(文)자는 원래 사람 몸에 그려 놓은 문신을 나타낸 것이었다. 즉 사람 몸에 그려진 문신 즉 무늬를 나타낸 것으로 원래의 뜻은 「무늬」였다. 이 무늬는 평범한 상태를 돋보이게 하고 아름답게 함으로써 문채나다. 글, 문장 등의 뜻이 따르게 된 것이다.

※ 얼룩덜룩한 무늬가 있는 말(馬)을 문마(文馬)라 한다. 오병문(吳炳文)으로 그 뜻들을 모아 보면 「나라를 빛나게 밝히는 글」, 「문(文)을 밝게 하기 위해 큰 소리 친다.」는 뜻이 있다. 이 사람은 문민(文民) 정부가 들어선 직후 문교

부(文敎部) 장관을 했는데 이름의 뜻과 부합된다.

13) 글(文)의 길의 허락한다는 허문도(許文道).

허(許)자는 허락한다, 나아간다, 곳 등의 뜻이 있다. 문
(文)자는 일반적으로 글, 문화(文化)를 뜻한다. 도(道)자는
길, 이치, 말하다(言) 등의 뜻이 있다. 위 석자의 뜻을 모아
보면, '글(文)의 이치, 글의 길(文道)를 허락한다.' 이다. 문도
(文道)는 무도(武道)와 상대적인 뜻을 지닌 것으로 말과 글
로써 인간다움과 진실을 표방하는 것이고 현재 이것은 언
론과 출판이 중요한 역할을 담당하고 있다. 이런 문도(文道)
를 허락한다는 것은 통제와 검열을 의미 하는데 제 5공화국
에서의 허문도(許文道)씨 역할이 바로 그것이었다.

(2). 측자법(測字法)에 따른 이름 풀이

[예 1]

김	金	天
태	泰	人
곤	坤	地

태(泰)자는 크다(大)는 뜻도 있지만 편안하다, 너그럽다,
아주 심하다는 뜻도 있다. 곤(坤)자는 땅(地)이란 뜻과 순
(順)하다, 계집(女)의 뜻도 있다. 그러므로 태곤(泰坤)이란

이름은 큰 계집, 너그러운 계집이란 뜻이 나온다. 이에 따라 이 사람의 성격은 이해와 관용성이 있어 남의 의견을 잘 받아들이며 남의 허물도 쉽게 용서해주는 너그러운 마음이 있다 그러나 여자처럼 토라지기 잘하는 성격도 내포되어 있다.

그리고 이름 끝 자인 곤(坤)은 「토(土) + 신(申)」의 구조이므로 땅위에서 재주 부리는 원숭이, 뿌려진 씨앗(: 十)을 받아들인 땅(土 :)이 그것을 펼쳐 나오게 한다(申)는 뜻이 있다.

이러므로 어수룩하게 보여도 무엇이던 잘 받아들여 밖으로 창조해 내는 능력을 감추고 있고 남다른 재주가 있다. 이런 뜻 때문에 땅의 덕(德)을 의미한다. 이 글자가 있는 위치는 천(天) 인(人) 지(地) 중에 지(地)에 해당하므로 모(母)가 되고 이 사람의 처(妻)에 해당된다. 그러므로 이 사람의 엄마나 부인(婦人)은 장녀(長女)일 경우가 많고 마음이 넓은 사람이다.

태(泰)자는 삼(三) 인(人) 수(水)로 구성되어 세 사람이 물(술 및 차)을 놓고 앉아 있는 모습이다. 이것은 여러 사람과 술과 차(茶)를 마시며 어울리고 있는 모습이다. 이러므로 남과 어울리길 좋아하며 간간이 지나칠 정도로 술에 취하기도 하며, 술 취했을 때는 호탕한 말을 내뱉기도 한다. 또 태(泰)자는 「크다」, 「많은 물」이란 뜻이 있으므로 장남이거나 장남 역할을 많이 하게 된다. 그런데 김태곤(金泰坤)이란 이름의 구조에서 보면 많은 물(泰)이 위 아래에 있는 금(金, 申)으로부터 생(生)을 당해 엄청 많은 물이 되어 곤(坤)자에 있는 토(土)를 무너트리고 휩쓸어 가는 상이 된다.

이것은 씨뿌려진 땅(土)이 홍수에 잠겨있는 모양이고 이는 하루아침에 전답(田畓) 등의 재산을 상실하는 상이된다. 따라서 지나친 음주로 건강을 잃을 수 있고 과도히 넘치는 지(智)를 써서 한몫 잡으려하면 일조일석에 망하게 되는 상이다.

※수(水)는 오상(五常)으로 지(智)에 해당되고 인체에 있어선 신(腎)과 방광이 되는데 과도한 수기(水氣)는 해(害)가 되는 것이다.

[예 2]

문	文	天
중	重	人
곤	坤	地

문(文)자는 글, 학문을 뜻한다. 중(重)자는 무겁다, 거듭하다의 뜻이며 「천(千)과 리(里)」의 합체자다.

문중(文重)으로 합하여 그 뜻을 맞춰보면 글 및 공부를 거듭한다는 뜻과 천리(千里)밖의 문(文 : 공부, 학문)이란 뜻이다.

이는 재수(再修) 및 삼수(三修) 등을 의미하고 천리 밖에서 학문을 하나 그 결과는 인연 없음을 말하고 있다.

중곤(重坤)으로 뜻을 맞춰보면, 땅(엄마 : 처)이 거듭이다가 되어 엄마가 둘이 던지 처(妻)가 둘이 되는 형상이다. 또 결혼을 거듭하다. 천리 밖 먼 곳에서 씨뿌려 결실을 맺으려고 노력하고 재주 부린다는 천리 밖의 여자와 인연을 맺어 부부가 되나 결혼 생활이 순탄치 않을 것임을 나타내고 있다.

이 사람의 성격은 무거운 땅(重坤)처럼 무게 있어 함부로 조잘거리며 까불진 않지만 여자처럼 토라지길 잘하는 속마음이 내포되어 있고 세력이 강한 쪽에 쉽게 붙어버리는 기질이 있다.

또 거듭해서 씨뿌려 결실을 내보인다는 뜻 때문에 부지런하고 끈덕진 성격도 있다.

[예 3]

김	金	天
차	且	人
문	文	地

김(金)은 쇠, 돈의 뜻이 있다. 차(且)자는 '또' 라는 뜻과 '여기', '미진', '미정'의 뜻이 있다. 문(文)자에는 '글자', '꾸미다', '무늬', '학문'의 뜻이 있다.

이름의 뜻을 종합해 보면, 그는 둘째아들로 태어났으며 잔소리가 많다. 그리고 매사에 머물고 쉽게 나아가길 꺼려하며, 의사 표시가 명확하지 않다.(未定)

이 이름에서 문(文)자의 위치가 맨 아래쪽 인지(地)에 있으므로 또 다시(且) 지(地 : 妻)를 취한다는 뜻이 숨어 있어 여러 여자와 연분을 맺을 수 있다.

김차문(金且文)으로 하여 전체적인 뜻을 살펴보면 돈(金) 다음에 학문, 돈(金) 다음(且)에 꾸미고 나타냄(文)이란 뜻이 되어 겉모양이 어떻든 학문이 있든, 없든 돈만 있으면 제일이라는 인생관을 지니고 있다.

※ 차(且)자는 그 형태가 무덤 앞에 세워져 있는 비석으로 측자(測字)된다.

이러므로 형제나 가족 중에 단명 및 비명횡사자가 있게 된다. 그리고 이 차(且)자는 원래 남성기(男性器)를 상형한 글자로 조(조지 : 자지)로 읽혀졌다.

즉. 지금의 「차」는 조(좆)의 변음이라는 말이다.

◎ 조(祖) : 귀신에게 제사지냄, 귀신의 뜻을 지니고 있는 「시(示)와 조(且)」의 합체로서 조상, 선조, 근본의 뜻으로 쓰인다.

남성기에서 나온 한 방울의 물에 의해 하나의 생명이 비롯되었다고 생각한 탓에 만들어진 글자인 것이다.

따라서 본 뜻은 「생명이 있게끔한 근원을 제사지냄」 또는 「제사를 받을 수 있는 생명(사람)의 근본」이다.

[예 4]
정　　鄭　　天
미　　美　　人
분　　枌　　地

1959년에 태어나 2013년 55살 되는 여성의 이름이다.
　정(鄭)자는 술(酉)을 받들어 올리는 땅 및 마을(阝)의 뜻을 지니고 있다. 오행(五行)으로는 금(金)에 해당 된다.
　미(美)자는 「양(羊) + 크다(大)」의 합체로서 양(羊)이 크다. 크고 토실토실한 양이란 뜻으로, 좋다, 아름답다는 뜻을 나타냈다.

　※ 한국어 「아름답다」는 한아름, 아름드리, 아름불다 등의 말에서 알 수 있는 것처럼 부피가 크다는 뜻이다.
　따라서 원래는 곱다, 예쁘다는 뜻을 나타내는 말은 아니었다. 옛날의 우리들은 둥글둥글 큰 것을 가치있는 것, 좋은 것으로 받아들였는데 이에 영향되어 「큰 것은 좋다(아름답다)」는 예쁘다 곱다의 뜻마저 지니게 된 것이다. 이 글자(美 : 羊 + 大) 역시 한국어에 따른 조자법에 의해 이뤄졌음을 알 수 있다.
　분(枌)자는 「쌀(米) + 나눌 분(分)」의 구조이고 분(分)자는 「빠개다(八) + 가르다(刀)」의 구조다. 따라서 쌀(米)을 빠개고 갈라 놓으면 가루가 된다는 뜻이다.
　이상의 뜻으로 필자는 다음과 같이 말해주었다.

"당신은 술이나 차(茶) 등을 받들어 올리는 직업을 가졌을 것이며 부부운과 이성운은 갈라지고 찢어지기 일쑤였으며 재산 또한 일조일석에 가루(粉)가 되어 바람에 날려 갔군요.

그런데다가 몸은 팔자에 없는 수술과 부상을 당했을 것이고 항상 칼을 안고 자는 것처럼 불안했을 것입니다. 당신의 이름 풀이가 이러한데 어땠습니까?"

슬픈 눈동자로 필자의 입술만 쳐다보고 있던 정여인은 한숨을 푹 쉬며 대답했다.

"예! 선생님 말씀 그대로 였습니다. 이제라도 이름을 바꾸면 그런 운명을 면할 수 있겠습니까?…… 그렇다면 예쁘고 좋은 운을 가져다 주는 이름하나 즉시 지어 주세요."

[예 5]

김	金	天
정	貞	人
북	北	地

하얀 얼굴 속에 맑고 시원한 눈동자를 지닌 30대 후반의 여성이었다. 그녀가 불러주는 이름을 들은 필자는 즉시 글자를 그려가며 입을 열었다.

"북(北)자는 원래 앉아 있는 두 사람이 서로 등을 지고 있는 그림(北)이었습니다. 따라서 이 뜻은 가까웠던 사람과 등을 지게되며 믿었던 사람에게 배신(背信)을 당하는 것입

니다. 뿐만 아니라 북(北)은 뒤를 뜻하고 죽음과 파멸을 뜻
합니다. 이러므로 뒤졌다(죽었다.)로 말하는 것이지요. 따라
서 아무리 노력해도 결과는 도로 무공이랍니다. 당신의 이
름 중에 있는 북(北)이라는 한 글자만의 풀이가 이러한데
살아온 과거가 어땠습니까?"

"말씀하신 것과 이때 것 살아온 저의 삶이 일치되긴 하는
데 그것이 저의 이름 탓이라니 정말이지 쉽게 믿어지질 않
는 군요. 어쨌든 그렇게 나쁜 이름이라니 지금 즉시 행운이
깃들 수 있는 좋은 이름 하나 지어 주십시오!"

그녀는 동그랗게 뜬 눈으로 나를 쳐다보며 말했다.

[예 6]

박	朴	天
대	大	人
호	虎	地

성(姓)인 박(朴)자는 밑둥(木), 나무, 질(質)의 뜻으로 쓰
이고 있다. 그러나 이 글자는 「나무(木) + 박, 복(卜)」의
구조로 밖으로 나옴, 밝혀져 나옴 등의 뜻이 있다.

이러므로 소박(素朴 : 본 바탕 그대로 밖으로 나타남), 질
박(質朴 : 생긴 그대로 밖으로 나타난 상태), 순박(淳朴) 등
으로 쓰이고 있는 것이다. 대(大)자는 큰 사람이 네 활개를
벌리고 서 있는 모양을 그린 것으로 원뜻은 큰 사람이고 여
기서 크다는 뜻으로 전용된 것이다. 호(虎)자는 호랑이를

나타낸 것이다.

세 글자(朴大虎)의 뜻을 연결해 보면 '큰 호랑이(大虎)가 밖으로 나왔다' 이다. 호랑이는 큰 산 깊은 숲 속에 있든지 우리 속에 갇혀 있어야만 자신에게도 좋고 남에게도 피해를 주지 않는다.

그런데 큰 호랑이가 밖으로 나왔으니 먹잇감이 있으면 서슴없이 달려들어 명줄을 끊어 놓을 것은 분명하고 이리 되면 사람에게 발각되어 사살되던지 우리 속에 갇히는 신세가 될 것은 뻔하다.

이 사람은 1996년 가을에 찾아온 설모여인의 장남인데 그때에 감정해준 풀이 내용이었다.

기분 나쁜 얼굴로 돌아갔던 설여인이 필자를 다시 찾아 온 것은 2000년 2월경이었다.

굳은 얼굴로 필자 앞에 앉은 그녀에게 필자는 먼저 큰 아들인 대호(大虎)의 안부부터 물었다. 땅이 꺼져라 한숨을 내쉰 그녀의 입에서 쏟아져 나온 말들은 아래와 같은 내용이었다.

1999년 어느 봄날 대호(大虎)와 그 또래 몇 명은 같은 수의 여자애들과 함께 바닷가 어느 술집에서 어울렸다. 대호는 예쁘장하게 생긴 김양에게 할 말이 있다며 바닷가에 있는 큰 바위 위로 그녀를 데리고 갔다. 만취된 상태인 대호와 김양 사이에 무슨 일인지 격한 다툼이 있었고 휴대폰을 든 대호의 손이 번쩍 쳐들렸다가 내리쳐졌다. 옆머리에 일격을 당한 김양이 쓰러지면서 바위에 머리를 심하게 부딪쳤다.

체포된 대호에게 내려진 죄명은 강간치사였다.

언제 나올지 기약없는 무기수 아들을 둔 에미의 심정….

말을 마친 설여인의 촉촉해진 눈자위를 보며 필자 역시 잠시 동안 할 말을 잊고 멍하니 앉아 있기만 했다.

[예 7]

곽	郭	天
도	桃	人
화	花	地

이 여인은 1991년 11월 9일자 신문(부산일보, 세계일보)에 정부(情夫)와 짜고 병든 남편을 목졸라 죽여 체포된 사람으로 보도 되었다.

색정(色情)으로 인하여 남의 생명을 뺏고 자신마저 망친 하나의 예인데 이 사람의 이름에 그런 뜻이 들어 있다.

곽(郭)자는 성(城) 바깥을 뜻한다.

도(桃)자는 복숭아 나무라는 뜻이 있고 조짐(兆)이 나타남(木)이란 측자법에 따른 뜻이 있다. 화(花)자는 꽃, 화류계, 써 없앤다는 일반적으로 쓰이는 뜻이 있고 재주 부려(化) 나타남(艹), 변화되어 나온 것이란 글자 본래의 뜻이 있다. 이름 석자를 묶어 보면 "성 밖에 피어 있는 복숭아 꽃" 울 밖에 복숭아 꽃이 피었다는 뜻이 된다.

이 뜻은 담장밖에 활짝 피어 있는 복숭아 꽃이 오가는 뭇 벌레들을 유혹하고 있는 상이다.

역(易)에서는 음란색정의 별을 도화(桃花)라 하며 이것은 음란색정으로 몸을 망친다로 말하고 있다. 이런 좋지 못한 이름을 사용한 탓으로 그녀의 심신에는 색정이 꿈틀대는 기운이 녹아들게 되었고 이럼에 따라 일찍 이성에 눈을 떠 연애 결혼을 했으며 남편을 두고도 외간 남자와 붙어 가출을 밥먹듯 했던 것이다. 그러면 이 여자에게 살해된 남편의 이름을 살펴보자.

[예 8]

윤　尹
한　漢
만　萬

윤(尹)자는 길게 그어진 것을 손으로 잡고 있는 모양을 그린 것으로 원래의 뜻은 강악하고 있다.(크게 잡고 있다.)이다. 이러므로 벼슬 이름(尹)으로 쓰였다. 한(漢)자는 큰 물, 놈(者)의 뜻으로 쓰이고 있다. 만(萬)자는 일만(千의 10 배), 많다 등의 뜻이 있다. 한만(漢萬)으로 묶어 보면, 물이 만개가 된다는 뜻이다. 엄청나게 많은 물이다. 이렇게 물이 많으면 홍수(洪水)가 되어 사납게 흘러가기만 할 뿐 나무(木)를 키우지도 못하고 사람에게 필요한 물이 될수 없다. 오행(五行)의 이치로 이 뜻을 부연하면,
물이 엄청 많으면 나무(木)는 떠내려가며 그 뿌리가 썩게 되고 금(金)은 가라앉고 흙(土)은 무너져 내려 흙탕물로 변

한다.

이러한 이치를 윤 씨의 건강에다 결부시켜보면 아래와
같다.

물이 많으면 화기(火氣)에 속하는 심장과 혈액순환관계
가 극을 받고 이에 따라 토(土)에 속하는 비장과 위장이 나
빠지며 토(土)의 생(生)을 받는 금(金)에 속하는 폐, 대장이
약해진다. 이렇게 약해진 금기(金氣 : 폐, 대장)는 그 역할을
상실 할 수밖에 없으니 폐병이 아니 생길 수가 없는 것이다.
그리고 한만(漢萬)이란 이름을 소리 나는 대로 불러보면 한
만(한 많)이 된다. 이런 탓으로 윤씨는 한 많은 일생을 한을
머금은 채 마감한 것이 아닌가 생각된다.

[예 9] 성(姓) 폭행 공갈법 황인성(黃仁性)

황(黃)자에는 누르다(황색), 급히 서둘다, 어린아이, 늙은
이, 아무것도 없다(황이다)는 뜻이다.

인(仁)자는 「사람(亻) + 둘(二)」로 구성되어 어질다. 동
정심이란 뜻으로 쓰이고 있으나 두사람(二人)이란 파자(破
字)에 따른 뜻도 있다.

성(性)자는 「마음(忄 : 心) + 나타났다. 산다(生)」의 구
조로 마음으로 산다, 마음을 나타냈다는 뜻이 있고 성품, 마
음, 바탕, 색욕(Sex)이란 뜻도 있다. 일반적인 풀이로 보면
인성(仁性)은 어진 성품, 착한 마음들의 뜻이 있으나 '사람
(人)이 두 마음(二心)에 따른다'는 뜻도 있다. 그리고 두 사
람(二人:仁)과 섹스(性)한다는 뜻도 있다.

황인성(黃仁性)이란 이름을 파자(破字)하여 이리저리 묶어 보면 황인성(黃仁性), 황이심(黃二心), 황이생(黃二生)으로 묶을 수 있다. 이런 것들에서 늙고 어린(幼) 또는 황이 되어 버린 인생(人生), 늙고 어린(幼) 두 개의 마음(心), 섹스(性)로 인해 황(말짱 황이다.)이 되어 버렸다는 뜻이 된다. 사람의 일생은 일관된 한 가지 마음으로 살아야 올바른 삶이 될 것이나 두 가지 마음으로 이럴까 저럴까 오락가락하게 되면 인생을 망치기 쉽다. 또 두 마음을 지니고 사는 사람을 어느 누가 좋아할 것인가. 이렇게 이 사람(黃仁性)은 신문에 까지 그 이름이 오르게 된 수치를 당했지만 좀 더 자신의 마음을 굳게 다스렸다면 그렇게까지는 되지 않았을 것이 아닌가 생각해 본다.

[예 10] 물이 있어야 사는 선녀(仙女)

1973년(生) 박도선(朴道仙)

도(道)자는 길, 이치, 말할(言), 말미암을(由) 등의 뜻이 있으나 쉬엄쉬엄 갈착(辵)자와 머리(首)의 구조로 이뤄져 있어 아주 높은 곳(首)으로 간다, 아주 높은 곳으로 가는 것. 이런 파자(破字)에 따른 뜻이 있다.

선(仙)자는 「사람(人) + 산(山)」으로 구성되어 산에 사는 사람, 보통 사람(俗)이 아닌 특별한 사람을 뜻하며 여기서 신선(神仙)이란 뜻으로 발전되었다.

박도선(朴道仙)이란 이름에는 길(道)에서 얻은 선녀 같은 딸이라는 이름지은 사람의 뜻이 숨어 있다. 즉 산모(産母)

가 길을 가던 중에 출산했다는 내력이 들어 있다. 또 이 이름은 산(山)자가 들어간 부산, 울산, 온산 등에서 태어났던지 그런 지명이 있는 곳에서 살고 있는 사람이란 뜻도 들어 있다.(仙은 사람 + 산이다.)

그리고 성명 석 자를 이리저리 나눠서 묶어 보면

복도인(卜道人)이 되고 목도선(木道仙), 복수산(卜首山), 목착인(木辵人)이 된다.

이 중에서 목도선(木道仙)이란 말을 풀어보면 나무(木)의 이치(道)에 따른 선녀(仙)이다. 이것을 역리(易理)에 비춰 좀 더 부연하면 다음과 같다.

목도(木道) 즉 나무의 길이나 이치는 물(水)있는 곳에서 수기(水氣)의 생(生)을 받아야만 잘 자랄 수 있고 살 수 있다.

그러므로 이 뜻은 물 있는 곳에서 생활하는 수영선수나 수영강사 및 해녀(海女)를 뜻 할 수 있다.

그러나 선녀 같이 고운 자태를 나타내려면 해녀(海女)쪽 보다 수영선수나 수영강사 쪽이 될 것이다. 실제로 이 여자는 여고때 수영선수를 했으며 이후엔 수영장의 강사 생활을 10여년 이상 계속하고 있다. 그리고 묘하게도 울산(山)과 부산(山)을 무대로 하여 활동하고 있다. 또 이 여자는 가족중의 맏이 노릇을 하고 있는데 그 까닭은 도(道)자에 수(首 : 우두머리)자가 들어 있어서 이다.

※ 首人은 우두머리 노릇하는 사람. 그 외의 뜻은 그녀의 사생활과 관계있으므로 생략한다.

[예 11] 통닭구이집 하다 타살당한 사람

성병집(成炳集)

이 사람은 1993년 7월경 통닭집을 경영하다가 어느 날 산 기슭에서 목졸려 죽은 시체로 발견되었고 그날 이 사람의 부인 역시 행방불명이 되어 '부산일보' 등에 며칠째 계속 보도된 일이 있다.

이런 끔찍한 불행이 이름과 어떤 연관이 있을까?

성(成)은 7획 병(炳)은 9획 집(集)은 12획으로 이뤄져 오행은 어떻고 수리(數理)는 어떻다하는 이때까지의 성명학으로 풀면 별다른 문제도 발견할 수 없는 이름이다.

그러나 다름과 같이 풀어 보자.

성(成)은 「무(戊) + 정(丁)」으로 구성되어 산이나 언덕을 뜻하는 무(戊)에 촛불(丁火)를 켜놓은 모양이며 이루다, 마치다, 거듭하다는 뜻으로 쓰이고 있다. 병(炳)자는 「불화(火) + 병(丙)」으로 구성되어 있는데, 역학에서는 화(火)는 사람이 지핀 장작불 등을 뜻하고 병(丙)은 태양불, 전깃불 등을 뜻한다.

일반적으론 밝다, 빛나다, 나타나다는 뜻으로 쓰이고 있다.

집(集)은 새(鳥)를 뜻하는 「추(隹) + 나무(木)」로 구성되어 나무 위에 새(鳥)가 있다는 본래의 뜻에서 모이다(모으다.), 나아가다, 편안하다, 가지런히 하다 등의 뜻을 지니게 되었다. 이젠 성병집(成炳集)이란 이름을 세로로 세워 놓고 관찰 해 보자.

成
炳
集

　이렇게 써놓고 각각의 글자가 지닌 뜻과 이름의 상(象)을 보면, 나무(木) 위에 새(鳥 : 隹)를 가지런히 얹어 놓고 장작불이나 숯불(火)과 전깃불(丙)로 굽고 있는 모양이 나타난다. 이 모양에다 성(姓)인 성(成)자의 뜻을 더하면 나무(木) 위에 새(鳥 : 隹)를 가지런히 놓고(集 : 집) 장작불과 전깃불(丙 : 병)로 구워내다가 끝마친다(成 : 성)는 뜻이 된다.
　그렇다면 성병집(成炳集)이란 이름을 지닌 모든 사람은 그런 끔찍한 일을 당할 것인가? 하는 문제가 남는다. 이 문제는 뒷장 명(命)과 이름의 관계에서 살피기로 하겠다.

　[예 12] 초승달 떠 있는 밤에 리어카를 끌고 다니는 여자.
　1991년 유난히도 무더운 어느 여름 출판 관계로 밖에 나갔다가 출판사 길목에 있는 역술인 이 선생 댁을 쉬어갈 겸 해서 찾았다. 역학(易學)하는 사람들 끼리 만나면 화제는 당연히 역술(易術)쪽으로 흐르게 된다. 이런저런 얘기 끝에 이 선생이 일어나더니 흑판에다 조차련(趙次連)이란 이름 석자를 세로로 크게 써놓고
　"김선생! 이 이름 한번 풀어 보겠소?"했다.
　"한번해 보지요, 그런데 저 여자의 나이는 몇 살입니까?"
　"올해 45살입니다."

"저 여자는 둘째 딸로 태어나 남편 복이 없어 남의 두 번째 부인이 되었군요.(재취로 갔다.) 그런데 남편이 가져다 주는 돈으로는 생활이 어려워 돈벌이에 나섰는데 아마도 자동차 아니면 리어카를 끌고 다니는 행상(行商)을 했을 것입니다. 술이나 음식을 파는 장사 말입니다…. 그리고 그렇게 장사하는 중에 교통사고도 두 번 정도 당했을 것이며 도둑을 만나 벌어 놓은 몇 푼마저 몽땅 털렸을 것입니다. 또… 저 여자는 독실한 불교신자로서 윗대부터의 믿음을 이어받았을 것이지요. 이 선생! 저의 실력으론 이 정도까지 밖에 풀지 못하겠는데 이때까지의 풀이가 사실과 부합되는지요?"

말을 마친 필자는 약간 불안한 마음으로 이 선생을 쳐다봤다.

이 선생이 빙그레 웃으면서 말했다.

"김 선생! 이 이름을 송도에 사는 박 모 선생은 '작은 달(小月) 비치는 밤에 리어카를 끌고 장사하기 위해 달린다'로 풀었는데 김 선생의 풀이와 맥이 통하는 군요. 어째서 그런 풀이가 나왔는지 한번 설명해 주시겠소."

이하 그 풀이법을 설명한다.

조(趙)자는 조나라를 뜻하는 글자이나 달릴 주(走)와 소월(小月)로 구성되어 작은달(小月) 있는 밤에 달린다(走)는 파해(破解) 측자법에 의한 뜻이 있다.

차(次)자는 두이(二)와 하품하다, 부족하다, 이지러졌다의 뜻이 있는 흠(欠)자로 구성되어 두 개의 흠이 있다. 즉 여자에 있어 중요한 남편 복과 돈 복이 결여된 상으로 보았으며 차(次)는 다음(버금)이라는 뜻이 있어 둘째딸로 봤던 것이다.

연(連)자는 쉬엄쉬엄 갈 착(辶)과 수레차(車)의 합성으로 이을, 연결, 끌린다는 뜻이 있으나 수레를 끌고 간다, 수레를 타고 간다는 측자법에 따른 뜻도 있다. 그러나 연(連)자의 본뜻을 알기 위해선 차(車)자의 뜻을 먼저 알아야 하는데 다음과 같다.

차(車)자가 만들어질 그 당시의 차(車)는 말이 끄는 바퀴 달린 달구지로서 전차(戰車)를 뜻하는 것이었다.

싸울 때 쓰이는 이 차(車)는 홀로 움직이는 법이 드물었고 대열을 지어 일정한 법도에 따라 진퇴를 했다. 이럼에 따라 다음의 글자들이 생겨났다.

진(陣) : 「언덕(阝 : 부) + 차(車)」의 합체로서 차(車)가 모여있다(阝 : 부)는 뜻이다.

※ 언덕(阝)은 사람이 모여 살았던 탓으로 모여 있다는 뜻을 나타내는 기호문자의 역할도 하고 있다.

원(院), 제(除), 인(隣) 등등의 글자는 언덕(阝)에 모여 있다는 뜻으로 풀어야 한다.

군(軍) : '크다', '많다', '모두이다'는 뜻을 나타낸 글자(冖)와 차(車)의 합체다.

따라서 군(軍)은 싸울 때 쓰이는 전차 모두를 칭한다는 뜻이다.

운(運) : 간다는 뜻을 나타낸 착(辶)과 군(軍)의 합체. 모든 전차가 간다. 전차가 움직였다는 뜻.

범(範) : 규범의 뜻으로 쓰이는 글자다.

차(車)가 나가고(艹) 들어옴(卩)은 일정한 규범에 따라야 한다는 뜻에서 규범의 뜻이 따르게 됨.

재(載) : 차(車)에다 창(戈 : 과)을 가득 실은 모양이다. 이에서 싣다의 뜻이 나왔다.

연(連) : 차가 간다는 뜻이다. 차는 대열을 이루고 일정한 간격을 두고 움직였다. 이 뜻에서 떨어지지 않고 따라 간다, 연달아, 이을 등의 뜻이 따른 것이다.

그러므로 차련(次連)이란 이름은 여자로서 다음으로 이어간다는 뜻이 있고 이 뜻은 재취로 간다는 뜻이 된다.

또 연(連)자 머리위에 초두(艹)가 붙게 되면 연꽃 연(蓮)자가 된다.

가관측법(加冠測法)을 활용한 것이다.

이 연꽃은 불교를 상징하는 꽃이며 불교는 자비를 근본 종지(宗志)로 하기 때문에 남을 먹이고 입히는 일과 관계있다. 이런 음식 장사를 할려면 그릇(皿)이 필요한데 이 그릇을 뜻하는 皿자를 차(次)자에 붙이게 되면 도(盜)자가 된다. 이러므로 음식 장사하는 중에 도둑을 맞았을 것으로 추단하게 된 것이다. 또 차(次)자는 2개의 홈을 뜻하므로 사고를 당해 신체에 홈이 있을 것으로 추리했던 것이다.

[예 13] 도쿄(東京)에서 늙은 남자의 첩(妾)이 된 여자.

秋
景
姿

　필자에게 역학을 배우고 있던 박양이 내놓은 이름이다.
　"선생님! 내 동생뻘 되는 애인데 이름이 어떻습니까?"
　어떤 문제든지 일단 의심부터 해보고 확인해야만 납득하
는 박양의 성격으로 미루어 볼 때 결코 평범한 삶을 살고
있는 이름이 아닐 것이라 짐작했다.
　"박양! 이 문제 잘 풀어 합격점 받으면 커피 한잔 사겠
나?"
　필자는 슬쩍 눈치를 떠 보았더니 아니나 다를까 박양의
얼굴에 당황한 빛이 스쳐지나갔다. 이런 시험은 잘쳐야 본
전이고 잘 못치면 그야말로 불신만을 얻게 되는 아무 소득
없는 것이다.
　"에 또… 이 여자는 둘째 딸(次女)로 태어났고 첫 결혼은
실패로 끝나겠으며 나이 많은 사람의 두 번째 여자가 되는
이름인데 그렇지 않니?"
　필자의 말을 들은 박양은 고개를 갸우뚱거리면서 눈을
몇 번 감았다 떴다 하더니 입을 열었다.
　"그것까지는 맞습니다만 또 다른 것은 안나옵니까?"
　그녀의 파물음속에는 어떤 특이한 사항이 있음을 암시함

과 동시에 아직도 자신이 듣고자 하는 문제의 해답이 나오지 않았다는 것을 말하고 있었다. 그래서 다시 한번 그 이름의 이모저모를 뜯어보고는 입을 열었다.

"박양! 이 여자 지금 일본 동경에 가 있지 않니?"

"아닌데요. 지금 부산에 있습니다."

박양은 재빠른 대답과 함께 무언가 말을 할듯말듯한 망설임을 나타냈다.

"그렇다면 이 여자는 이혼한 후 일본 동경에 갔겠고…, 그 곳에서 조명빛 현란한 술집을 다니다 돈 많은 일본 사람을 만나 지금까지 그 사람의 둘째 여자로 지내고 있겠구만. 박양! 내 이름 풀이가 합격됐니?"

필자의 입만을 빤히 쳐다보고 있던 박양은 그제서야 배시시 웃으며 고개를 끄떡 했다.

"선생님! 커피는 나중에 살테니 먼저 어떤 이치로 그런 풀이가 나올 수 있는지 그것부터 설명해 주세요."

"그래. 커피는 곱빼기로 사야한다."

이하 그 풀이법을 설명한다.

추(秋)자는 「벼 화(禾) + 불 화(火)」로 구성되어 곡식(禾)을 탄다(얻는다)는 한국어의 형상화임을 밝힌 바 있다. 이렇게 곡식을 거둬들이는 가을은 사람의 일생에 있어서는 노년기에 해당되고 사계절 중에서 가장 풍요로운 때이다.

경(景)자는 빛, 경치라는 일반적인 뜻이 있지만 「일(日) + 서울 경(京)」의 합체자로서 파자(破字)하면 일본(日)의 서울(京)이란 뜻이 있다. 자(姿)자는 「버금 차(次) + 계집녀(女)」의 합성으로 버금되는 여자. 즉 어금(첫째)은 못되지만 그에 필적할만한 여자라는 뜻으로 발전 된 글자이다.

또 자(姿)자는 차녀(次女), 다음 번(次) 여자(女)라는 파자(破字)에 따른 뜻이 있다.

이것을 부연하면 봄 여름의 싱싱한 젊음이 넘치는 풍경보다 성숙되고 결실있는 풍경에 관심이 있고 그런 환경이 되어야만 좋다는 뜻이다. 바로 이것은 일차적 계절의 진행인 봄과 여름은 싫고 그러므로 그것을 버리게 되고, 이차적 성숙의 진행인 가을과 겨울이 되어 좋다는 뜻이다. 즉 일차 연분은 실패하고 늙은 사람이며 돈 많은 사람(秋는 老)과 연분을 맺는다는 말이다.

그리고 성(姓)과 이름의 첫째자인 추경(秋景)을 파해 측법으로 살펴보면 다음과 같다.

늙고 돈 있는 사람(秋의 뜻)과 사랑(日字는 口가 두 개 맞붙어 있는 글자로 입맞춘다는 뜻)을 했는데 그 장소는 일경(日京) 즉 일본의 서울인 도쿄(東京)였다는 뜻이 나온다.

위와 같은 필자의 이름 풀이법을 경청하고 있던 박양이 또 한번 물었다.

"선생님! 그렇다면 추경자(秋景姿)라는 이름을 지닌 여자는 모두 일본 동경의 술집에 있게 되고 일본 사람의 2호 부인이 된다는 말씀입니까? 그리고 그 애의 언니 이름 역시 추경희(秋景姬)인데 역시 늙은 남자와 인연있고 일본 동경에 있었겠네요?"

측자점법의 깊은 이치를 알지 못한채 현상적인 시각으로

만 파악하려는 박양의 따지는 듯한 반문에 약간은 짜증이
나고 답답함을 느꼈으나 일반인으로서는 당연한 물음이기
에 설명 할 수 있는 데까지 설명하기로 했다.

"박양! 그것은 그렇지 않아. 똑같은 이름이라도 판단할
때의 시기(時期)와 주위 정황을 참작해야 하고 태어난 해
(生年)를 이름과 같이 살펴야하는데 이것을 측기(測幾)라
하지. 이 측기는 해석의 생명이고 핵심이 되는 것으로써 오
랫동안의 경험과 세밀한 관찰력이 있어야 해. 그러므로 이
에 대한 충분한 이해는 측자법을 깊이 있게 연구 해야만 돼.
조금 더 설명하기로 하지."

필자는 역리(易理)와 글자를 살피는 방법에 대해 밤 늦게
까지 설명해 주었다.

[예 14] 눈 속에 펼친 사랑 신설애(申雪愛)

1987년 12월 어느 날 한송이 매화꽃 같은 느낌을 주는 아
가씨인지 아줌마인지 분간이 잘 안되는 젊은 여인이 찾아
왔다. 다소곳이 앉아 제시한 자신의 이름이었다.

신설애(申雪愛)씨라! 이름을 잠시 살펴본 필자는 입을 열
었다.

"눈 속에 펼친 사랑이라는 뜻인데 얼핏 생각하면 참으로
낭만적이고 정열적이며 한 폭의 그림을 연상케하는 이름입니
다만 당신의 인생 행로는 아주 좋지 않게 되는 이름입니다."

필자가 여기까지만 말하고 뜸을 들이자 그녀는 바짝 다
가 앉으며 좀 더 구체적으로 말해 줄 것을 요청했다.

"신설애씨! 당신의 주위에서 반대하는 어려운 여건 속에서도 오직 열정만으로 그것을 이루었습니다. 그렇지만 그렇게도 너 없으면 못 산다던 남편은 불과 몇 년도 가지 않아 당신에 대한 사랑이 식었습니다. 그리하여 이틀이 멀다하고 외박할 뿐아니라 생활비마저 잘 주지 않는 군요. 그래서 부딪쳤다하면 부부싸움이고 끝내 지친 당신은 이혼 아니면 가출을 계획하게 되겠지요…. 혹시 지금 가출하여 있지 않습니까?"

"예, 맞습니다. 그렇게 됐습니다. 그런데 저는 무슨 일을 하면 되겠습니까?" 그녀는 손을 들어 자신의 머리 결을 두어번 빗어 넘기며 말했다. 이렇게 되물을 때는 두 가지 뜻이 있는데

첫째는 참으로 자신이 어느 길로 가야 잘 되겠는지 알고 싶어서이고, 두 번째는 '나 지금 무슨 일 하고 있는지 맞춰봐'하는 시험적인 뜻이 있는 것이다.

필자는 즉답을 피하고 물끄러미 그녀의 눈동자를 쳐다봤다. 흑백이 또렷한 아름다운 눈동자 속에선 뜨거운 열정이 꿈틀거리고 있었다. 담배에 불을 붙이며 뜸을 들인 필자는 입을 열었다.

"신설애씨 당신은 뭇사내들의 눈길을 끌만한 용모를 지녔는 데다가 가슴 속에서는 식을 줄 모르는 열정이 꿈틀거리고 있으니 남자 상대의 물장사가 제일 적합할 것 같군요. 앞으로 한 십년간은 말입니다."

말을 마친 필자는 담배 연기를 길게 내뿜었다.

이하 풀이법을 기술한다.

신(申)자는 진(秦)나라 때 진시황이 문자 통일 정책을 펼 때 만들어진 자체(字体)로서 밭전(田)자 상하로 두 개의 선을 그려내어 아래 위(上, 下) 바같(田)으로 나왔다. 안에서 바같(밭 : 田)으로 상하로 길게 내놓다는 언어를 형성화 한 것이다.

이것으로 펼치다(펼쳐내다.)는 뜻을 나타냈고 아뢰다의 뜻도 따르게 된 것이다. 그러므로 신(伸)의 본체자이다.

유(由) : 밭(田)위로 선하나가 나온 형태인데 바로 바같(밭 : 田)으로 나왔다는 뜻이다. 이러므로 자유(自由 : 스스로 밖으로 나옴) 유래(由來) 연유 등의 말이 이뤄질 수 있는 것이다.

유(油) : 기름의 뜻으로 쓰이는 글자로 「물(氵) + 유(由)」의 합체다. 바같(밭 : 田)으로 나온 물 같은 것의 뜻이며 열매나 살속에 들어있는 것을 밖으로 짜낸 기름을 이렇게 그려낸 것이다.

갑(甲) : 밭(田) 아래쪽으로 선하나가 나와 있는 그림이다. 유(由)와 반대적인 형상이다. 글자의 머리 쪽에 밭 전(甲)을 그려 맨 위쪽(머리쪽)에 있는 바같(밖 : 밭)을 나타냈다. 이 글자는 상(商) 나라 때엔 字자 형으로 그려져 쓰이다가 진시황 때에 지금의 모양으로 바뀐 것이다.

이런 글자들 외에 많은 글자들이 바뀌게 되었는데 한국어를 형상화 시킨 글자들이 아주 많다.

이것을 보면 진(秦)나라는 우리들의 선조인 동이족(東夷

族)이 세운 나라라는 것을 알 수 있다.

이러므로 유교(儒敎)를 국가통치의 이념으로 한 한족(漢族)의 한(漢)나라 때부터 진시황을 까내려 만고 폭군으로 몰아 버린 것으로 생각된다.

천하통일의 위업을 달성한데다 문자통일, 도량형통일, 화폐통일, 천하의 도로망 확충 정비 등의 대업을 세운 그 어느 제왕도 하지 못한 치적을 남긴 군주를 단지 유교경전과 잘못 기록된 역사책 등을 불사르고 이에 항거하는 유생(儒生)들을 진법(秦法)에 따라 매장시킨 일을 빌미삼아 말이다. 문자를 공부하여 한 개인의 길흉사상(事象) 등을 파악하는 것보다 잘못 전해지고 있는 진실된 역사를 규명하는 일이 더 큰일이라 생각하여 몇 자 덧붙인 것이다. 고정된 지식에 얽매이지 않고 밝은 지혜의 눈을 지닌 이들이 있어 이 글을 보고 필자가 찾아내지 못한 한국어를 형성화 시킨 문자들을 더 찾아내어 우리의 잃었던 역사를 되찾는 일에 일조를 한다면 이 글을 쓰는 이는 더 없는 보람으로 여길 것이다.

※ 밭(田)은 바깥을 나타내는 음부(音符)라는 것을 앞에서 밝힌 바 있으니 참고 할 것.

설(雪)자는 비(雨)가 얼었다는 것을 그려낸 글자다.
애(愛)자는 마음(心)을 주고 받는다는 것을 그려 놓은 것으로 이름에 쓰게 되면 사랑에 실패 부부이별 별거가 많으며 허리 및 다리에 병이 있던지 아프게 된다.

집착이 강하고 편향적인 성격이 많다. 앞장 각각의 글자 풀이편을 참고 할 것.

신설애(伸雪愛)로 묶어 놓고 그 뜻을 이리저리 맞춰보면 추운 겨울 눈 속에서 펼치는 사랑이란 뜻이 된다.

이 눈 속의 사랑은 어렵고 힘든 사랑으로 뜨거운 열정이 없으면 이룰 수 없다. 그리고 아무리 뜨거운 열정이 있다 하더라도 추운 겨울날 한기와 수기(水氣)가 극심한 속에서는 쉽게 식을 수밖에 없는 사랑이다. 이러므로 어려운 환경을 열정 하나로 이겨내 사랑을 성취했지만 얼마안가 그 사랑이 식을 수밖에 없는 것이다.

[예 15] 공들여 새로 높이 쌓은 복이 깨어지는 이름.

최   崔(11)
            人 25
복   福(14)
            地 24
렬   烈(10)

위 이름을 현재까지 쓰이고 있는 획수에 따른 수리(數理) 판단법으로 해석하면 인격(人格)은 25획으로 안전격(安全格) 지격(地格)은 24획으로 입신출세격(立身出世格) 획수의 총합인 총격은 35획으로 평안격(平安格)이 되어 대부분의 성명 풀이자 들은 별로 나쁜 이름으로 보지 않을 것이다. 그

러나 이 사람은 태어난 가정형편이 복잡하며 두 어머니를
모셨거나 아니면 친부모에게 키움을 받지 못했으며, 어렵게
이룬 사랑이 깨어져 가정이 풍비박산 났으며 재산역시 모
이지 않는 흉한 이름이다. 어째서 일까?

최(崔)자는 산(山)+추(隹)의 구조로 높다(高) 성(姓) 최의
뜻으로 쓰이나 본뜻은 아래와 같다. 산(山)자는 높은 산을
상형한 글자이나, 높다, 높이다 는 뜻을 나타내기 위해 쓰이
기도 했다. 숭상한다는 숭(崇). 높을 위(巍) 언덕 안(岸) 등
의 글자가 그 예이다. 추(隹)는 새롭다. 새로이(新)의 뜻을
나타내기 위해 쓰인 글자임을 앞에서 밝힌 바 있다. 따라서
최(崔)는 새로이 높이다. 새로이 높게 된다는 뜻이다. 복(福)
자는 제사지내다. 제사를 받는 귀신을 뜻하는 시(示)자와
불어나다. 부풀어지다는 뜻을 그려낸 (畐)자의 합체로서 제
사를 지냄에 따라 받게되는 조상의 음덕을 나타낸 글자다.

"제사 잘 지내면 복 받는다."로 말하는 그 말을 그려낸 것
이다. 고대사회 특히 3500여년 전의 상(商)나라 때에는 조
상신(祖上神)에게 올리는 제사야 말로 크고 작은 모든 일의
시작이었고 끝이었다. 그래서 정성스레 모신 제사에서 응험
이 있으면 그것을 복(福)이라 했고 그렇지 못하면 화(禍)라
했다. 인간의 화(禍)와 복(福)이 모두 제사 지냄에서 결정된
다고 봤던 것이다.

이것은 화(禍)복(福) 두 글자에 모두 시(示)자가 들어 있
음에서 알 수 있는 것이다.

이렇게 제사지내고 그 응험이 있을까 어떨까 하는 것을

알아보고자 점(卜)을 친 기록이 바로 상나라 때의 갑골문 (甲骨文)인 것이다.

열(烈)자는 뼈추릴 알(歹)과 가르다 나누다 벌린다는 뜻을 나타낸 칼도(刀 : 刂), 그리고 불(火 : 灬) 의 합체다.

따라서 열(烈)자에는 추려내어 갈라놓고 태운다는 뜻이 있다. 즉 분리와 소멸의 뜻이 있다.

이러므로 이름자에 이 글자를 쓰게 되면 열화(烈火)같은 성격이 잠재되어 있으며 분리, 이별사가 많게 되며 신체절상 및 수술사가 따르고 폐, 기관지, 대장 기능이 약하게 된다. 특히 여름에 태어난 사람에겐 더욱 많다.

최복렬(崔福烈)로 연결하여 그 뜻을 맞춰보면 정성스레 새로이 올려쌓은 복(福)을 하루 아침에 깨어버리고 찢어 버린다는 뜻이 된다.

(3). 사주팔자(四柱八字)와 이름의 관계

이 세상에서 같은 이름을 가진 동명이인(同名異人)이 아주 많다. 그리고 동일 동시에 태어나 똑같은 사주팔자를 지닌 사람도 드물지 않다. 이름이 주는 영향대로 인간의 운명이 전개되어 간다면 똑같은 이름을 지닌 사람들은 같은 성격 구조와 동일한 운명 행로를 밟아 가야 할 것이다.

그리고 사주팔자(四柱八字) 대로 운명이 정해진다면 동일한 사주(四柱) 조직을 지닌 이들은 역시 동일한 운명행로를 걷게 될 것이다. 그러나 사실은 전연 그렇지 않은 경우가 많다. 이것은 나무(木)라는 이름을 지닌 존재가 물이 많은 곳에 있게되면 물의 영향을 받게 될 것이고 바짝 마른 곳에 있다면 그에 따른 영향을 받아 제 나름의 존재 양식을 나타낼 수밖에 없는 것과 같이 주위 환경의 영향 탓이다.

이름을 주(主)로 하여서 살핀다면 태어난 시점을 자연수(自然數)로 나타낸 사주팔자도 환경이 될 수 있고 사주(四柱)를 주(主)로 하여 살핀다면 성명(姓名)도 하나의 환경이 될 수 있다.

즉 동일한 사주를 지닌 사람이라도 박씨 가문에 태어났느냐 김씨 가문에 태어났느냐에 따라 그 운명의 행로가 달라질 수 있는 것이다.

여기에다 어떤 지리적(地理的), 인사적(人事的) 환경이냐에 따라 또 다른 운명의 행로가 전개될 수 있는 것이다.

예컨대 똑같은 사주를 지닌 두 사람이 있다 하자. 그런데 그 중 한명은 생활수준이 형편없었던 300여년 전에 태어났고 또 한명은 요즘처럼 배불리 먹을 수 있고 의료 수준도 향상되어 있는 때에 태어났다면 그 두 사람의 생활 정도와 수명 등은 차이가 날 수 밖에 없을 것이다.

그리고 매국노라 욕을 먹고 있는 이완용(李完用)이란 이름을 지닌 사람이 조선 초기나 중기(中期) 국운이 왕성할 때 태어났다면 이조(李朝)를 끝장내는데(完) 쓰인다(用)는 이름 풀이는 될 수 없다. 오히려 이조(李朝)를 완전(完)해지도록 쓰인(用) 사람. 이란 정반대의 뜻으로 풀이 할 수 있다는 말이다.

이런 판단은 영웅이 시대를 만드는 것이 아니라 시대가

영웅을 만든다는 역사인식이 바탕이 되어야 하고 시대적 정서나 변화 등을 살필 수 있는 안목을 갖춰야만 될 것이다.

그러하지만 나무(木)라는 이름을 지닌 여러 식물들의 성장과 그 모습은 각각의 환경에 따라 다르게 나타나지만 나무(木)라는 이름이 지닌 공통점이 있다.

즉, 나무는 물(水)이 있어야 하고 뿌리내릴 수 있는 흙이 있어야 하며 광합성을 할 수 있는 태양이 있어야만 한다.

이처럼 동일한 이름에는 반드시 공통점이 있다. 이런 공통된 성질과 모습이 어떤 환경에 어떻게 변화되어 나타날 수 있느냐 하는 것을 연구함이 성명학의 요체가 될 것이다. 그러므로 이 부분에서는 팔자(八字)와 이름의 관계를 연계시켜 살피기로 하겠다.

1) 팔자(八字)는 같아도 이름이 다른 경우
[예 1]
2001년 9월 어느 날 한 여인이 찾아왔다.

"아는 분의 소개로 여기까지 왔습니다"며 가벼운 인사를 하는 그녀를 보는 순간 나는 눈을 크게 떴다.

윤택 있는 하얀 피부 오똑한 콧날 그리고 그 위에 시원하게 자리 잡은 흑백이 뚜렷한 큰 눈, 마치 필자의 안사람을 연상케하는 용모였기 때문이다.

필자가 권하는 자리에 살포시 앉는 그 동작과 알맞은 키에 군더더기 없는 몸매마저 흡사했다. 자리에 앉은 그녀는 조용한

어조로 자신의 이름을 말하고 태어난 시점을 말했다.

"예! 뭐라구요! 용띠에 7월 23일 저녁 6시라고요!"

필자는 깜짝 놀라며 그녀의 얼굴을 다시 한번 멍하니 쳐다봤다.

그녀가 불러준 사주팔자(四柱八字)는 바로 필자의 안사람 언니 사주와 똑 같았기 때문이었다.

그녀의 사주팔자를 십간십이지(十干十二支)로 나타내면 다음과 같다.

丁	辛	己	壬	金(김)
酉	酉	酉	辰	慶(경)
시	일	월	년	子(자)

일간 신(辛)의 록이 3개나 있어 년간(年干)에 있는 임(壬) 수(水)를 용신(用神)으로 하는 사주다. 필자는 이 사주(四柱)에다 그녀의 이름(金慶子)를 연계시켜 풀이를 해주었다.

"김 여사님! 성격은 경우가 매우 밝아 남에게 신세지길 싫어하며 남이 나를 어떻게 볼까하여 언행 하나하나에 신경을 과도하게 쓰겠군요. 그리고 기억력은 남다르게 좋으며 체면을 많이 지키며 자신에게 가해진 나쁜 소리는 가슴에 담아 놓고 절대 잊지 않군요. 그런데 지저분한 것 더러운 것은 아주 싫어하여 언제나 씻고 닦아 빤질빤질 윤이 나도록 해야 직성이 풀리겠습니다.

그런 것은 좋으나 다만 너무 청결을 좋아하여 결벽증이

있을까 걱정되는데, 저의 풀이가 맞습니까?"

"예 그렇습니다. 저의 성격을 겪어본 듯 말씀하시는군요."

"그럼요 겪어 봤지요. 저의 안사람 언니 사주가 김 여사님과 똑같으니까요."

필자가 싱긋 웃으며 대답하자 그녀도 웃으며 말했다.

"그렇다면 그 사모님께서도 겪어 오신 인생살이도 저와 비슷하겠네요?"

"아닙니다. 절대 그렇지 않습니다. 김 여사님과 사주는 똑같을지라도 이름이 다르기 때문에 그 쓰이는 역할과 인생행로가 다를 수밖에 없습니다. 김 여사님의 이름에 들어 있는 자(子)자가 록(祿)을 파(破)하여 남편과는 헤어졌을 것이며 그 원인은 남편의 성격이 거친데다가 외도(外道)가 심했기 때문이었을 것입니다. 그런 후 하나뿐인 아들과 같이 살면서 음식장사, 술장사 등으로 전전했으나 돈은 모이지 않아 지금은 또 다른 일을 구상하고 있을 것입니다."

"예 그렇습니다. 지금 현재 남동생 집에 얹혀살고 있는데 무엇을 하면 잘될까 하고 선생님을 찾게 되었습니다. 좋은 길로 인도해 주세요."

필자는 그녀에게 개명(改名)을 권했다.

그녀의 이름에 있는 자(子)자가 월일시(月日時)에 있는 일간(日干)의 록(祿)인 유(酉)를 파(破)하여 합(合)을 깨뜨려 모든 것을 엉망으로 만들었기 때문이다.

필자의 처형과 그녀의 운명에서 동일한 것은 부모 덕은

그리 없으나 형제덕은 있는 편이며 아들하나 두었는데 그 아들이 총명하다는 것이다.

비교해 보도록 필자의 처형 사주와 이름을 공개하여 풀어보도록 하자.

丁　辛　己　壬　　　송(宋)
酉　酉　酉　辰　　　옥(玉)
시　일　월　년　　　리(利)

송옥리(宋玉利)라는 이름은 자신의 사주와 부딪치고 나쁘게 하는 글자가 하나도 없다. 오히려 이름자에 있는 구슬옥(玉)자는 팔자에 있는 임진(壬辰)과 부합이 된다. 즉 흑룡(壬辰生)에 있어서 구슬 옥(玉)자는 흑룡이 여의주(如意珠)라는 구슬을 얻은 격이 된다. 여기에다 송옥리(宋玉利)라는 이름이 송(宋)나라의 옥(玉)이 이롭게 쓰인다(利)는 뜻이 되어 아주 좋다.

이젠 글자 각각의 뜻을 살펴보자.

송(宋)자는 집(宀)안에 나무(木)가 있는 구조다.
옥(玉)자는 구슬. 사랑. 이룬다(成)는 뜻이 있으나 왕(王)자 옆에 점하나가 있어 옥(玉)의 티를 나타내고 있다. 그러므로 깨끗한 피부나 얼굴 부위에 흉터나 점이 있게 된다.

리(利)자는 벼화(禾) + 칼도(刂)로 이뤄져 곡식이나 벼 (禾)가 벌린다는 뜻이 있다. 칼도(刂)는 '가르다', '벌린다.' 는 뜻이 있고 '벌린다' 라는 한국어는 '갈라낸다.' '불어난다 (돈이 벌린다)'는 뜻이 있다.

본래의 뜻이 이러므로 이자(利子) 금리(金利) 이식(利息) 등의 말을 이룬다. 현재 쓰이는 '이롭다' '편리 하다.' '날카롭다.' '좋다.' 등의 뜻은 인신된 것이다.

파자(破字)된 뜻은 '곡식(禾)을 칼로 자르고 다듬어 인간에게 이로운 음식이 되게끔 한다.' 이다. 그러므로 영리하며 세심한 성격이 있고 다듬고 만드는 재주가 있으며 결단력이 뛰어나게 된다.

다만 칼(刂)이 있음으로 몸에 수술사가 따르는 경우가 많다.

또 송옥리(宋玉利)라는 이름을 세워놓고 이리저리 뜯어서 조합해 보면 집(宀)안에 나무(木)를 좋게 다듬어(利) 옥 (玉)처럼 빛나고 예쁘게 한다는 뜻을 얻을 수 있다.

필자의 처형은 난초 가꾸기를 좋아 하는데 석부작에 특히한 재주가 있어 남들에게서 예술이라는 찬사를 듣고 있다.

이 또한 송옥리라는 이름의 영향이라 생각된다.

그런데다가 이름자에 용(龍)자가 있는 사람을 만났기에 더욱 용의 여의주 같은 역할을 하여 이웃에게서 금실 좋은 부부라는 소리를 들으며 큰 고생없이 편안히 살고 있는 것으로 생각된다.

[예 2]

　1980년 기승을 부리던 무더위도 한풀 꺾이고 제법 소슬한 가을 맛을 느끼게 하는 9월 초였다. 인중(人中) 부위에 검은점이 박힌 40대 남자가 찾아와 올해 9살인 자신의 아들 사주를 봐주길 청했다.

　"이인상(李寅相)"이라

　아이의 이름을 크게 써 놓고 책력을 펼쳐 네 기둥을 세운 필자의 입에서 "어라! 이것봐라. 그 사람 사주와 똑같네." 라는 가벼운 중얼거림이 새어 나왔다.

　그랬다. 이석근(李錫根)이라 밝힌 사내의 아들 사주(四柱)는 이석영 선생의 사주첩경 3권에 기재되어 있는 어떤 남자의 사주와 똑같았다. 60년 전 사람이고 60년 후 사람이라는 차이는 있지만 말이다.

　아이의 사주 조직은 다음과 같다.

壬	癸	戊	壬
		男	
子	未	甲	子
시	일	월	년

　이 사주에 대해 이석영 선생은 "그 지역의 면장을 했고 그 처(妻)가 아이놓다 죽었다"로 풀었던 것이다.

　선생 자신이 직접 감정한 것이라 틀릴 리 없을 것이다. '이름에 있는 인(寅)자가 사주에 있는 무신(戊申)을 아래

위로 충극(冲剋)하고 성(姓)과 이름 끝 글자에 있는 목(木)이 인(寅)을 더욱 돕고 있으니 이리되면 죽지 않으면 불구자가 되는데….'

이석영 선생의 해석을 따라야 할지 아니면 이때까지 경험한 성명학 이론에 따라야 할 지 판단을 못내리고 있던 필자는 담배에 불을 붙이며 마주 앉아 있는 이씨의 얼굴을 쳐다봤다. 어두운 기색이 느껴졌고 코 밑 인중에 있는 검은 점이 아주 칙칙하게 보였다.

'그래! 틀림없이 뭔가 좋지 않은 일이 아들에게 있음이 분명해. 그렇다면 내가 판단한 대로 말하자'

자신감을 얻은 필자는 입을 열었다.

'선생님! 인상(寅相)이는 세 살되던 해인 갑인년(甲寅年)에 죽지 않으면 크게 다칠 액운이 있었을 것인데 어찌되었습니까? 아마도 지금까지 늘상 호랑이처럼 인상(人相)을 쓰며 으르렁 거리고 있을 것인데 도대체 어찌되어 있습니까?'

첫 번째 물음에도 불구하고 멍한 눈빛으로 필자만 쳐다보고 있던 이씨는 그제서야 슬픈 표정을 지으며 입을 열었다.

'예! 말씀하신 그대로 세 살 되던 해에 뇌성마비가 와 지금까지 일그러진 얼굴로 살고 있습니다. 오늘 저가 이렇게 찾아온 것은 그 애의 팔자가 그러한지 아니면 이놈의 전생업보 탓인지 그것이 알고 싶어서입니다.'

그저 주는 대로 먹고 자기만 하며 우리에 갇힌 짐승처럼 울부짖으며 고통을 호소하는 아들을 둔 아비의 처연한 심정을 느낀 필자는 아무런 말도 못하고 말았다.

2) 명(命)과 부합되는 이름.

일반적으로 역학에서는 명(命)은 한사람이 태어난 생년 생월 생일 생시 인 사주팔자를 말한다. 그러나 여기서는 그 사람이 태어난 생년(生年)을 명(命)으로 하여 그 사람에게 붙여진 이름(姓名)과의 관계를 살펴보도록 하겠다.

전문 역술인(易術人) 이라면 당연히 사주팔자를 살피고 그에 따른 작명(作名)과 해명(解明)을 해야만 마땅하고 더욱 정확할 것이다.

[예 1] 북한의 수령 김일성(金日成)

壬　　(8)金　　天
子　　(4)日　　人
生　　(7)成　　地

이 이름을 지금까지의 성명학의 근본인 수리(數理)로만 풀면, 성(姓)과 이름 첫 자인 일(日)자의 합한 수인 12획은 박약격으로 흉하며 지격(地格)으로 이름 붙여진 일(日)과 성(成)의 합수인 11획은 신성격(新星格)으로 좋다.

그리고 전체 합수인 총격인 19획으로 고난격에 속하므로 아주 불길하다. 또 음오행(音五行)은 김(金)이 목(木)이 되고 일(日)은 토(土)되며 성(成)은 금(金)이 되어 목극토(木剋土) 토생금(土生金)의 구조로 별로 좋은 것이 없다.

이런데도 이 사람은 좋은 운을 만나 엄청나게 큰 성공을 했으며 북한 동포들에 의해 겨울날의 태양같은 존재로 우러름을 받고 있다.

그러면 임자년(壬子年)에 태어난 이 사람의 이름이 명(命.生年)과 어떻게 부합되는지 살펴보자.

일(日)은 원래 태양의 모양을 본뜬 글자로 태양을 뜻하고 날(日)을 뜻한다.

또 이 글자는 측자법으로 보면 입(口)이 두 개 맞대고 있는 모양이다. 이것은 입맞춤을 뜻하고 색정(色情)과 음란을 뜻한다.

이때까지의 뜻을 종합하면 양기(陽氣)가 아주 세고 이에 따라 여색(女色)을 즐겨 여러 명의 여성과 합정(合情)하게 된다는 일(日)자의 특성을 알 수 있다.

성(成)자는 이루다. 마치다(終), 거듭이라는 뜻이 있다.

이 글자를 파해측법(破解測法)을 도입하여 살펴보면 「무(戊) + 정(丁)」으로 볼 수 있다. 이는 큰 언덕이나 산에 촛불을 켜 놓은 상이며 큰 산인 무(戊)위에 별이 빛나고 있는 상이다.

※ 무(戊)는 토(土)에 속하며 큰 언덕, 산봉우리 등을 의미하며 정(丁)은 촛불, 장작불, 별(星) 등불을 뜻하며 오행으로는 화(火)에 속한다.

김일성(金日成)으로 각각의 뜻을 묶어보면,
금(金)의 날(日)을 이룬다(成).

금(金)이 태양(日)같은 존재로 이뤄진다(成)는 뜻이다.

그런데다가 금(金)은 숙살의 뜻이고 병장기를 뜻하는데 이것은 금(金)으로 날(日)을 이룬다(成)는 뜻마저 찾아 볼 수 있다.

이젠 그의 생년인 임자(壬子)에 결부시켜 보자.

임자(壬子)는 검은 쥐를 뜻하고 한겨울인 음력 11월을 뜻한다.

그러므로 음습한 추위에 떨고있던 검은 쥐가 태양(日)을 얻어 따뜻함을 얻었고 따뜻하게 해주는 불인 정(丁)이 있는 큰 언덕(戊:무)을 만나 멋진 보금자리를 얻은 격이 되었다. 그래서 미미한 출신으로 대성공을 이룬 것으로 보인다.

그러나 이 이름은 불을 뜻하는 일(日)자가 성(姓)인 금(金)을 아래에서 위로 극하고 있으며 금일(金日)이란 말의 뜻이 쇠(병장기, 숙살)의 날(日)이 되어 아주 살벌하다.

이런 구조는 지속되던 질서를 하루아침에 뒤엎어 버리려는 혁명가의 기질을 나타내고 있다. 김일성의 운명 행로를 보면 조실부모(早失父母)하고 일찍부터 항일(抗日) 투쟁에 뛰어 들었다.

그러다가 일본(日本)이 망하자 소련군으로 평양에 입성하여 항일(抗日)의 영웅으로 대접 받더니 곧바로 정적(政敵)들을 숙청한 후 정권을 잡아 사회주의 국가에서는 유일하게 부자(父子)간에 세습하는 정권 구조를 만들었다.

우리의 태양! 으로 추앙되고 있는 그의 애정관계를 보면 여러 명의 처와 첩(妾)을 두었으며 여든 살이 넘은 지금도 손녀 뻘 되는 젊은 여인들을 가까이 하고 있는 실정이다.

그리고 한 겨울날의 검은 쥐에 해당되는 그의 명(命)은 일(日)자 때문에 큰 행운을 잡았다고 할 수 있는데 그를 영웅으로 만들어 준 일본(日本)역시 일(日)자가 들어간 나라 이름이다.

또 일(日)자를 물려받은 그의 아들 김정일(金正日)에게 자신의 권력을 넘겨준 것 역시 우연이 아닐 것이다.

※ 김정일(金正日) 역시 추운 겨울날 같은 북한에서 태양같은 존재로 떠받들려질 것이고 그가 호색(好色)하는 것 역시 이름자에 있는 일(日)자 때문일 것으로 생각된다.

북한의 국기인 인공기(人共旗)를 보면 둥근원 안에 큰 별이 하나 있는 모양이다. 이것은 김정일(金正日)의 이름과도 뜻이 통한다. 즉 둥근원은 둥근 태양을 뜻하고 성(成)자에 있는 (丁)이 별(星)을 뜻하기 때문이다. 이런 연관으로 볼 때 김일성 부자가 꺼꾸러지면 인공기(人共旗)도 사라질 것이다.

그의 숙모가 산에 촛불을 켜놓고 치성 드리며 기도하는 무당이었다는 말이 있는데 이는 성(成)자에서 찾아 볼 수 있다.

성(成)자는 큰산인 무(戊)속에 촛불인 정(丁)이 있기 때문이다.

이 사람 김일성(金日成)은 계유년(癸酉年)인 1993년에 반드시 좋지 않은 일이 신상에 있을 것이며 갑술년(甲戌年)인

1994년에 명이 끝날 것이다. 그 까닭은 계유년(癸酉年)의
천간(天干)인 계(癸)는 오행으로 물(水)이 되어 태양이며 불
인 일(日)을 극하게 되며 지지(地支)인 유(酉)는 금(金)이
되어 태양인 병화(丙火)가 죽게 되는 자리이며 술(戌)에 이
르러 무덤에 들어가기 때문이다.

이는 태양인 일(日)을 십간(十干)으로 바꾸면 병(丙)에 해
당되는데 이를 십이운(十二運)법에 따라 추리한 것이다.

(편집자 주 : 이 책의 원고는 김일성이 죽기 훨씬 전인
1994년 1월경에 본 출판사가 받은 것이다. 즉 김일성에 대
한 예언도 저자가 원고를 쓸 때 이미 이루어 진 것이다. 서
운출판사.)

[예 2]

壬	尹 4획	天
辰	玉 5획	人
生	翌 7획	地

위 이름을 지은 사람은 옥(玉)처럼 곱고 빛이 나며 가치
있는 여성이 되어라. 는 소망으로 이름 지었다. 이름 중
간 글자인 옥(玉)자는 명(命) 즉 생년과 부합되는데 임진
(壬辰)인 흑룡이 구슬인 여의주(如意珠)를 얻은 격이기
때문이다.
그래서 이 여성은 용의 여의주처럼 매사를 능숙하게 처
리할 수 있는 능력과 스스로 일을 만들 수 있는 조화성
(造花性)과 창조력을 지니고 있다. 그러나 이름의 마지막

글자인 돌(乭)은 우리말 돌(石)을 뜻과 음(音)을 혼합하여 만든 한국에만 있는 글자다.(石 자는 뜻. 乙자는 소리를 나타냄)

돌(乭)자는 돌아 다니다. 돌다(회전), 돌다(정신이상) 등으로 쓰이는 말과 그 소리가 같다. 그러므로 아주 강한 활동력과 두뇌 회전과 환경에 따라 적응할 수 있는 힘을 지니고 있다.

그리고 돌(石)이란 것은 돌맹이 처럼 아무데나 뒹굴 수 있고 야무지다는 뜻을 지니고 있다. 이런 탓으로 이 사람은 항상 바쁘고 많이 움직여야 하며 부지런히 설치고 다니게 된다. 측자법에 따라 이 글자의 상을 보면 돌(乭)자는 「돌석(石) + 을(乙)」로 이뤄져 있는데 석(石)은 오행으로는 토(土)가 되고 을(乙)은 목(木)이 되며 나무뿌리, 나무줄기를 의미한다.

이는 흙토(土)밑에 나무뿌리가 있는 형상이며 목근(木根)이 토(土)를 뚫고 위로 고개를 내밀려 하는 모양이다. 그런데 돌(乭)자가 있는 위치가 천지인(天地人)중에 지(地)의 위치에 있다. 그러므로 이 사람의 엄마(母 : 地)는 목(木)에 속하는 풍기(風氣)의 침입으로 고생할 것이다. 그리고 할머니 무덤에 목근(木根)이 침입하여 뼈골을 휘감고 있을 상이다. 이 사람은 1989년에 필자에게 역술을 배우려 찾아 왔는데 그 당시에 자기의 이름을 풀어 달라고 하여 많은 수강생들 앞에서 위와 같이 풀었던 바

'사실 그대로입니다.' 는 확인을 받은 바 있다.

[예 3]

무(戊)	김(金)	天
진(辰)	영(永)	人
생(生)	삼(三)	地

　26살에 최연소 국회의원이 되었고 드디어 일국의 대통령까지 하게 된 이 사람의 이름도 획수 위주의 성명학으로 보면 하나도 좋은 것이 없을 뿐 아니라 인생행로에 따른 몇 가지 특이한 사연마저 찾아 볼 수 없다.

　영(泳)자는 「물(氵) + 오랠 영(永)」으로 구성되어 '물에 오래있다.' 는 뜻이 되고 여기서 헤엄치다. 자맥질하다. 는 뜻으로 쓰이게 된 것이다. 이 글자의 오행은 물(水)에 속한다.

　삼(三)자는 셋. 자주. 많이. 라는 뜻이 있고 천지인(天地人) 삼재(三才)를 뜻하며 오행으로는 목(木)에 속한다. 三. 八은 木)

　따라서 성(姓)인 금(金)이 수(水)에 속하는 영(泳)를 생해 주고 또 수(水)인 영(泳)은 목(木)에 속하는 삼(三)을 생해 주는 구조로 기가 통하고 있다. 이름의 뜻을 위에서 아래로 순서대로 풀어보면 김(金)이 헤엄치고 자맥질하기를 세 번이다. 는 뜻이 된다.

　이 뜻은 이 삶의 운명이 순탄하지 만은 않을 것임을 나타내고 있다.

　그리고 아래에서 위의 순서로 하여 지니고 있는 뜻을 맞춰보면 셋(三) 중에서 헤엄치는(泳) 김씨(金)가 되고 김(金)이 셋(三)중에서 헤엄친다. 세(三) 김씨(金)가 헤엄친다는 뜻도 찾을 수 있다.

이 뜻을 부연하면 김씨가 삼(三)에 속하는 천지인(天地人) 중에서 헤엄친다는 뜻이 되고 세사람(三人) 즉 세김씨(三金)가 헤엄친다는 말이 된다. 여기에다 김씨의 띠가 황용인 무진(戊辰)에 해당됨을 감안하면, 황용(戊辰)인 김씨가 천하의 대도(大道)인 삼재(三才) 가운데에서 헤엄친다는 웅장한 뜻도 있다. 이러므로 이 사람은 대도무문(大道無門)을 내세우며 세 김씨(三金) 가운데에서 엎치락뒤치락하는 정치생활을 계속했다. 또 용(龍)은 물과 인연이 깊고 물속에서 조화를 부려 승천한다고 알려지고 있다. 그러므로 물태우 소리를 듣는 사람과 이름자에 물을 뜻하는 글자가 있는 김종필(金鐘泌)과 어울려 대권을 잡을 수 있었던 것이다. 즉 물을 뜻하는 글자를 이름으로 한 종필(鐘泌)씨와 태우(泰愚)씨가 황용이 승천할 기반이 됐다는 말이다.

이 김영삼이란 이름을 소리나는데로 써보면 金 0 三 이 되어 삼(三)수와 영(0) 이런 숫자 이다. 즉 성명에 금(金)도 있고 30도 있다는 말이다. 물을 뜻하는 글자를 지닌 세 사람이 합심하기로 한 후 1992년에 대통령선거를 치렀는데 그 날짜는 12월 18일 금요일이었다. 이날은 12 + 18 = 30 이 되고 묘하게도 금(金)요일 이었다.

바로 김영삼(金 0 三)이란 이름과 부합되는 날이었다는 말이다.

어떤 연유로 이날을 대통령 선거일로 하기로 했는지는 모르겠지만 이날 선거에서 김씨는 당선 되었으니 참으로 묘하기 짝이 없다.

[예 4]
불로 쇠를 녹여 창과 솥을 만드는 격

병(丙)	盧(노)	天
술(戌)	武(무)	人
생(生)	鉉(현)	地

노(盧)자는 호랑이 「호(虍) + 밭전(田) + 그릇 명(皿)」의 구조로 이뤄져 있다. 호랑이 호(虍)자는 제자법(制字法)에 있어 겁난다. 무시무시하다. 위험하다. 위급하다. 등의 뜻을 나타내기 위해 쓰이기도 하는데 사나울 학(虐) 삼갈 건(虔) 근심할 우(虞) 심할 극(劇) 등의 글자가 그 예다.

따라서 목로, 밥그릇의 뜻을 지니고 있는 노(盧)자는 일반적이고 평상적인 상태에서 쓰이는 밥그릇이 아니고 비상시에 쓰는 밥그릇을 나타낸 것이다. 밭(田)으로 「밥」이란 소리를 나타냈고 명(皿)은 그릇을 나타낸 것으로 이 역시 한국어에 따른 제자법(制字法)이다.

「밭(田) + 살덩이(月)」의 구조로 밥이 들어가는 살 즉, 밥통(위장)을 나타낸 것과 같은 제자법이다.

명(命)에 속하는 병술(丙戌)은 용광로 속에서 불길이 밖으로 넘실넘실 나오고 있는 모양이다.

술(戌)은 화고(火庫) 즉 불이 도사리고 있는 창고를 뜻하며 병(丙)은 화(火)에 속하기 때문이다.

이러므로 밥그릇인 노(盧)자는 불(火)을 얻어 쇠를 녹일 수 있는 화로 로(爐)가 되었다.

무(武)자는 「창과(戈) + 지(止)」의 구조이나 원래 글자는 창(戈)과 간다는 뜻을 나타낸 보(步)자로 구성되어 창을 들고 간다. 창을 들고 가는 사람이란 뜻이다. 이에서 싸우다. 싸우는 사람 등의 뜻이 나온 것인데 대부분의 사람들은 지금의 글자 모양만을 취하여 창을 멈추게 하는 것이 무(武)다. 로 해석하고 있다.

※ 지(止)자는 현재는 멈추다의 뜻으로 쓰이지만 원래는 가고 있는 발자국 모양을 그린 것으로 간다 의 뜻으로 쓰인 글자다.

현(鉉)자는 「쇠(金) + 감을 현(玄)」 의 구조로 솥귀 현으로 읽히는데, 세발달린 큰 솥을 들어 옮기기 위해 솥에다 감아 놓은 쇠를 나타낸 것이다. 이러므로 이 글자 자체에는 솥이 없으나, 솥이 없으면 솥귀도 존재 할 수 없기에 솥이 있는 것으로 풀이해야 한다.

이제 노무현(盧武鉉)으로 각 글자의 뜻을 연결해 보면 목로주점 같은 곳에서 일상적이 아닌 밥그릇으로 밥을 먹던 노(盧)씨가 어느 날 갑자기 화로(火爐)가 되어 쇠를 녹여 창을 만들어 진군을 했고, 땅(地)에 앉아 꿈쩍도 하지 않던 세발달린 무거운 쇠솥을 한쪽으로 옮길 수 있는 솥의 귀도 만들었다. 는 말이 된다.

창을 들고 진군함으로 호전적 투쟁적 정신이 엿보이며

무거운 쇠솥을 깨뜨리지 않고 가만히 들어 옮겨 놓을 만큼 슬기와 지혜 및 타협과 절충의 성품도 지니고 있는 이름이라 하겠다.

그리고 용광로로 쇠를 녹여 용구를 만드는 것은 변혁에 속한다.

바로 주역(周易)에서의 택화혁(澤火革)괘가 그것이다. 그러므로 혁명적이고 개혁적인 성향이 아주 강하다.

2004년은 움직이는 쇠를 뜻하는 갑신년(甲申年)이다.

이때는 용광로 속에 들어가 새로운 용구로 거듭나야 할 묵은 쇠(金)가 제멋대로 날뛰는 운이다. 이러므로 정책과 정령(政令)에 반발하여 도전하는 무리들이 많이 생겨, 나라는 어지러워 질 것이며, 서방(西方)과의 외교 관계도 매끄럽지 못할 것으로 보인다.

또 삼재(三災)가 들어오는 운이므로 자신과 가족의 건강에도 매우 조심해야 할 것으로 생각된다.

명(命)인 병술(丙戌)이 성(姓)인 노(盧)와 어울려 화로(爐)가 되었으므로 조상의 음덕이 이 사람에게 크게 미치고 있다고 생각된다.

예 5) 숲속에서 물을 마신 청마(靑馬)가 달린다.

1954년 갑오(甲午生)생 이창동(李滄東)

이(李)자는 「나무목(木) + 아들자(子)」의 구조로 오얏나무 라는 뜻으로 쓰인다. 따라서 오행은 목(木)이고 수(水)다.

창(滄)은 「물수(氵) + 창(倉)」의 구조로 오행은 수(水)

에 속한다.

동(東)은 「목(木) + 날일(日)」의 구조로 목(木)과 화(火 : 日)의 오행이다.

따라서 이 이름의 내오행(內五行)은 목(木) 수(水) 수(水) 목화(木火)로 상생되어 기운이 잘 흐르고 있다.

그리고 이창동(李滄東)이란 이름은 두 나무(李·東)사이에 물(滄)이 있는 구조이다. 여기에다 명(命)인 청마(靑馬 : 甲午)를 결부시키면 청마가 숲(林)속에서 물이 마시는 상이 된다. 그런데 이(李)자 속에 있는 자(子)자는 갑오(甲午)의 오(午)와 상충(相沖)이 된다.

충(沖)은 충돌이고 충동(冲動)이다.

그러므로 숲속(林)에서 물을 마시던 청마(靑馬)가 갑자기 달리기 시작하는 상이 된다.

이젠 측자법에 따라 글자를 살펴보자.

창(滄)자는 「물(氵) + 창(倉)」의 구조로 큰바다. 물이름. 찹다. 등의 뜻이 있으나 다음과 같이 변한다.

사람 인(人)이 붙게 되면 촌뜨기 창(傖) 되고 칼도(刀 : 刂)가 붙게 되면 비롯되다. 시작하다는 뜻을 지니고 있으며 창조(創造)라는 말을 만드는 창(創)자가 된다. 그리고 마음심(心)이 붙게 되면 "아아, 어찌 이럴 수가" 하며 슬퍼하는 창(愴)이 되며, 풀초(艹)자를 머리위에 씌우게 되면 푸르다. 우거지다. 는 뜻을 지닌 창(蒼)자가 된다. 또 나무목(木)을 그 옆에 붙이게 되면 적을 찔러대는 날카로운 창(槍)자가 된다.

동(東)은 「날일(日) + 목(木)」의 구조로 해(日) 나옴(木) 즉 해돋다. 는 말의 형상화로서 해 돋는 곳인 동쪽을 뜻하게 된 글자이다.

그리고 태양(日)은 불(火)이고 광명(光明)이며 문화(文化)며 문명(文明)을 뜻한다.

위 글자들이 지니고 있는 뜻을 참작하여 창동(滄東)이란 두 글자를 묶어보면 아래와 같다.

촌뜨기(傖 : 창)처럼 보이던 사람이 어느날 갑자기 (倉卒 : 창졸)

큰바다(滄) 위에 솟아 나오는 태양이 되어 문명(文明)의 빛을 발한다.

또 어지러운(猖 : 창) 세상 모습에 비창(悲愴)한 마음을 품게 되고 그것에 맞서 날카로운 창(槍)을 과감하게 휘두르게 되며

어지러운 손놀림(猖 : 창) 속에서 새로운 것을 창조(創造)해낸다 이다.

이 사람은 교사 출신으로 작가(作家)가 되었고 빛과 그림자의 예술인 영화에 뛰어들어 만인의 찬사를 받았다. 그러다가 이름자에 창과(戈)자가 있는 노무현(盧武鉉)씨와 의기투합 하게 되어 노정권의 문화부 장관을 하게 되었다.

3) 명(命)과 맞지 않는 이름.

[예 1] 화살맞은 백호가 되었다.

경인생(庚寅生 : 1950년) 윤장순(尹張順)

성(姓)인 윤(尹)자는 손으로 길게 크게 잡고 있다는 그림문자로 이에서 다스리다. 벼슬이름 등의 뜻이 나왔다. 장(張)자는 「활궁(弓) + 길장(長)」으로 구성되어 활을 길게 잡아당긴 모양을 나타내고 있다. 이에서 활사위 얹다. 벌리다. 베풀다. 자랑한다. 속이다. 큰 것인 척하다. 등의 뜻이 나왔다.

순(順)자는 물이 흐르는 모양을 나타낸 천(川)자와 머리부분을 나타낸 혈(頁)자로 구성되어 물은 머리처럼 높은 곳에서부터 아래로 흘러내리는 것을 그려놓은 것이다. 그러므로 순(順)은 거역하지 않는다. 물 흐르듯 자연의 이치에 따라 행하다는 뜻이다.

그러나 측자법으로는 흐르는 물에 머리를 쳐박고 있다. 로 해석되기도 한다.

윤장순(尹張順)으로 그뜻을 모아보면, 이 여자의 성격은 통이 크며 배짱이 좋고 남에게 있는 듯 허세를 잘 부린다. 그러므로 많이 가진 것으로 오인 되기도 하나 실제로는 아무것도 없고 빈껍데기 뿐인 이름운을 지니고 있다. 이 여자는 장녀(長女)로 태어났고 맏며느리 임을 암시하고 있으며 내주장(內主張)하는 가정을 꾸려가고 있다.

※ 장(張)자에 어른장(長)이 있어 장녀라는 뜻을 나타내고 있다.

이름 첫 자인 장(張)은 생년인 명(命)과 맞지 않는 아주 불길한 글자다. 생년인 경인(庚寅)은 흰 호랑이 인데 이 백호(白虎)가 시위가 크게 당겨진 활 앞에 있는 모양이 되기 때문이다. 그러므로 운이 나쁠땐 화살을 맞아 개울에 머리를 쳐박고 신음하는 호랑이 꼴이되니, 바로 나를 노리는 사람에게 크게 얻어 맞아 상처입고 쳐박힌 상이다. 또 항상 불안하게 되고 누가 나를 노리나 하며 의심이 많게 되며, 이런 자신의 모습을 감추려고 허장(虛張) 성세를 나타낸다. 이 사람의 경우는 이름이 명(命)을 나쁘게 한 것이다.

[예 2] 불행한 형제를 둔 이름

을 乙	宋 (송)	天
미 未	甲 (갑)	人
생 生	燮 (섭)	地

생년과 이름의 관계는 주로 생년이 주(主)가 되고 이름이 용(用)이 되나, 노무현(盧武鉉)씨의 경우처럼 이름이 주(主)가 되고 생년이 용(用)이 되는 수도 드물게 나와 있다.

그것은 태어난 뒤에야 이름이 붙여지는 경우가 태어나기 전에 이름부터 먼저 짓는 경우 보다 많기 때문이다.

이 이름은 이런 관계를 잘 나타내고 있다.

갑(甲)자는 10간(十干)의 우두머리로 수(數)로는 1에 해당되므로 장남이든지 그렇지 않으면 장남의 역할을 해야 하는 글자 운을 지니고 있다. 특히 형제간에 갑(甲)이 항렬이 아닌 경우에 이 글자를 쓰면 형을 제치고 장남 역할을 하게 된다. 이 사람의 형제간 항렬은 섭(燮)자를 쓰고 있으므로 올데 갈데 없이 장남 역할을 해야 한다.

그런데 장남 역할은 태어날 때부터 장남으로 태어난 경우가 있고 형이 있으나 무능력 하던지 사별한 탓에 장남이 되는 경우가 있다.

이 사람의 생년과 이름을 연결하여 살펴보면 본래부터 장남으로 태어난 것이 아니고 어쩔수 없는 탓으로 장남 노릇을 하게 됨을 찾아 낼 수 있다.

생년인 을(乙)은 오행으론 목(木)에 속하나 음목(陰木)으로서 갑(甲)다음에 위치하기 때문에 10간의 순서로는 두 번째이고 갑(甲)의 아우가 된다. 이러므로 이 사람은 둘때로 태어났으나 갑(甲)인 형의 유고로 인하여 장남 노릇을 하게 됨을 알 수 있다.

즉 을(乙)년에 태어난 사람의 이름중에 갑(甲)자가 들어 있는 경우가 이에 해당된다.

그러면 갑목(甲木)인 형에게 어떤 문제가 있는지 찾아보자.

먼저 보이는 것은 갑목(甲木)이 활활타고 있는 불의 상을 지닌 섭(燮)자 위에 앉아 있는 것이다.

이것은 갑(甲)인 형님이 불에 앉아 타버려 형체마저 변해버린 모양이다. 실제로 이 사람의 형은 3살 때 소아마비에 걸려 불구자로 살아가고 있어 할 수 없이 자신이 장남 노릇을 하고 있다.

송갑섭(宋甲燮)으로 묶어서 이름의 상을 보면, 집(宀)에 나무목(木)이 있고 또 갑목(甲)이 있으며 활활타고 있는 불의 상을 지닌 섭(燮)이 있다. 이것은 집안 형제중에 또 하나의 형제가 불의 피해를 당해 웅크리고 있는 모습이다.

바로 형인 갑(甲)뿐아니라 또 하나의 형제가 피해를 당하고 있다는 말이다. 형은 다리가 완전치 못한 불구자이고 자신의 바로 밑 아우는 벙어리 인 이 사람의 성격은 불처럼 급하고 얼굴색은 왕(旺)한 화기의 영향으로 검붉다. 이름을 살펴보면 자신의 이름 때문에 부모형제를 극하는 것도 있고 부모형제를 잘되게 하는 이름도 있으며 자신이 손해를 보고 남을 잘되게 하는 이름도 있다. 그러므로 작명할 때는 함부로 하지 말고 신중히 살펴야 할 것이며 자신이 없을땐 전문가를 찾아 부탁함이 옳을 것이다.

[예 3] 용 꼬리에 불이 붙었다.

1957년 정유생(丁酉生) 김용섭(金龍燮), 이름자에 있는 용(龍)자는 12지(十二支)로는 진(辰)이 된다. 그러므로 명(命)인 유(酉)와는 진유(辰酉)로 육합이 된다. 명(命)과 이름이 상합되니 좋다 하겠다.

그러나 성(姓)이 김(金)이므로 금용(金龍) 즉 쇠 용이 되고 백룡(白龍)이 된다. (金은 白色)이 금용(金龍)이 섭(燮) 위에 앉아 있음은 용꼬리에 활활타는 불이 붙어 있는 상이 되어 아주 불길하다.

따라서 이 사람의 성격은 급하고 경솔하며 언사와 행보역시 급하고 빠르다.

그 까닭은 쇠용의 꼬리에 활활타는 불이 붙어 있기 때문이며 섭(燮)자의 구조가 불불(火火)말하고 또 말한다. 로 되어 있어서 이다.

용(龍)은 상상의 동물이며 조화(造化)를 뜻하고 물(水)에 속한다. 이러므로 상상력과 공상이 많으며 스스로 똑똑하다고 자부하나, 시비와 쟁투가 끊어지질 않고 모든 일이 용두사미로 끝나기 쉽다. 그러나 이 사람의 이름은 명(命)과 합이 되므로 좋은 내조자(內助者)를 만날 수 있고 어느 정도의 성공을 이룰 수 있다.

이 사람의 건강은 화극금(火克金)의 형상으로 이리되면 폐, 대장, 기관지 등이 좋지 않고 화상(火傷)과 화재(火災)를 겪게 된다.

용모는 작은 체구에 야무지고 단단할 것이며 입이 약간 튀어 나왔다(쇠용이 불에 구어 졌음으로).

※ 화신(火神)은 주작인데 이 주작은 말이 많고 입이 뾰죽 나왔다. 그리고 나쁜 작용을 하는 섭(燮)자가 천인지(天人地)중 마지막인 지(地)에 있기에 아랫사람 때문에 피해를 많이 당하며 자식 때문에 애태우게 된다. 천지인(天地人)을 볼 때 천(天)은 부모, 조상, 윗사람, 국가, 사장 등을 의미하며 인(人)은 자신과 형제, 친우, 동료 자리이며 지(地)는 엄마, 처(妻), 자식, 아랫사람 등을 의미한다.

[예 4] 오뉴월 탱볕에 말라죽은 나무(단명).
1984년 갑자생(甲子生) 이형호(李炯昊)
이 이름의 주인공은 1991년 2월3일부터 여러 신문에
연일 대문짝만하게 보도되었던 어린이다.

이 어린이는 납치범에게 유괴되어 1991년 3월에 살해되었다. 이 이름과 명(命)과의 관계를 살펴보면 단명으로 저 세상에 갈 수 밖에 없는 불길한 냄새가 남을 금방 알 수 있다.

형(炯)자는 빛나다. 밝게 살핀다. 불 환히 비친다. 는 뜻을 지니고 있다. 이 글자를 12지(十二支)로 전환시키면 오(午)에 해당된다.

호(昊)자는 하늘 천(天)위에 날일(日)이 있는 구조로

하늘위에 태양이 떠 있다. 는 뜻이 되어 환하게 밝다는 뜻으로 연결된다. 측자법으로 보면 하늘 천(天)자는 결혼한 지아비 부(夫)자에서 머리가 날라간 글자다. 그러므로 지아비가 될 수 없는 상을 감추고 있다.

형(炯)자와 호(昊)자를 묶어서 보면, 한 여름의 태양이 중천에서 내리 쬐는 때를 나타내고 있다. 바로 한여름 오시(午時)의 그 맹렬한 화기를 뜻한다. 이형호(李炯昊)로 묶어서 보면, 오얏나무 이(李)가 한여름의 맹렬한 화열에 타버린다는 뜻을 얻을 수 있다.

여기에다 강한 세력을 지닌 오(午)가 명(命)인 자(子)를 충하여 증발시켜 버린다는 것을 가하면 더욱 불길한 이름임을 알 수 있다.

※ 명(命)인 갑자(甲子)는 자(子)위에 갑목(甲木)이 있는 구조로 성(姓)인 이(李)와 그 뜻이 일치된다. (木 + 子 = 李)

[예 5] 화재로 재산을 모두 잃는 이름
1947년 정해생(丁亥生) 김진섭(金珍燮)

진(珍)은 보배, 서옥, 귀중한 것 이라는 뜻으로 쓰인다. 보통보다는 두드러지다는 뜻을 나타낸 진(㐱)과 구슬 옥(玉)의 합체자로 보통의 옥이 아니고 두드러진 옥(玉)이라는 말을 형상화 한 것이다.

섭(爕)자는 화(火) 언(言) 화(火). 또우(又)의 합체로서 불이야 불이야 또 불이야 로 말한다는 측자법에 따른 뜻이 있다.

또 섭(爕)자에는 불에 익힌다 불꽃이라는 뜻이 있다.

김진섭(金珍爕)으로 묶어보면, 김(金 : 쇠, 돈) 진(珍 : 보배, 재산)이 활활 타는 불에 앉아 모두 타 버리는 상과 뜻이 있다.

여기에다 태어난 해인 생년(生年)과 이름의 관계를 보면 정해년(丁亥年)의 천간인 정(丁)은 오행으로 불이 되어 명(命)과 이름에 모두 3개의 불이되어 금(金)과 진(珍)을 극하고 있다.

그리고 섭(爕)자를 12지로 전환하면 사(巳)가 되는데

이 사(巳)는 생년(生年)인 해(亥)를 충하고 있다. 즉 이름과 명이 상극이고 이름의 주(主)인 김진(金珍)이 파극 되고 있는 것이다.

이 사람은 필자의 이웃에서 조그만 규모의 공장을 하고 있던 중 나무를 타고 앉은 불이 되는 정묘년(丁卯年 : 1987)에 누전으로 불이나 공장을 모두 태웠다. 그후 어렵게 다시 공장을 재건했으나 쇠가 불을 타고 오는 해인 경오년(庚午年 : 1990)에 또 다시 불이나 기계와 제품 모두를 잃었다. 실의에 빠졌던 그는 친구와 친지들의 도움으로 다시 일어나

제법 잃었던 기반까지도 되찾는가 했더니 불을 만나면 불로 변해 버리는 흙을 뜻하는 신미년(辛未年) 가을에 공장직공의 실수로 불이나 그나마 남아있던 모든 것을 모두 태워 버렸다. 우연이라 하기엔 너무나도 공교로운 일이 아닐 수 없었다. 삶의 의욕조차 상실한 그는 술로 지새다가 이웃사람의 인도로 필자에게 찾아 온 것이었다. 그래서 앞의 설명과 같은 이름 풀이를 해 주었던 바 무릎을 치며 입술을 깨물더니 그 즉시 개명(改名)을 청해 왔다.

지금은 이웃 동네에서 슈퍼마켓을 경영하며 그런대로 잘 살고 있으며 해마다 필자를 찾아와 조언을 듣고 간다.

[예 6] 흐린 물 속에 사는 이무기 같은 이름

1947년 정해생(丁亥生) 황하룡(黃河龍)

이 사람의 이름자에 있는 용(龍)자를 12지로 바꾸면 진(辰)이 된다.

이 진(辰)과 생년인 해(亥)는 원진살이 되고 귀문(鬼門)살이 성립된다.

원진살은 부부가 서로 원수같이 지내게 되며 하는 일 역시 필듯필듯 하다가 틀어지는 영향력을 발휘한다. 귀문살은 신경예민, 정신이상, 종교집착, 미신숭상, 신(神)들림 등의 뜻이 있다.

황하룡(黃河龍)이란 이름의 뜻은 흙탕물 섞인 누른강 즉 황하(黃河)속에 사는 용(龍)이다. 이 뜻을 부연하면 다음과 같다.

흙탕물 섞인 누런 강물을 인간세상에 맞추어 보면 혼탁한 세계, 잡것들이 부유하는 맑지 못한 세계를 뜻한다. 또 흐린 물은 술과 마약을 뜻한다. 용(龍)은 승천(昇天)해야 조화를 부릴 수 있고 뭇 것들에게 생명의 약동을 가져오게 한다. 그러나 용이 승천을 못하고 흙탕물속에 있음은 능력과 자질은 갖추었지만 마약과 술 그리고 섹스에 빠져 있음을 뜻한다. 또 흐린 물 속이라 앞이 잘 보이지 않으므로 죽을 길인지 살길인지 모르고 그저 닥치는 데로 살아간다는 뜻도 있다. 그러므로 결국에는 흙탕물 속에서 승천못한 용(龍)을 뜻하는 이무기가 되어 남에게 해로움을 끼칠 수 밖에 없는 것이다. 이런 이름의 영향 탓으로 건실한 젊은이라는 소리를 듣던 그는 39살 되던 해에 몸담고 있던 교직(敎職)을 팽개치고 용처럼 신통조화를 부린답시고 역술(易術)을 배워 철학관을 열었다. 그런 후 찾아오는 여자 손님들과 무절제하게 놀아나면서 술과 도박에 빠져 들어 착한 마누라 속을 무던히도 태웠다.

몇 년간 그런 생활을 계속함에 따라 철학관 영업도 신통치 않게 되어 빚마저 지게 되었으며 결국엔 보금자리인 집마저 처분했다.

40살 되던 해부터는 무당패들과 어울려 다니면서 굿판에 장구 장단을 맞춰주며 생계를 이어갔다. 그렇게 지내던 어느 날 밀통하던 여자와 함께 종적을 감추고 말았다. 이 사람 부인의 간곡한 부탁으로 찾아간 필자가 성명이 끼치는 운명의 영향을 설명하고 하루 빨리 개명할 것을 권고했으나 웃는 얼굴로 소리나지 않는 콧방귀만 뀌는 것이었다. 자기 자신이 알고 있는 지식만을 고집하는 그를 보며 안타까운 마음으로 하직 인사를 할 수 밖에 없었다.

※ 생년과 이름으로 귀문살이 구성되면 우울증, 신경쇠약, 정신불안 등 정신이상 증후가 있게되고 종교인, 역술인, 무업(巫業)에 종사하는 경우가 많다.

[예 7] 물개처럼 정력 좋아 여성 편력이 심한 이름

1946년 병술생(丙戌生) 하해룡(河海龍)

용(龍)은 12지로는 진(辰)이 되어 명(命)인 술(戌)과는 상충(相沖)이 된다. 진(辰)은 물이 꽉 차 있는 흙으로 역학에서는 수고(水庫)라 칭하는데 인체에서는 신장(腎)이 되고 방광이 된다.

술(戌)은 불이 꽉 차 있는 것으로 화고(火庫)라 하며 심장이 된다.

이 두 개가 서로 충하면 술(戌)중에 들어 있는 화(火)와 진(辰)중에 들어있는 수(水)가 서로 싸워 제일 먼저 화(火)가 피해를 입게 되고 끝내는 진(辰) 중에 있는 수(水)마저 상하게 된다. 똑같은 토(土)끼리의 충(沖)이므로 이것을 붕충(朋沖)이라 하기도 한다.

하(河)자는 강(江)을 뜻하고 해(海)자는 「물(氵) + 늘상 매(每)」로 구성되어 언제나 물이 있다. 언제나 물이 있는 곳이 되어 바다를 뜻하며 늘상 물을 흘린다는 측자법에 따른 뜻도 있다.

용(龍)은 물과 관련된 글자며 남성기(男性器)를 상징한다. 이러므로 하해룡(河海龍)이란 이름은 민물인 하(河)와 갯물인 바다(海)에 사는 용(龍)이란 뜻이고 이것은 용이 두 집 살림을 함을 의미한다.

그리고 물이 지나치게 많으면 음란(淫亂)이라 하는데 여기서 남성기를 뜻하는 용(龍)이 있음은 음란한 짓거리를 한다는 뜻이 되고 이 사람의 신기(腎氣)가 아주 강해 절륜한 정력이 있음을 나타낸다.

이런데다가 매일 물을 흘린다는 해(海)자의 뜻을 덧붙이면 매일 땀흘려가며 물을 흘린다는 뜻이 된다. 또 이 이름의 주(主)는 수(水)가 되는데 이렇게 왕성한 수(水)가 돈이 되고 처(妻)가 되는 불(火)인 병술(丙戌)을 충했으니 처(妻)를 극하고 쌓아 놓았던 재물마저 하루아침에 모두 박살내버릴 수밖에 없는 것이다.

※ 주(主)가 되는 나를 생하게 하는 것을 부모라 하고 내가 극하는 것을 처·재(妻·財)라 한다. 이것은 사주명리학의 육친법을 적용한 것이다.

이 이름을 지닌 사람의 건강은 이렇다.

이름자에 수기(水氣)가 태다(太多)함으로 얼굴빛은 검은 색이 많이 나타나고 신기(腎氣)가 아주 강하다. 그러나 물이 지나치게 많으면 심장에 속하는 화(火)를 극하게 되어 혈행에 문제가 발생하게 되며, 끝내는 고혈압 및 중풍(重風) 등의 질환이 오게 된다. 뿐만 아니라 술(戌)이 신장 방광을 뜻하는 진(辰)을 충하므로 결국에는 신장이나 방광에 문제가 생기는 것이다. 이 사람은 필자의 풀이대로 고혈압과 중풍 증상을 40대초에 겪었고 40대 후반부터는 신장이 망가져 현재는 투석기에 의지한 채 고단한 생명을 이어가고 있는 실정이다.

[예 8] 용호상쟁(龍虎相爭) 격의 이름.
1950년 경인생(庚寅生) 김용호(金龍浩)

용(龍)은 용이란 뜻 외에 별이름(星名), 귀신(鬼神)이란 뜻도 있다.

호(浩)자는 「물(氵) + 고(告)」자로 구성되어 물이 질다. 질은(맑은) 물이란 뜻이다. 이에서 물이 많고 넓다는 뜻이 나왔다.

이 글자 역시 한국어의 형상화인데 여기선 언급하지 않겠다.

김용호(金龍浩)로 연결해 보면 금용(金龍)이 깊고 넓은 물에 있다는 뜻이 되고 글자 오행이 금(金) 수(水 ; 浩)로 상생되어 아주 좋은 이름인 것 같다. 그러나 그만 명(命)이 백호(白虎)인 경인(庚寅)이 되어 백호와 백룡(白龍)이 상쟁하게 되었다. 따라서 파(破)가 되어 조화다운 조화는 부려 보지도 못하고 힘든 삶을 살게 되었다.

금용(金龍)은 쇠로된 용 이라는 뜻과 백룡(白龍)이라는 뜻이 있는데 여기선 명(命)인 호랑이와 용호 상쟁하여 상처를 입었으므로 쇠로된 용(金龍)으로 나쁜 뜻을 적용하게 된다.

이렇게 되면 쇠로된 무거운 용이 넓고 깊은 물에 빠지는 상이 된다.

이 뜻은 실패와 좌절을 겪고 그 쓰라린 마음을 달래려 술이나 마약에 빠져듦을 말한다.

이런 탓인지 이 사람은 술을 아주 좋아하며 술만 먹었다 하면 다언(多言), 망언(妄言)을 내 뱉는다.

몇 번에 걸쳐 개명할 것을 권했다. 그러나 그때마다 '이름 바꿔 잘 산다면 역학하는 사람들은 모두 잘 살겠네요' 하는 꽉 막힌 대답만 들었을 뿐이다.

[예 9] 무거운 수레를 끌고 가는 소(牛)가 된 경우.

1937년 정축생(丁丑生) 김용범(金龍範)

먼저 명(命)과 이름의 용(龍)자를 보면 축진(丑辰) 파(破)가 된다.

그리고 명(命)과 이름자에 있는 범(範)자를 보면 명(命)인 빨간소(丁丑)가 수레 차(車)를 끌고가는 모양이 된다.

이것은 소가 법도에 따라 움직이는 수레를 매달고 가는 것이므로 명(命)과 이름이 파(破)가 되지 않았다면 법(法)을 집행하는 관리나 법규에 따르는 직업을 지니고 그래도 존경 받을 수 있는 삶을 살 수 있었을 것이다. 이 사람의 생년인 축(丑)은 성(姓)인 금(金 : 김)의 묘(墓)가 된다. 그럼으로 축(丑)은 조상의 묘며 자신의 가정이 된다. 그런데 이 축(丑)이 파(破)가 되었음을 조상의 묘와 가정이 파괴됨을 뜻한다.

이렇게 명(命)을 파하게 된 용(龍 : 辰)은 이름은 있으나 그 실체가 없는 상상의 동물로서 뱀과 비슷한 몸체를 지니고 있으며 섹스를 뜻하고 호색(好色)을 뜻한다. 그리고 범(範)자는 대나무 삿갓(竹)쓴 몸(己)이 차(車)를 타고 간다는 측자에 따른 뜻이 있다.

용(龍) 범(範)으로 그 뜻을 모아보면, 애인을 만나기 위해 대삿갓으로 얼굴을 가리고 차를 타고 간다 이다.

이 사람은 법대(法大)를 나왔으나 전공대로 가지 못하고 철공소를 운영했다. 그러다가 20살 연하의 여자를 만나 자식까지 낳았으며 결국은 이혼까지 하게 되었다.

[예 10] 파도치며 흐르는 큰 물

1945년 을유생(乙酉生). 하파자(河波子)

이 사람은 경오년(庚午年)에 언니뻘 되는 여자와 함께 나를 찾아와 심(心)자 하나를 써놓고 자신의 길흉을 물어 보면서 필자의 실력을 가늠하고자 했던 여인이다.

하파자(河波子)라는 성명 석자는 모두 오행으로 수(水)에 속하며 큰 강물이 파도치며 도도히 흐르는 상이다. 그러므로 이 사람의 평생 운명이 풍파 속에서 흘러감을 암시하고 있다.

그리고 그 성격 역시 거세게 흐르는 물결처럼 거침없이 급할 것이다. 무릇 홍수처럼 거세게 흐르는 물에는 나무(木)는 떠내려 갈 것이고 어지간한 제방 역시 무너질 것은 뻔한 이치이다. 또 물이 많으면 음란(淫亂)이 되고 생리적으로는 신장(腎)에 이상이 생기게 된다. 이러므로 흙에 속하는 남편은 없게되고 목에 속하는 자식 역시 두기 어렵게 된다. 이런데다가 이름 끝자인 자(子)자는 명(命)인 유(酉)와 자유(子酉)로 파(破)가 되고 귀문살(鬼門殺)이 된다. 이렇게 되면 모든 것이 일조일석에 파(破)될 뿐아니라 정신이상 아니면 무당, 점쟁이, 신들린 사람이 될 수 밖에 없다.

그런데다가 이 이름은 빠르게 발음하면 '합하자'는 소리가 된다. 이것은 아무하고나 쉽게 합(合)할 수 있다는 것을 뜻하므로 남자 교제가 아주 복잡함을 나타내고 있다. 그리하여 무엇하나 좋은 것이 없으며 재산 역시 하루 아침에 씻겨져 나가는 아주 좋지 못한 이름이다.

이런 필자의 감정을 듣고 있던 그녀도 한마디 했다.

"여고 다닐 때부터 이름 때문에 놀림을 받아 왔습니다. 심지어 졸업식 날 담임선생님께서 '합하자 더하자 뭉치자. 그러나 앞으로는 보지 말자'며 한소리 합디다."

4) 특이한 이름들

①. 1960년 경자년(庚子年)生 이가병(李假秉)

2002년 어느 봄날. 뚱뚱한 30대 초반의 여인과 함께 온 40대 중반 되어 보이는 사내의 이름이었다.

"아무리 글자를 모르는 사람이라 해도 가짜 가(假)자를 넣어 이름 짓지는 않을 텐데……. 정말 '가짜 가'자란 말입니까?"

고개를 갸우뚱거린 필자는 사내의 긴 얼굴과 써 놓은 이름자를 번갈아 쳐다보며 물었다.

"예. 무슨 연유인지는 잘 몰라도 우리 어른이 지어준 것으로 그것이 틀림없습니다."

사내는 오른손으로 자신의 머리를 긁적이며 말했다.

"그래요. 그렇다면 이 사람의 인생은 무엇 하나 실속있는 것이 없고 빚쟁이를 피해 다니는 적자 인생을 면치 못할 것이오."

「빌릴가, 거짓가(假). 잡을병(秉)」이 뜻은 빌려서 무엇을 한다는 것이고 거짓으로 잡고 있다는 말이 아닙니까? 이 사장도 이 정도 글자의 뜻은 알 수 있을 터이니 한번 생각해 보시고 살아온 인생살이가 어떠했는지 말씀해 보세요.

필자의 얼굴을 한번 쳐다본 이 사장이 자신의 머리털을 또 한번 긁으며 입을 열려는 순간 옆에 앉아 있는 뚱녀가 끼어들며 이 사장의 입을 막았다.

"잠깐! 선생님 그렇다면 여기 있는 이 사장님의 여자관계는 어떻습니까?"

"허허참. 이름자에 짜가가 있는데 어찌 진실된 애정이 있었으며 파탄이 없겠소. 틀림없이 여러 여자를 만났을 것이며 그때마다 녹음된 여러 개의 테이프 중에 하나를 골라 틀었을 테지요."

"녹음된 여러 개의 테이프라니 그것이 도대체 무슨 말 입니까?"

"그것은 집에 가서 혼자 생각해 보시고 이 사장의 살아온 길이나 한번 들어 봅시다."

"들을 필요도 없어요. 선생님 말씀하신 그대로 였으니까요. 선생님! 이름만 바꾸면 그런 적자 인생도 면하고 진실된 사랑을 할 수 있습니까? 있다면 즉시 좋은 이름 하나 뽑아 주세요."

말을 마친 뚱녀는 손으로 턱을 괴며 필자를 쳐다 봤다.

②. 머리에 돌덩이를 이고 있어 병이 생긴다.

1939년 기묘생(己卯生) 정석도(鄭石道).

바람 세차게 부는 어느 여름날 정미숙(鄭美淑)이라는 아가씨가 찾아와 자기 아버지 이름을 내놓고는 감정을 청했다.

이름의 구조와 뜻을 살펴본 필자는 즉시 입을 열었다.

'아가씨 아버지는 두뇌좋고 언변도 좋으나 고집세고 완고하며 고지식한 성격입니다. 그런데 머리가 자주 아프며 허리가 아파 운신(運身)이 자유롭지 못할 것이요. 이 때문에 사업은 말할 것도 없고 항상 자리 깔고 누워 지내야 하는 고통을 겪을 것입니다. 더욱이 혈액이 막혀 혈행이 순행하지 못하므로 마비 증상이 있을 것이며 피부에 종기나 암이 있을 것인데 그렇지 않습니까?'

'성격과 사업부진 그리고 건강 문제까지도 선생님 말씀 그대로 인데 어쩌면 좋지요? 그런데 성수옥(成水玉)이란 이름은 어떻습니까? 우리 엄만데요.'

'이분은 경우가 밝고 친정 걱정을 많이 하며 부지런하여 씻고 닦고 하기를 좋아하며 세간을 번쩍 번쩍 윤이 나도록 해 놓을 것입니다. 그러나 물(水)에 빠진 구슬(玉)이 되어 그 능력을 인정받지 못하고 빛이 제대로 나지 않습니다. 또 말띠(午生)이므로 화재를 한번 당했을 것이며 다리에 또는 얼굴 부위에 큰 흉터가 하나 있을 것이요.'

'말씀하신 그대로 인데 세 글자로 그런 것을 알 수 있다니 참으로 신기하네요.'

※ 도(道)자엔 머리수(首)가 들어 있는데 그 위에 돌석(石)이 있고 그 위에 있는 성(姓)인 정(鄭)자엔 언덕부(阝)가 있다.

이리되면 언덕에서 굴러내린 돌덩이가 머리를 때리는 격이 되고 언덕과 돌을 머리 위에 얹고 있는 상이다.

그럼으로 머리와 머리를 받쳐주는 척추는 큰 부담을 받게 되며 노쇠한 때에 와서는 견딜 수 없게 되어 병이 생기게 되는 것이다.

또 석수(石首)는 '돌대가리'라는 말이고 이는 머리가 돌처럼 굳어진다는 뜻이다. 이러므로 완고하고 융통성 없게 되어 사업 부진을 겪게 되는 것이다. 그리고 머리가 굳어진다는 것은 혈행이 원활하게 순환되지 못하기 때문인데, 이렇게 되면 피부가 거칠게 되며 종기나 암이 생길 수 밖에 없는 것이다. 후일 정미숙이는 필자에게 찾아와 역학을 배워 역술원을 개업했다.

③. 1971년 신해생(辛亥生) 박유진(朴有眞)
2003년 5월 찾아온 33살된 여성의 이름이다.

'당신은 깔끔한 성격이 지나쳐 결벽증에 가까운 성질입니다. 결혼하기 전 거짓된 세상이 싫어 수녀나 비구니가 되려고 했을 것입니다. 이때껏 뿐 아니라 앞으로도 큰 재물 복은 없습니다. 지금의 남편과는 견우직녀처럼 지낼 것이고 이에 따라 고독을 많이 느끼고 있습니다. 그런데 40살 전에 지금의 남편과 사별할 운이 있으니 매우 조심하시고….'

'예, 수녀가 되고 싶어 잠시 몸 담기도 했으며 큰 돈도 없으며 주말 부부인 것도 맞습니다. 그렇지만 40살 전에 남편과 사별한다는 것은 믿어지지 않습니다.'

그녀는 낮은 목소리로 또박 또박 말하며 필자를 쏘아 보았다. 아차! 내가 말을 잘못했구나. 나는 보이는 데로 대수롭지 않게 말했지만 듣는 사람에겐 청천벽력과 같은 충격인데 말이야. 이런 생각이 든 필자는 부드러운 목소리로 말했다.

'아주머니! 꼭 이름대로 된다는 법이 있습니까. 이름에 그런 뜻이 숨어 있으니 조심하라는 것이지요. 종교 생활을 열심히 하는 것도 액운을 물리치는 하나의 방편이 될 수 있으니 참작 하시면 됩니다.'

유(有)자는 오른손(𠂇)에 고기를 들고 있는 모양을 그려 지금 가지고 있다. 는 듯을 나타냈는데 나중에는 「있다」는 뜻으로 전용되게 되었다. 측자법에 따라 관찰하면 달(月)을 잡으려 한다.

해(日)는 없고 달(月)만이 있는 뜻이다. 달(月)은 밤을 뜻하고 고독을 뜻하며 음기(陰氣)가 강함을 나타낸다.

진(眞)은 거짓이 아닌 참, 헛것이 아닌 실속있는 것. 초상(肖像), 사진의 뜻도 있다. 이 글자는 외골수적인 성질이 있고 종교, 고독, 독행(獨行), 수도(修道)의 뜻이 있다.

유진(有眞)으로 하여 보면, 참된 것이 있다, 추억을 담아 놓은 사진만 있다. 허공에 걸린 외로운 달을 잡으려는 것처럼 오직 진실과 진정 진리만을 지향한다 등의 뜻이 된다.

④. 고추서(高樞瑞)

1998년 초여름 어느 날.

이웃에 사는 고 산부인과 원장이 지나가던 길에 들렀다며 찾아왔다.

커피 한잔을 놓고 이런저런 얘기 끝에 자기 이름을 크게 쳐주며 감정을 청했다. 그런데 추(樞)자를 약자인 추(枢)로 써 놓은 것이었다.

추(樞)자는 나타났다, 나오다는 뜻으로 쓰이는 목(木)에 입 세 개가 한 묶음으로 되어 있는 구(區)자 붙은 것으로 「지도리」를 뜻한다.

구(區)는 감출구, 나눌구, 작은방구, 숨길우로 읽는 글자로 세 사람(三口)이 한 묶음으로 되어 있으니 한집에 삼인(三人)이 있는 상이다. 그런데 나눈다, 숨긴다는 뜻이 있고 두 가지 소리로 읽으므로 반드시 겉보기와는 다른 이중적인 내밀한 사정을 감추고 있는 상이다.

※ 지도리 : 무엇을 움직이게 하고 지탱해주는 축.

그런데다가 그가 쓴 약자인 추(枢)자는 관(棺) 구(柩)와 비슷한 글자로 불길한 냄새를 풍기고 있다.

여기까지 파악한 필자는 먼저 가벼운 소리부터 하기로 했다.

"박사님 이름은 고추(생식기)가 서 있다는 뜻이므로 매일 여성들을 상대하는 '산부인과 의사'라는 직업과 통하는데다 은밀한 부분을 내 맡기는 여성들에게 아주 인기가 좋은 이름입니다.

그러므로 이름을 산부인과 간판으로 내걸면 아주 좋을 것인데 어째서 고 산부인과 병원이라 하였나요?"

"예. 15년전엔 고추서 산부인과 병원이라 했었지요. 그때는 김 선생 말씀처럼 많은 손님들이 몰려들어 정신없었답니다."

"그런데 왜 바꿨나요?"

"어느 날 보건소 직원이 찾아와 보는 사람들에게 이상한 혐오감을 줄 수 있다며 바꿀 것을 권하기도 했고 어릴 때부터 주위의 시선과 놀림을 많이 받아 왔기에 그만 이때다 싶어 바꿨지요."

"그런데 박사님! 영국의 수상이었던 처칠경이 항상 시가를 물고 있는 그 이미지 때문에 여성들에게 인기가 좋았던 것처럼 박사님의 이름 역시 여성들에겐 아주 좋은 인기가 있지만…. 혹시 박사님 가족은 셋이 아닙니까?"

고 박사는 잠시동안 눈을 껌벅 거리더니 침중한 목소리로 짤막하게 대답했다.

"예 맞습니다."

"그렇다면 가족 중의 한사람 즉 부인이나 자식에게 아주 흉한 일이 있을 수 있는 이름인데요."

한참 동안 허공만 쳐다보고 있던 고 박사가 한숨을 크게 내쉬며 입을 열었다.

"갓난아기를 주워다 22여년 정성들여 키웠지요. 그런데 그 애가 그만 교통사고로 하느님 곁으로 가버렸답니다. 허전하고 안타깝고 슬픈 마음으로 목사님 설교에 의지하려 해 보았지만 전연 내 아픈 가슴에 와 닿지 않더군요. 그래서 내 운명이 어떤가 하여 김 선생을 찾아뵙게 된 것이랍니다. 저한테 해주실 좋은 말 있으면 부탁드립니다."

필자는 그의 잘생긴 얼굴에 끼인 수심을 거둬 주려면 무슨 말을 해줘야 하나 생각하다가 불교의 윤회설과 인과설을 빌어 그 찢어진 가슴을 달래주었다. 추(樞)자엔 또 다른 숨겨진 내밀한 일들이 있으나 여기선 생략한다.

⑤. 1945년 乙酉生 김칠성(金七星)

얼핏보면 황금(金)의 일곱별(七星)이란 뜻이되어 멋진 이름으로 생각되기 쉽다.

칠(七)자는 칼도(刀)가 붙으면 끊을 절(切)이 되고 칠푼이(七分) 칠뜨기로 쓰이는 말이며 그 모양이 비수 시(匕)와 닮았다.

성(星)은 날마다(日) 살아간다(生)는 뜻이다.

칠성(七星)으로 묶어보면 북두칠성이 연상되고 여기서 그 집 자손들이 귀하여 수명을 관장하는 칠성에 공을 들여

놓은 귀한 아들임을 알 수 있다. 그리고 모든 것이 중도에 끊기는 삶을 나날이 살 수밖에 없으며 남들에게 칠뜨기 칠 푼이로 얕보이는 삶을 살게 된다. 뿐아니라 건강마저 좋지 않아 팔자에 없는 수술 부상과 허리 다리를 꺾이게 되는 질 환에 걸릴 수 있다. 이 사람은 본처와 이혼한 후 여러 여자 를 거치다가 기가 센 과부와 살고 있다. 도박과 술을 좋아하 며 뚜렷한 직업없이 막일을 하며 생계를 이어가나 항상 건 강이 좋지 않아 신음하며 지낸다.

⑥. 1941년 辛巳生 임진천(林眞天).
수풀 속에서 참된 하늘을 본다는 뜻이다.

이는 사람 사는 세상을 벗어나 산속이나 수림 속에 은거 하다가 참된 천도(天道)나 실속있는 세상을 보는 안목이 생 겨났음을 암시하고 있다.

진(眞)은 수도(修道)와 종교 및 철학에 인연이 있는 글자 인데 이는 필자의 경험에서 발견한 것이다. 천(天)은 천도 (天道), 세상, 하늘의 뜻이 있으나 지아비 부(夫)자가 머리 가 없어진 형태이며 두 사람(二人)이 합체자이고 일대(一 大)의 합체다. 따라서 온전한 지아비 노릇하기 힘들며 결혼 은 2번 이상이고 자존심 강하며 독선적인 성격 구조를 지니 고 있다.

위 사람은 40대 초에 사업에 실패하고 무위도식으로 지내 다가 처자를 버리고 태백산 모 사찰에 들어가 중이 되려 했 으나 뜻을 바꾸어 역술을 공부했다.

그런 후 하산하여 역술원을 열어 성업 중인 사람으로 현재는 젊은 여성을 만나 그런대로 잘 살아가고 있는 필자의 지인(知人)이다.

그가 사업할 때 필자에게 와서 운세를 물었는데 그때 (1989년)에 풀어준 것이 위 내용이고 그것이 인연이 되어 한번씩 만나 한잔씩 하는 사이로 까지 발전되었다.

⑦. 남아선호사상이 빚어낸 이상한 이름들

1) 이달고(李達古)

임신 중인 태아의 성별은 알 수 없으나 대롱거리는 고추를 달고 나오라는 바람으로 지은 이름이다.

2) 기달자(奇達子)

첫째엔 딸을 낳았는데 요번에는 하고 기다렸으나 또 딸이었다.

그래서 다음에는 고추를 달고 나오라고 달자로 지었다.

3) 김꼭지(金曲知)

꼭 아들을 낳겠다는 의지와 소망이 서린 이름으로 꼭 지어보겠다(낳아보겠다)는 말의 준말이다.

이것을 한자(漢字)로 바꾸어 호적에 올리다가 보니 음이 비슷한 곡지(曲知)가 된 것이다.

4) 박달막(朴達莫)

딸만 내리내리 낳은 박 서방은 이젠 그 지긋지긋한 딸은 그만 낳자는 뜻으로 딸막(딸그만의 줄임말)으로 지었고 한자로 표기하는 과정에 달막(達莫)이 되었다.

5) 조고만(趙高萬)

이제 딸은 그만(고만)에서 지은 이름이다. 조그만으로 발음되어 체구 또한 왜소했다.

⑧. 순수한 우리말 이름이 한자식으로 바뀐 이름.

1) 박부석(朴富石)

박 씨의 며느리는 애만 배면 유산이었고 요행히 출산을 하여도 백일을 넘기지 못했다. 그래서 박 씨는 며느리가 잉태하자마자 이번에는 명줄을 놓치지 말고 꼭 부뜰어라며 뱃속 애기의 이름을 「부뜰(붙들의 사투리)」이라 지었다. 이름 덕분인지 태어난 애기는 잘 자랐다. 몇 년 후 호적에 올리려 하니 부뜰이란 이름에 맞는 한자(漢字)도 없거니와 좀 무식하게 보일 것 같았다. 그래서 부는 부자 부(富)를 빌리고 뜰자는 돌(石)의 뜻을 빌어 박부석(朴富石)이라 하게 된 것이다.

2) 장판석(張判石)

이 아이를 낳은 후 어느 무당에게 아이의 운수를 물었다.

무당이 말하길 「이 애는 명(命)이 짧으니 그것을 땜하기 위해 큰돌(大石)에게 팔아 줘야 합니다.」였다. 불안한 마음이든 이 아기의 부모는 무당이 시키는대로 하고는 그 이름을 판돌(돌에다 팔았다)로 했다. 그런 후 호적에 올릴 때 판다의 판은(判)자를 빌렸고 돌은 석(石)자를 빌렸다.

5) 회사의 운명을 좌우하는 상호(商號)

성명(姓名)이 한 개인의 운명 행로에 영향을 끼치는 것을 이때까지 누누이 살펴봤다.

그렇다면 하나의 단체 및 업체(業體)의 이름역시 그 단체와 업체의 길흉성패(吉凶成敗)에 영향을 끼칠 수 있을 것이다.

① 특이한 상호 호명각.

1990년 3월의 어느 날 저녁 무렵이었다.

출출해진 위장을 안고 집으로 가고 있는 내 눈에 어둠속에서 빨간 불빛을 내뿜고 있는 호명각(昊明閣)이란 간판이 들어왔다. 빨갛다 못해 눈부시게 이글이글 타는듯한 그 이름(昊明). 그것이 빨간색으로 번쩍 거리는 것이 마치 어둠속에서 노려보는 맹수의 눈빛 같았다.

호기심이 생긴 나는 배도 채울 겸해서 그 중국음식점 문을 열고 들어갔다. 좁지 않은 공간이었고 손님은 없었다.

내 머리 속에 하나의 본능적인 추측이 재빨리 자리 잡았다.

이 집 주인은 여자일 것이고 과부이며 지금 남자가 있기는 하나 정식 부부가 아닐 것이다. 그리고 두 사람은 동상이몽(同床異夢)속에 살고 있을 것이며 둘 사이에 자식이 있다면 사내아이는 없고 계집아이 하나만 있을 거라는 것이었다. 물론 그 집 간판과 주위 정황을 보고 내린 추측이었다. 탁자 위에 보리차 한잔을 따라놓는 30대 중반의 여자에게 소주 한병과 탕수육을 시키면서 주인을 불러 달라고 청했다. 나의 추측을 확인해 보기위해서 였다.

"주인은 왜요? 내가 주인인데요."

풍만한 그 여자가 내 행색을 뜯어보며 말했다.

"별일은 아니고 나는 역학(易學) 공부를 하는 사람인데 이 집 간판을 보니 해주고 싶은 말이 있어 주인을 찾은 것입니다. 그렇다고 해서 돈을 요구하거나 다른 것을 청하지도 않을테니 염려마세요. 다만 내가 묻는 말에 솔직하게 대답해주시면 장사가 잘되고 하는 일 마다 잘 풀릴 수 있는 간단한 비결을 가르쳐드리겠습니다."

그녀의 경계하는 듯한 눈초리를 느낀 나는 일부러 돈이 가득 들어있는 지갑을 열어 음식 값을 선불로 내면서 말했다. 경계심이 풀리고 호기심을 느낀 그녀는 내 앞자리에 앉아 빈잔을 채워주며 입을 열었다.

"간판이 어떤데요?"

종이와 볼펜을 청한 나는 호명각(昊明閣)이란 그 집 상호를 크게 써 놓고 말했다.

'아주머니 첫 결혼에 실패하고 지금의 남자와 살고 있을 것인데?' 그러자 그녀는 눈을 크게 뜨며 고개를 끄덕였다.

'예! 그래요 그런데 앞으로는 어떻게 되겠습니까?'

나는 글자를 짚어가며 추측했던바와 앞으로 두 사람이 갈라서게 될 것임을 예언해 주었다. 이하 그 추리 법을 설명한다.

호(昊)자는 하늘 위로 태양이 떠 있는 형상으로 밝다의 뜻이 있으나 시간 상으로는 오시(午時)이고 계절상으로는 여름에 해당된다. 이러므로 이글거리는 여름의 햇볕이라는 의미도 있으며 오행으로는 화(火)에 속한다. 또 부(夫)가 없어진 형태인 천(天)자 위에 입을 맞대고 있는 형상인 일(日)자가 있음은 남편이 없어지고 곧바로 연애했다는 뜻이 있고 지애비(夫)가 될 수 없는 지애비(天은 夫의 변체)와 입맞춘다는 측자법에 따른 뜻이 있다. 명(明)자는 일(日) 월(月)로 구성되어 밝다는 뜻이 있으나 태양인 일(日)보다 음(陰)에 속하는 달(月)이 더 크다.

이러므로 이상은 여자의 세력이 강함을 나타내고 그렇게 되어야만 가정이 밝다는 의미를 나타내고 있다. 그리고 호(昊)의 이글거리는 불기운에 명(明)자의 밝은 빛이 더해진 호명(昊明)이란 말은 그야말로 빨갛다 못해 눈부시게 이글이글 타는 모양이 아닐 수 없다.

이렇게 화기(火氣)가 치열하게 되면 모든 것이 타버려 생육(生育)의 기가 없어지게 되고 결실이 없게됨은 당연한 이치이다.

각(閣)자는 문(門)안에 갈라지다는 뜻을 지닌 각(各)자로 구성되어 있다. 이것은 한 집에 살면서 각각의 삶을 하던지 각각의 생각을 지니고 있음을 뜻한다. 즉 동상이몽(同床異夢)을 나타내고 있는 것이다.

또 호명(昊明) 두 글자에는 큰 달(月)이 하나이고 이보다 작은 태양(日)이 두 개다. 이러므로 이 집의 주인은 여자이며 두 남자와 관계를 갖고 있던지 그렇지 않으면 두 번째 남자와 살고 있는 것이다.

그리고 각(閣)자에 있는 문(門)자와 명(明)자에 있는 월(月)

자를 합하면 한가하다는 뜻을 지닌 한(閑)자가 된다. 이러므로 그 집은 손님이 없어 한가한 것이다. 또 각(閣)자에 있는 문(門)자가 불에 타 없어지면 각(閣) 각(各)이 됨으로 나중에는 서로 헤어지게 되는 것으로 추리할 수 있는 것이다.

이런 만남 이후에 나는 그쪽으로 나갈 일이 있으면 꼭 그 집에 들러 이런저런 얘기를 하게 되었고 그에따라 그 주인 여자와도 제법 친하게 되었다. 이렇게 되자 그 당시엔 자신의 신변사를 자세히 말하지 않던 그녀도 스스럼 없이 신변사를 털어 놓기 시작했다.

현재의 남자는 자기집 주방장으로 와서 서로 정을 느껴 동거하게 되었으나 자기 돈따로 내 돈따로 하면서 지낸다는 것이었다.

그렇게 신변사를 몽땅 털어 놓은 두달 후 들렀더니 '아저씨. 그 사람과 헤어졌어요' 하는 것이었다.

② 특이한 상호 해강화생(偕江化生).

1991년 10월 어느 날 생판 모르는 사람에게서 전화가 왔다.

필자가 지은 천고(千古의 秘密)를 영광도서에서 사 보았던바 마음속에 와 닿는 것이 있어 꼭 한번 만나야 되겠다는 것이었다.

그래서 시간을 약속하고 필자가 경영했던 체육관 아래층에 있는 다방으로 오게 했다. 서로 통성명을 할 때 그 사람의 명함을 살펴봤다.

명함에는 해강화생(偕江化生) 대표 정00였다. 나는 명함과 상대의 얼굴을 번갈아 쳐다 봤다. 참으로 특이한 상호였기 때문이다.

자리에 앉은 나는 상호만을 쳐다보며 그 속에 담긴 의미를 추리하기 시작했다. 대강의 뜻이 머릿속에 들어왔다.

'선생님께선 물(水 : 氵)을 이용하여 화학제품을 만드는 일을 하시는데 친구같은 사람과 동업을 하고 있을 것인데…. 그렇게 운영이 잘 되지는 않고 서로간에 알력이 생겨 나중에는 헤어져 원수가 될 것 같군요.'

첫 대면에 이렇게 당돌하게 말하자 정 사장의 얼굴엔 당황스런 빛과 놀라는 기색이 동시에 나타났다.

'그렇습니다만 선생님께선 어떻게 제가 하고 있는 일의 내용과 동업사항을 아십니까? 그리고 지금 동업자와는 다소간에 알력은 있지만 그도 나도 서로 헤어질 마음은 없습니다.'

늘씬한 아가씨가 가져다준 커피 잔을 들고 한 모금 마시고 난 그는 필자를 한참동안 쏘아 보더니 다시 입을 열었다.

'선생님! 제가 보기엔 선생님께선 점을 치는 것 같지도 않은데 어떻게 그런 사실을 말할 수 있는지 도무지 납득이 가지 않습니다.'

안경 속에 번쩍이는 그의 눈빛은 궁금함으로 가득 차 있었다.

'예. 그것은 선생님께서 내민 명함에 쓰여진 상호를 보고 파악한 것입니다.'

'그렇습니까. 저도 한자(漢字) 한문(漢文) 공부는 남 못지 않게 하여 어지간한 것은 알아들을 수 있을 것 같으니 그렇게 풀이한 그 방법을 설명해 주시면 안 되겠습니까?'

'그러지오'

필자는 다방 아가씨를 불러 볼펜과 종이를 가져오게 한 후 해강화생(偕江化生)이란 상호를 풀이 해 주었다.

해(偕)자는 「사람 인(人) + 비슷할 비(比) + 흰 백(白)」의 구조로 비슷한(比) 사람(人)과 같이 한다는 뜻으로 평생을 해로(偕老)한다, 할 때 쓰는 글자다. 그리고 비(比)는 역학에서는 비견(比肩)이라 하는 것으로 친구, 형제, 또래, 동업자를 나타내는 글자다.

그러므로 친구같은 또래와 업을 같이 한다는 것을 알았다.

강(江)은 「물(氵) + 만들 공(工)」의 구조로 물로써 무엇을 만드는 것임을 알 수 있었다. 화(化)는 「사람 인(人) + 비수 비(匕)」로 이뤄져 화학, 화공임을 나타내며 사람이 비수를 지니고 있는 모양이다. 즉 사람이 비수를 품고 있는 모양이다. 이러므로 서로 경계하며 알력이 있을 것이고 이렇게 칼을 들고 살려(生)하므로 결국은 헤어져 원수가 될 것임을 예언한 것이었다.

이런 일이 있은 후 정 사장은 일년동안 한달에 한두 번씩 꼭 필자를 찾아왔고 나중에는 자신을 제자로 받아 달라고 엎드려 큰절까지 하게 되었다. 2년 후 정 사장은 동업자와 갈라서게 되었고 서로간에 소송까지 제기하게 되었다.

③ 삼성(三星)

삼(三)자는 숫자 3을 나타내나 천지인(天地人) 삼재(三才)를 의미하고 생명력의 시발을 뜻하므로 오행으론 목(木)에 속한다. 그리고 삼(三)은 소성수(小成數) 다섯(5)중의 가운데에 위치한 수로서 5수와 어울려 천지간에 아름다운 무늬를 나타나게 하는 창조 변화의 기틀을 지니고 있다.

(參伍以變錯綜基數通其變遂成天地之文 : 周易계사상전)

– 삼오이변착종기수통기변수성천지지문 : 주역 –

또 일즉삼(一則三) 삼즉일(三則一)로 말하는 삼신일체(三神一体)의 수이다. 星은 별을 뜻하나 입맞추다는 뜻인 일(日)과 산다(生)의 합체다. 또 날마다(日) 태어난다(生)는 뜻이 있다. 삼성(三星)으로 하여 묶어보면, 천지인(天地人) 속에서 창조와 변화를 날마다 행하며 살아간다. 세 사람(三)이 서로 화합하여(입맞추고 : 日) 살아간다.

세 번(三) 화합(日) 함으로 태어나고 살아간다 등의 뜻이 있다.

즉 창조와 변화 노(勞) 사(社) 정(政)간의 화합, 꺼지지 않는 생명력과 통일성이 내포되어 있는 상호이다. 이러므로 이병철 회장이 세운 삼성(三星)은 삼대(三代)이상 오랫동안 태양처럼 군림할 것이다.

이런데다가 이씨(李氏) 집안과는 목생화(木生火)로 상생이 되니 더욱 길하다 하겠다.

癸년 癸월 辛年은 불리한 운이다.

④ 현대그룹(現代)

우리나라의 여러 대기업 중에서 이 현대만큼 노사분규와 사(社)와 정(政)간의 알력이 많은 기업도 없을 것이다.

현대(現代)라는 상호에서 그 뜻이 나온다.

현(現)은 「왕(王) + 볼견(見)」의 구조로 나타났다. 보인다. 지금이다는 뜻이다.

그러나 엎드린 사람과 눈목(目)으로 구성된 견(見)과 왕(王)자의 어울림이므로 사람이 엎드려 왕을 본다는 측자법에 따른 뜻도 있다.

대(代)자는 사람(人)과 줄달린 화살을 그린 익(弋)의 합체로서 사람을 대신한다, 번갈아 든다, 맥이 순조롭지 못하다 등의 뜻으로 쓰이고 있다. 현대(現代) 두 글자를 파자(破字)하여 순서대로 나열하면 왕(王) 본다(見) 사람(人) 주살익(弋)의 구조가 되어 사람이 주살을 들고 번갈아 들면서 왕(王)을 본다(見)는 뜻을 얻을 수 있다.

여기서 현대의 운영 구조가 왕국처럼 돌아감을 알 수 있고 정 회장을 일러 왕회장이라 하게 된 뜻도 나온다.

사람들이 화살익(弋)을 들고 왕을 본다는 것은 싸움과 분규를 뜻하고 살벌한 풍경을 말하는 것이다.

또 현대(現代)라는 글자는 나타나면(現) 그 상대되는 사람이 화살을 들고 노리는 상이다. 이러므로 현대의 주인은 세인을 위해 크게 나타나면 그것을 물고 뜯는 사람들이 생겨날 것이다.

또 현대(現代)는 당대(當代)라는 말과 통하므로 정주영

회장 당대에는 하나의 왕국으로 번영할 수 있으나 2대 3대까지는 그 영화가 지속되지 못할 것이다.

⑤ 대우(大宇)

이 이름은 창업자인 김우중(金宇中)씨가 자신의 이름자에 있는 우(宇)자를 따서 지은 것으로 보인다. 먼저 우중(宇中)이란 이름부터 먼저 살펴보자. 우(宇)자는 「집(宀)자와 어조사 가다, 탄식하다의 뜻을 지닌 우(于)의 합체자로서 집(家), 하늘, 천지사방이란 뜻이 있다. 그럼으로 큰 집에서 탄식한다, 하늘을 보며 탄식한다, 천지사방을 쳐다보며(떠들며) 탄식한다는 측자법에 따른 뜻이 있다.

중(中)자는 한가운데를 세로로 꿰뚫고 있는 모양으로 한가운데를 꿰뚫다는 뜻으로 쓰였다. 그러다가 한가운데 라는 뜻마저 붙게 된 글자다.

이러므로 한가운데를 꿰뚫어 보는 혜안이 있게 되어 두뇌회전이 아주 빠르고 좋다(글자모양이 팽이를 닮았다).

사물의 한 가운데를 뜻하므로 중심축의 위치를 차지하여 구심점이 되기도 한다. 그러나 팽이는 운동을 멈추면 쓰러지게 된다.

우중(宇中)으로 묶어보면 비상한 두뇌 회전 덕으로 천지사방을 담을 수 있는 큰집의 중심이고 구심점이 되나, 운동을 멈추게 되면 쓰러져 천지사방을 쳐다보며 탄식한다는 뜻이 된다.

대(大)자는 큰 사람이 팔다리를 벌리고 서 있는 모양을 그려낸 글자다.

이에서 크다는 뜻을 취했으나 큰 사람이 본뜻이다. 또 대(大)자는 일인(一人)이란 파자된 뜻도 있다. 대우(大宇)로 묶어보면 큰사람의 큰집이다. 한사람(一人)이 만든 큰집, 큰(大) 한사람(一人)이 큰집을 만들어 놓고(宀) 탄식한다(宇)는 뜻이다.

창업주의 이름 우중(宇中) 뜻과 회사이름인 대우(大宇)의 뜻을 연결해 보면, '비상한 두뇌로 큰집(宇)을 만들어 그 중심이 되었으나 힘이 다하여 그 운동력을 상실하게 되자 그만 큰집(천지사방) 속에서 외로이 탄식하게 된다'이다.

⑥ 대한민국(大韓民國)

우리의 국호인 이 이름은 조선(朝鮮)말기에 고종(高宗)임금이 대한제국(大韓帝國)으로 칭했음에 그 뿌리를 두고 있다. 한(韓)자는 해돋을 간(倝)과 위(韋)의 합체이다.

위(韋)자는 하나의 고을 및 영토를 나타낸 글자(口) 아래 위에 서로 방향이 다른 두 개의 발이 있는 그림으로서 고체는 다음과 같다.

(夂)자는 왼쪽으로 가는 발모양을 그린(◯)자의 변체이며(ヰ)자는 오른쪽으로 가는 발모양(◯)의 변체다.

따라서 이 그림은 하나의 영토에서 한 사람은 왼쪽으로 또 한사람은 오른쪽으로 서로 다르게 가는 모양으로 '서로 등지다, 맞지않다, 다르게 한다'는 뜻을 나타냈다. 따라서 한

(韓)의 뜻은 '해가 돋아나오면 한 사람은 좌(左)로, 또 한 사람은 우(右)로 분리되어 가고 있다'이다.

그럼으로 광복(光復)을 맞이하자마자 나라는 좌우로 나뉘어 제각각의 길을 가게됨을 암시하고 있으며 항상 국론이 분열되어 서로가 극단적으로 대립되는 정치상황이 계속됨을 암시하고 있다.

그런데다 한국을 상징하는 태극기의 그 팔괘(八卦) 배치마저 엉터리가 되어 양의태극(兩儀太極 : 陰陽)의 본뜻인 화합과 통일로 가지 못하고 대립적인 분열로 치닫는 것을 돕고 있다.

남북이 통일된다면 대한(大韓)이란 국호를 버리고 꼬레아 혹은 코리아로 하자는 주장이 일각에서 대두되고 있다. 고려의 외국사람 발음을 따르자는 것이다. 할려면 「고려」로 해야지 무엇 때문에 외국인들의 발음을 따르려는 것인지 참으로 주체성 없는 발상이라 아니 할 수 없다.

※ 한(韓)은 4300여년 전 오제시기(五帝時期) 양족(陽族 : 박달 및 배달족의 고칭으로 羊族으로 기록에 나타나기도 한다)의 순(舜)임금이 달족(月族 : 夏漢族의 고대명칭)의 堯임금을 쿠데타로 몰아낸 후 자신의 할아비인 햇님(義知氏日)을 사직신으로 모시게된 시대적 변천 상황을 그려낸 글자다. 이를 계승한 것이 마한(馬韓) 진한(辰韓 : 泰韓) 변한(卞韓) 등의 삼한이다.

⑦ 일본(日本)

일(日)은 태양을 상형한 것으로 밝음을 뜻한다.

측자법으론 입맞춤의 형상으로 섹스, 화합의 뜻이다.

본(本)자는 나무목(木) 아래쪽에 작은 선 하나를 그어 나타남(木)의 뿌리(근본)라는 뜻을 나타낸 지사(指事) 문자다.

일본(日本)으로 묶어보면 해뿌리(해돋는 곳) 근본으로 화합한다는 단결의 뜻이 있다.

해뿌리 라는 뜻 때문에 중국 쪽에서는 일본을 부상(扶桑 : 해돋는 곳)이라 하기도 했다.

일본의 국기는 붉게 둥근 모양인데 바로 태양을 그린 것이다.

태양을 천간(天干)으로 바꾸면 丙火인데 이것은 신(申)자리에 병(病)이 되며 유(酉)자리에서 죽고 술(戌)자리에서 무덤에 들어간다. 그리고 인(寅)자리에서 새로이 장생(長生)한다.

즉 욱일(旭日)의 기세로 내닫던 일본이 1944년 갑신년(甲申年)부터 내리막길을 걷게 되었고 1945년 을유년(乙酉年)에 죽음(死)에 이르렀다.

그러다가 경인년(庚寅年 : 1950년) 한국전쟁으로 인해 살아나기 시작했다는 말이다. 원래 우리가 태양족(太陽族 : 陽族, 밝달족, 배달족) 인데 우리의 지류(支流) 나라인 일본에게 그 태양의 이름과 상징을 빼앗긴 꼴이 된 것이다.

⑧ 중화(中華)민국

화(華)자는 내부에 들어있는 것들이 밖으로 활짝 피어났다는 말을 그린 것이다. 이에 따라 화려하다, 빛나다, 번성하다의 뜻으로 쓰인 것이다.

중화(中華)는 한가운데이기에 활짝 피어나고 빛나다는 뜻이다. 예부터 우리는 그 나라를 한가운데에서 중심적인 역할을 한다 하여

중국(中國)이라 불렀다. 그 땅의 사람들 역시 그런 자부심으로 대외적으로 중국이라 칭했지만 정식 국호로는 명(明), 한(漢), 당(唐)등이었다.

중화민국 및 중국이란 정식 국호는 1930년대에 신해혁명을 주도한 손문(孫文)에 의해서 였고 한때 장개석이 이를 계승하기도 했으나 모택동의 공산정권에 그 이름을 뺏기고 말았다. 따라서 모택동의 중국에서 그 국호가 지닌 명수(命數)를 짚어보면 다음과 같다.

중(中)은 오행으론 토(土)요 십간으로 戊己에 해당되며 사물진행에 따른 수(數)로는 5.6이며 하도수(河圖數)로는 5.10이다.

이러므로 현재의 중국(中國)은 1940년대부터 중심 변화 운동인 5.6운동(5X6 = 30)을 30년간 하다가 1970년대부터 중(中)의 힘을 화려하게 내보이기 시작한다. 전성기는 5X10 은 50이므로 2020년대까지이고 그 이후는 운동이 멈추게 되고 이에 따라 분열과 몰락이 계속되어 사방으로 갈라지게 될 것이다. 중국의 국기인 오성홍기(五星紅旗)는 중앙에

큰 별 하나가 있고 변두리에 4개의 작은 별이 있는 구조다.

이는 중(中)인 5수를 나타냄과 동시에 사이(四夷)와 중화(中華)라는 그들의 자부심을 나타내고 있다.

※ 四夷 : 南蠻, 北狄 : 東夷, 西戎

(사이) (남만) (북적) (동이) (서융)을 말하는데 자기들 나라의 동서남북에 있는 민족들을 낮추어 부르는 호칭이었다.

5. 좋은 이름 짓는 법

이때까지 어떻게 이름을 해석하며 어떤 이름이 좋은 것인지 명으로 암(暗)으로 누누이 설명했지만 이를 정리하면 대강 다음과 같다.

(1). 개인의 이름

1) 부르기 좋고 듣기 좋아야 한다.

발음이 어렵거나 발음상 다른 좋지 못한 의미로 받아들여 질 수 있는 이름은 피한다.

예1) 오소리(吳昭利)는 '오소리'라는 동물의 이름과 같다.

그러나 옥소리(玉昭利)라면 '옥(玉)에서 나오는 영롱한 소리'라는 이미지도 있으므로 좋다.

2) 이름 전체의 연결된 뜻이 좋아야 한다.

예1) 금소영(金昭映)은 황금빛이 밝고 빛나다는 뜻이므로 취할수 있는 이름이다.

예2) 이하응(李何應)은 어찌(何) 응하겠느냐는 뜻이되어 좋지 못하다.

3) 사주팔자(命)에 부합되는 글자를 쓴다.

소리는 하나의 기(氣)다. 따라서 이름 역시 하나의 기(氣)다.

그러므로 매일 듣고 부르는 이름이 좋은 것이라면 좋은 기를 넣어줄 것이고 나쁜 기라면 나쁜 영향을 끼칠 것은 당연하다. 사주팔자 역시 어느 때 어느 시점에 어떤 기(氣)를 받아 이뤄진 것이다.

따라서 사주팔자에 필요한 기운을 넣어준다면 무엇보다 바람직한 일일 것이다. 따라서 역학 전문인들은 사주용신과 부합되거나 팔자에 꼭 필요한 오행을 찾아 그런 오행을 지닌 글자를 이름자에 넣어주면 될 것이다. 일반인들은 앞에서 기록한 형충파(形冲破)와 원진, 귀문살 등이 성립되지 않는 글자를 취하면 될 것이다. 그러나 되도록 전문가한테 의뢰하는 것이 제일 믿을 수 있을 것이다.

예1) 여름에 태어나 물이 필요한 사주(四柱)라면 수(洙), 연(淵), 소(沼)등의 글자를 취한다.

예2) 추울 때 태어났거나 사주가 한습하다면 영(榮), 욱(昱. 旭), 호(昊), 영(映) 등의 글자를 취한다.

4) 외오행(音五行)과 내오행(內五行 : 글자가 지닌 오행)이 상생되도록 한다.

5) 불길하고 흉한 뜻이 들어있는 글자는 피한다.

예1) 나(那)자는 '어찌하나' 하는 미정(未定)과 초조함이 들어있는 부정적인 글자다.

예2) 열(烈)자는 죽을 사(死)의 첫머리인 뼈추릴알(歹)과 칼도(刀 : 刂)이 들어있어 신체적인 흉함을 내포하고 있다.

예3) 필(必 : 泌)자는 가슴과 마음(心)에 칼과 꼬챙이가 꽂혀있는 형상이다.

6) 시대감각에 맞아야 한다.

예1) 복순, 순자, 말숙, 화자, 영자, 정숙, 명숙등의 여자 이름은 시대감각에 맞지 않다.

예2) 도석, 판돌, 창구(昌九), 우철(又喆), 삼식(三植)등의 남자 이름 역시 시대감각에 뒤떨어진다.

(2). 이름의 음파적(音波的)작용

통용되는 이름이 한 개인이나 단체에 끼치는 영향은 크게 두 가지이다.

첫째는 이때까지 살펴본 글자(文字)의 뜻이 주는 영향이고, 둘째는 소리의 파장이 주는 영향이다.

소리의 파장에 대한 연구는 《파동성명학》이란 이름으로 널리 알려져 있지만 약 40여년 전에 고(故) 김백만 선생이 효시다. 선생의 저서는 「명문당」에서 발간한 것인데 《작명보감》(?)인지 기억이 분명치 않으나 그 연구 방법은 다음과 같았다.

1. 소리에 대한 오행(五行) 가운데 ㄱ,ㅋ,ㄲ 등은 木으로 ㅁ,ㅂ 은 水, ㄴ,ㄷ,ㄹ,ㅌ 은 火이며 ㅇ,ㅎ은 土고 ㅅ,ㅈ,ㅊ 은 金 으로 설정했다. 이는 예부터 전해져 널리 알려져 있는 오음(五音)의 오행적 배속을 따른 것이다.

2. 소리의 음양적(陰陽的) 분별은 글자(文字)가 지니고 있는 획수를 가지고 했는데 짝수는 음(陰)이고, 홀수는 양(陽)으로 설정했다.

3. 이름 글자와 생년의 간지를 대비시켜 사주(四柱)풀이에 쓰고 있는 정재, 정관, 비견 등의 육신(六神)을 취했고, 육효(六爻)에서 쓰는 육수(청룡, 주작, 구진, 등사, 백호, 현무)를 이름 글자에 붙인 것이었다.

예를 들면, 다음과 같다.

『乙卯생 이(李) 나(奈) 영(映)』의 예

성명	획수	음양	오행	육신	육수
(李) 이	7	양	土 戊, 辰戌	正財	현무
			○		백호
(奈) 나	8	음	火 丁, 午	食神	등사
			○		구진
(映) 영	9	양	土 戊, 辰戌	正財	주작
			土 戊, 辰戌	正財	청룡

- 성(姓)인 이(李)는 한자로 7획이며, 양(陽)이 되고, 양토(陽土)이므로 생년의 천간인 乙木에서 보면 정재(正財)가 된다.

- 육수 붙이는 법은 甲乙木은 청룡이고, 丙丁火는 주작, 戊土는 구진이며, 己土는 등사가 되며, 庚辛金은 백호가 된다.

- 육수는 육효(六爻)에서와 같이 맨밑에서 부터 붙이는데 甲乙생은 청룡을 맨밑에 붙이고, 그 다음에 주작, 구진 등의 순서로 붙였다.

- 위의 표대로 설정한 다음에 청룡에 정재가 있으므로 좋고, 초년을 뜻하는 성(姓) 부분에 있는 정재성에 현무가 붙어서 초년의 재운은 좋지 않다.

- 또한, 여자에게 꼭 필요한 관성이 없으므로 남편 복이 없으며 공부와 학문, 모친성인 인수가 없으므로 부모복 약하고 공부운 좋지 못하다는 식의 해석이었다.

- 지금의 『파동성명학』에서는 육신(六神) 설정을 위 방법과는 정반대로 하고 있다.
즉, 생년인 乙卯를 주체로 하지 않고 이름의 글자를 주체로 하는데 다음과 같다.

『乙卯생 이(李) 나(奈) 영(映)』의 예

성명	획수	음양	오행	육신	육수
(李) 이	7	양	土 戊, 辰戌	正官	
			○		
(奈) 나	8	음	火 丁, 午	偏印	
			○		
(映) 영	9	양	土 戊, 辰戌	正官	
			土 戊, 辰戌	正官	

- 성(姓)인 이(李)의 오행은 양토(陽土)인데, 여기서 보면 생년의 천간인 乙木은 정관성이 되고, 나(奈)는 음화(陰火)

인 丁이 되므로 乙木 천간은 偏印이 된다.

　– 또한, 여기선 기술치 않았지만 이름 글자가 지닌 오행과 생년 지지(卯)를 위와 같은 방법으로 육신적 설정을 하고 있다.

　이런 상반된 육신적(六神的) 설정은 태어난 해(生年)가 주체가 되느냐, 아니면 이름이 주체이고 생년은 용(用)이 되느냐 하는 것에서 비롯된 것이다.

　즉 고(故) 김백만 선생은 생년을 주체로 했고 ≪파동성명학≫ 쪽에서의 관점은 이름을 주체로 하고 생년을 용(用)으로 한 것이다.

　필자의 소견은 이렇다. 대부분의 인간들은 태어난 후에 이름(姓名)을 지니게 되며, 그 발자취에 따라 사후(死後)에 이름을 얻기도 하는데 예컨대 충무공(忠武公), 광개토(廣開土)대왕 등의 이름이다. 따라서 생년(生年)이 주체가 되어야 하고 이름은 그 주체에 따른 용(用)이 되어야 마땅하다.
　그러나 음파적 작용의 근본적인 문제는 소리의 음양관계부터 명확하게 살펴야 하는데 이때까지의 방법은 큰 문제점을 안고 있다.

(3). 한자(漢字)의 획수로 음양(陰陽) 분별함에 따른 오류

우리가 알고 있는 이때까지의 성명학은 중국 땅에서 비롯되어 한국, 일본 등으로 퍼졌다. 따라서 중국 땅에서 중국인이 하던 문자의 획수를 헤아려 그것으로 음양(陰陽) 및 수리(數理)를 배속, 산출하여 길흉을 찾으려 했다.

그러나 여기엔 크나큰 학문적 오류가 있으니, 이는 다음과 같다.

첫째, 획수는 사람의 글쓰기 습관에 따라 변할 수 있다. 즉, ㄱ을 1획으로 그릴 수도 있고 2획으로 그릴 수도 있다.

둘째로는 상형(象形)을 기본으로 하는 한자(漢子)에서 파생되는 문제다.

예컨대, 삼 수(氵)를 3획으로 볼 것이냐, 아니면 원래의 뜻인 水를 취해 4획으로 볼 것이냐 인데 이 글자 외에도 언덕부(阝), 초두변(艹) 등의 글자다.

이와 맞물려 법칙 칙(則)은 9획이라 하여 쓰고 있으나, 현재의 중국에선 6획인 则자로 쓰고 있다.

이 글자 외에 韋와 (华), 陽과 양 등으로 아주 많다.

따라서 金則中(金 칙 中)이란 이름을 중국에서 풀면 저렇게 나오고 한국에서 풀면 이렇게 나오게 되니 심히 황당해진다.

그리고 則의 원래 글자는 (𣃟) 자인데, 이것은 도대체 몇 획으로 봐야 할 것인지 심히 난감하다.

혹자는 '복잡한 상형문자는 2000여년 전의 글자로 지금에 와서는 쓰이지 않기 때문에, 지금 쓰고 있는 글자의 획수로 따져야 한다'고 말한다.

그렇다면, 2000여년 전에는 성명학이 없었고 지금에만 성명학이 통용될 수 있다는 논리인데 과연 타당한가?

역학(易學) 뿐 아니라, 수리(數理)를 따지는 성명학 역시 자연수학(自然數學)이다.

그런데, 옛날에는 아니지만 지금은 된다 하는 것은 수학의 이치에 어긋나는 이상한 논리가 아닐 수 없는 것이다.

셋째로는, 인간들의 습관에 따라 쓰여지는 획수가 학문적 근거가 될 수 있다면, 한자(漢字) 뿐 아니라 한글과 알파벳 역시 획수로 그 성명적 풀이가 가능해야 한다.

그러나 예를 들고 있는 이나영(李奈映)의 경우만 보더라도 한자적 획수와 한글적 획수는 전혀 다르다.

위 3가지의 명확한 문제에 대답할 수 없다면 그것은 결코 학문이 아니다.

그러므로 한자식 수리(획수) 성명학을 해본 많은 사람들이 회의를 느껴 음파적 역할 작용인 『파동성명학』을 찾게 된 것이다.

아직도 한자식 획수 성명학을 고집하는 사람이 있다면 그 학문적 자질과 소양마저 의심받을 수밖에 없을 것이다.

(4). 소리(音)의 음양 분별에 따른 문제

현재까지의 성명학에서는 그 소리의 음양 설정을 획수에 의지했다.

즉, 홀수면 양(陽)이고, 짝수면(陰)으로 설정하였지만 이처럼 한자의 획수로 보는 것은 결코 학문적 기준에 될 수 없다.

그리고 이(李)와 이(伊)는 소리는 같지만 획수는 틀리다. 이런 예는 아주 많다.

이런 모순을 살핀 어떤 사람은 한글의 획수를 취해 그 소리의 음양을 구분했는데 다음과 같다.

이는 2획, 박은 7획, 송은 5획, 윤은 5획 등이다.

지금 유행하고 있는 『파동성명학』에서 쓰는 방법으로 한자(漢字)의 획수에 따른 문제점을 파악한 현명함이 있다.

그러나 여기에도 문제점이 있으니, 한글의 획수 역시 한자(漢字)와 동일하게 모든 소리의 음양을 정할 수 있는 보편성이 없다는 것이다.

즉, 모택동(毛澤東)을 중국 음으로 [마우쩌뚱]으로 발음하는데, 우리 음으로 부르는 모택동의 획수와 중국음 [마우쩌퉁]의 획수가 다르다는 점이다.

그렇다면, 하나의 소리에 대한 음양 분별은 과연 어떻게 해야 정확할까?

이것을 해결하기 위해서는 인간이 발성하는 소리를 가장 정확하게 담아 둘 수 있는 한글에 대한 이해부터 되어야 한다.

(5). 한글의 음양 오행

한글은 '이 세상에 존재하고 있는 대부분의 소리(音)를 가장 잘 담아 둘 수 있는 합리적이고 과학적인 문자 체계다.'

이것은 우리뿐 아니라 세계의 언어문자 학자들 스스로가 감탄하며 인정하고 있는 사실이나 이는 한글의 외형적 모습을 보고 내린 결론이고, 필자는 내적으로 더욱 심오한 철학적 체계가 있음을 밝힌다.

한글은 역(易)의 이치에 따라 이루어져 깊고 깊은 오묘함이 들어 있다.

이에 대해선, 일찍이 정인지(훈민정음 제자해)가 '삼재(三才)'의 원리에 따라 음양 오행의 이치가 들어있다'고 밝힌 바 있다.

필자는 부산 한글학회에 10여 년간 몸담고 있으면서 한글의 제자원리(制字原理)에 들어있는 역학적 체계를 연구해 보았으며, 한편의 논문을 발표하기도 했다.

역학을 하는 사람이 무슨 한글 연구(?) 하겠지만 한글에 들어있는 역학적 고찰은 역(易)을 모르는 일반 국어학자들보다 더욱 정명할 것이다.

필자의 논문은 『한글의 제자원리』였는데, 1988년 8월 부산 한글학회 정례모임에서 발표한 것이다.

여기엔, 한글의 닿소리 자를 종전과는 달리 [ㄱ, ㄴ, ㄷ, ㄹ, ㅁ, ㅂ, ㅅ, ㅈ, ㅊ, ㅇ]의 순서로 정리했다.

그리고 홀소리자 [·, ｜, ─]세 개를 서로 합쳐 하나의 운동 모양을 이룸으로 나타냈다.

　　즉, [｜]자 안쪽에 [·]이 붙어 [ㅓ]자가 되고, 이는 밖에서 안쪽으로 [어] 운동을 나타낸다. [｜]자 바깥 쪽에 [·]자가 붙으면 [ㅏ]자가 되고 이는 안쪽에서 바깥 쪽으로의 운동을 나타낸다.

　　또한, [─]자 위에 [·]자가 붙으면 [ㅗ]자가 되는데 이는 아랫 쪽에서 위로 진행하는 운동을 나타내며, [─] 아래에 [·]자가 붙게 되면, [ㅜ]자가 되고, 이것은 위에서 아랫 쪽으로 힘을 내보내는 운동을 뜻함이다.

　　위 삼재(三才, ·, ｜, ─)의 운동에 따른 글자 꼴로 음양을 구분할 수 있으니 다음과 같다.

　　[아]자는 힘이 내부에서 바깥으로의 진행을 뜻함으로 양(陽) 운동이다.

　　[어]자는 힘이 바깥에서 안쪽으로의 진행이므로 음(陰)운동에 속한다.

　　[오]자는 아래쪽에서 전해지는 힘을 ㅇ 이 받아들이는 형태이므로 음(陰)운동이다.

　　[우]자는 ㅇ 이 아래쪽으로 힘을 내보내는 운동임으로 양

(陽)운동이다.

덧붙여, [애]는 양운동이고, [에]는 음운동이다.

[다, 더, 가, 거] 등의 글자 역시 위의 설명에 따르면 된다.

[이, 으] 등의 글자는 바깥이나 안쪽으로의 운동이 없으므로 정적(靜的)인 상태다.
따라서 음(陰)에 속하나 엄밀히 말하면 반음반양(半陰半陽)이라 할 수 있다.

이런 운동으로 본 음양 구별의 예는 다음과 같다.

성명	음양	오행
이	음	己, 丑未
		○
나	양	丙, 巳
		○
영	음	己, 丑未
		己, 丑未

성명	음양	오행	
김	음	乙, 卯 癸, 子	木
영	음	己, 丑未	土
		己, 丑未	
길	음	乙, 卯 丁, 午	木 火

(6). 이름의 삼재(三才)

삼재(三才)는 삼신(三神), 삼황(三皇), 삼극(三極) 등으로도 쓰고 있다.

이는 만물구성의 세 가지 요소를 말함인데, 이 세상은 무형체 공간인 하늘(天)과 유형체 공간인 땅(地) 사이에 만물의 영장인 인간(人)이 있어야만 이뤄진다.

또한, 물체는 액체, 기체, 고체의 삼체가 있고 우리 인간에게는 정(精), 기(氣), 신(神) 세 개가 있어야 비로소 완전하다.

뿐만아니라, 도학(道學) 수련에 있어서도 내적으론 연정(練精), 연기(煉氣), 연신(練神)하여 내삼합(內三合)해야 하고, 외적으로는 천지(天地)와 하나가 되는 외삼합(外三合)이 되어야 한다.

이름에 있어서 천(天)은 부모, 조상이 되며 국가 및 사회가 되고 인(人)은 자기 자신과 배우자가 되며, 지(地)는 자식이고 생활환경이며 모친이 되기도 한다.

따라서 성명에 있어서도 삼재에 따른 배치가 아주 중요하다.

예를 들면 아래와 같다.

< 성(姓) 한 자, 이름 두 자인 경우의 삼재(三才) 배치 >

예1]

성명	삼재	오행	음양
이	天	土	음
나	人	火	양
영	地	土	음

예2]

성명	삼재	오행	음양
김	天	木/水	음
영	人	土/土	음
길	地	木/火	음

- 예1]의 삼재 배치에 따른 오행의 작용은 이렇다.

- 인(人)에 속하는 [나]는 받침없는 양화(陽火)로 천(天)의 土와 지(地)의 음토를 생하고 있다.

- 받쳐주는 것(받침)없는 미약한 火가 상하로 설기가 심하다. 그러므로 부모(天)나 자식 및 아랫사람에게 애정이 각별하나 덕이 없다.

- 즉 약한 불이 천(天)과 지(地)를 생해 주기만 할 뿐 생함을 받지 못하고 있다.

- 예2]는 천(天)과 지(地)의 木이 본인을 나타내는 土에 뿌리를 내리며 극하고 있다.

- 따라서 부모(天)와 자식으로 인해 고통이 있고 큰 덕

없다. 그러나 木은 土가 있어야 뿌리박고 자랄 수 있으므로 자식(木)을 키우게 됨을 주어진 본분이라 생각하며 자식이 주는 덕을 크게 원하지 않는다.

< 성(姓) 한 자, 이름 한 자인 경우의 삼재(三才) 배치>

성명	삼재	오행	음양
김	天	木/乙卯 水/癸子	음
구	人	木 甲寅	양
	地	庚申	양

성명	삼재	오행	음양
허	天	己/丑未	음
정	人	辛酉 己/丑未	음
	地	甲寅	양

- 위 이름은 외자 이름으로 삼재 중에서 地 부분이 없다. 이럴땐 天의 오행인 乙卯와 간합하는 庚을 취하고, 庚의 록인 申을 취해 地 부분의 오행란에 기입한다.

- 이렇게 허합(虛合)하는 원리는 천(天)과 지(地)는 일체 양면적인 존재로서 항상 그 기운을 주고 받고 있다.

- 즉, 천(天)으로 표시된 성(姓)의 오행과 합이 되는 오행을 취해 지(地)의 움직임을 나타낼 수 있는 것이다.

- 하늘(天)이란 무형체 공간은 땅이란 유형체 공간이 없으면 성립될 수 없는 개념이다.

- 그러므로 땅이 눈에 보이지 않는다 해도 天(하늘)이 있다면 반드시 땅(地)이 있다.

- 또한, 천지는 서로 상반된 기운으로 상합하는 역할 작용을 하므로 그 합신(合神)을 취해 보이지 않는 것을 살필 수 있는 것이다.

(7). 육수(六獸)의 뜻

육수란 여섯 동물을 말함인데, 아래와 같이 그 뜻하는 바가 있다.

1. 청룡(靑龍) : 좋고 경사스러움을 뜻하며, 총명하고 눈이 빛난다.

2. 주작(朱雀) : 구설, 시비와 언론 문화를 뜻하며, 입이 튀어 나왔다.

3. 구진(句陳) : 군인, 경찰, 법관 등을 뜻하며, 田士의 신이다. 따라서 그 희기에 따라 잡아간다, 잡힌다는 뜻이 있다.

4. 등사(騰巳) : 헛된 것에 놀란다, 헛것이 보이고 꿈을 잘 꾼다. 괴이하고 이상한 것에 관심많고, 걸고 넘어지며 성내면 무섭다. 학문, 철학, 종교, 수도(修道)엔 좋다.

5. 백호(白虎) : 사고, 부상, 횡액, 사망 등 피를 보는 흉신이다. 사주의 백호살과 같은 작용을 하는데 최고의 흉신이다.

6. 현무(玄武) : 도둑의 신이다. 실물손재, 사기당함, 주색(酒色)등을 주관한다.

※ 甲乙年生은 맨 아래에 청룡을 시작으로 위로 순서대로 붙인다.

丙丁年生은 맨 아래에 주작을 붙여 진행한다.

戊年生은 맨 아래에 구진을 붙여 진행한다.

己年生은 맨 아래에 등사를 붙여 진행한다.

庚辛年生은 맨 아래에 백호를 붙여 진행한다.

壬癸年生은 맨 아래에 현무를 붙여 진행한다.

(8). 오행의 상생 상극(相生, 相剋)

대부분의 사람들은 상생은 좋고, 상극은 무조건 나쁜 것으로 치부해 버린다.

그러나 상생관계라 해서 무조건 좋은 것도 아니며, 상극관계라 해서 절대적으로 나쁜 것은 아니다.

- 위 예1]의 이나영(李奈映) 같은 경우엔 중심점인 인(人) 위치에 있는 양화(陽火 : 丙, 巳)가 위(天)로 아래(天)으로 설기(泄氣) 당하고 있다.

- 따라서 비록 상생이라하나 과도하게 힘이 빠져 그 존립이 위태로워지는 것이다.

- 예2] 김영길(金永吉) 같은 경우엔 인(人) 위치에 있는 음토(陰土 : 己,丑,未)가 상(天), 하(地)에서 극을 당하고 있으나, 己土의 역할과 존재 이유는 초목을 받아들여 키움에 있다.

그러므로 부모덕 없고, 자식덕 없다 할 수 있으나, 부모와 자식(乙木) 때문에 土의 존재 가치를 나타낼 수 있게 되는 것이다.

이런 오행의 상생 상극 관계는 사주학(四柱學)의 간법(看法)인 물상론(物象論)을 따라가야만 정확함을 기할 수 있다.

다음에 전개되는 『실명(實名) 감정 예』에서 그 자세한 것을 말하기로 한다.

(9). 종합판단 도표 만들기

종합적 성명 감정에 필요한 도표 만들기는 아래와 같은 방법에 따른다.

1. 음(音) 오행의 음양은 한글의 운동성에 따랐다.
2. 음오행에 따른 육신 관계 설정은 생년의 간지를 체(體)로 하고, 이름(姓名)을 용(用)으로 한다.
3. 성명 각 글자에 육수 붙이기는 고(故) 김백만 선생의 연구를 따랐다.
4. 음오행을 십간 십이지(十干十二支)로 바꾸어 활용한다.
5. 한자(漢字) 이름도 병기하여 그 오행을 살펴 생년간지와 대비하고, 삼재(三才)와의 관계도 살핀다.
6. 삼재(三才)에 위치한 십간십이지(十干十二支) 서로간의 충극(沖剋)과 합(合)을 취한다.
7. 사주학에서 쓰는 신살과 12운성 중에서 사묘절고(死墓絶庫) 등을 취용한다.

※ 주(主)된 글자의 오행적 영향력은 크고, 받침 글자의 오행적 영향력은 약하다.

[영]자의 주된 글자는 [여]고, 받침은 [ㅇ]이다.

예1] 남자 乙未生 김 영 길 (金永吉)

한자성명	한글성명	삼재	음양	한자오행	음오행	육신	육수	기타신살
金	김	天	음	金	木/乙,卯	비견편인	현무백호	
永	영	人	음	水	己,丑,未 己,丑,未	편재편재	등사구진	년지와丑未冲
吉	길	地	양음	木	乙, 卯 丁, 午	비견식신	주작청룡	년지와午未合

   - [김]의 [ㄱ]자는 음(陰)에 속하고, 木이므로 乙卯가 되고, 받침인 [ㅁ]은 음수(陰水)이므로 癸子가 된다. [영]자 역시 [여]는 음토(己, 丑未)이고, 받침인 [ㅇ] 역시 음토임으로 (己, 丑未)로 표기했다.

   - 또한, 한자로 金은 오행으로도 金이고, 永은 오행으로 水이다. 吉자는 木에 속하는데, 앞부분(문자편)을 보면 왜 木이 되는지 이해할 수 있을 것이다.

예2] 여자 乙卯生 이 나 영 (李奈映)

한자성명	한글성명	삼재	음양	한자오행	음오행	육신	육수	기타신살
李	이	天	음	木 水	己,丑,未	편재	현무백호	
奈	나	人	양	木	丙, 巳	상관	등사구진	
映 (丁,己)	영	地	음	火 土	己,丑,未 己,丑,未	편재편재	주작청룡	

- 성(姓)인 李는 [木 + 子]의 구조로 되어 있다. 따라서 그 오행 역시 木이고, 水(子)이다.

- 나(奈)자는 [능금나무, 어찌할꼬]라는 뜻인데, 능금나무에서 오행을 취해 木으로 한 것이다.

- 영(映)은 [태양(日) + 중앙(央)] 구조로 日은 丙이고, 중앙(央)은 土이므로 己라 기재한 것이다.

- 이나영(李奈映)을 한자적 의미로 풀어보면 다음과 같다.

- 오얏나무(李) 능금나무(奈)가 태양(日)이 비치는 땅 한 가운데(央)에 뿌리박고 있다.

- 이 뜻을 부연하면, 종자가 다른 별개의 나무가 하나의 땅에서 태양(日)을 바라보며 뿌리박고 있으니 성장과정에는 이복, 이부 형제와 같이 자라던지 하게 되고, 성장 후에는 마음에 들지 않는 배우자와 인연 맺던지, 뜻맞지 않는 사람과 같이 동거, 동사(同事)하는 일이 생기게 된다.

- 또, '오얏나무(李)가 어찌(奈) 빛나고, 영글 수(映) 있겠는가?' 하는 부정적인 뜻이 있다.

- 그리고 내(柰)자는 [木 + 示]의 구조인데 示는 제사와

인연있고, 귀신(鬼神)과 인연있게 되니, 영적 감각 뛰어나나 정서불안, 까닭모를 두려움과 심신의 피로를 잘 느끼게 된다. 바로 사주에서 말하는 귀문살이 바로 示자 이다.

- 映은 [태양(日) + 중앙(央)]의 구조로 한 가운데에서 빛난다는 뜻이므로 남에게 뒤쳐짐을 싫어하고, 크게 우뚝 서 보려는 욕망은 잠재되어 있다.

- 음오행(音五行)과 생년간지(乙卯)를 결부시켜 보면 다음과 같다.

- 삼재 중의 인(人) 부문에 丙火 상관이 있으므로 두뇌 총명에 정직하고 경우 바르며 합리적인 것을 좋아한다.

- 억제당함을 원하지 않고 자유분방에 언변 뛰어나고, 예술적, 미적 감각 있다.

- 그러나 丙火가 上下(天地)에 심하게 설기되므로 바쁘게 생활(활동)하나, 기운만 빠지고, 이뤄짐이 없게 되니 바로 재다신약(財多身弱)이다.

- 또 乙卯(생년지)에서 보면 편재성이 3개나 되어 크게 3번의 직업전환과 변화가 있게 된다.
- 게다가 映자가 또 火生土하여 土를 강하게 하므로 土剋

水가 되어 인수(부모)가 파괴되니 부모복 미약하게 된다.

- 뿐만 아니라, 관성(남편)인 金은 火에 극되고 旺土에 묻히는 데다 보이지를 않으니 남편의 일이 잘 안풀리게 되고, 믿고 의지하기 힘들게 된다.

- 지(地) 부분에 청룡이 있고 己, 丑土는 丙火(人)의 상관(자식)이므로 똑똑하고 머리 좋은 자식과 입 빠르고 말 잘하는 자식있게 된다.

(10). 성명의 종합적 감정법과 그 실례

- 앞에서 잠깐 본 乙卯생 이나영(李奈映)의 예처럼 먼저 한자(漢子)의 뜻과 내오행(內五行) 등을 참작하여 전체적인 의미를 밝힌다. 그런 다음에 각각의 글자를 측자법(測字法)에 따라 해석한 후 외오행(外五行)의 상생 상극을 살핀다.

- 작성된 도표를 보고 제일 강하게 작용하고 있는 오행을 찾고 발동된 오행을 중시한다.

- 발동이란 것은 생년의 간지가 음오행으로 나타난 것과 같음을 말하고 생년지 중에 있는 오행이 음오행(音五行)으로 나타나 있을 때를 말한다.

- 예1]의 乙未生 김영길(金永吉)의 도표에서 보면 乙년생

이므로 지(地)자리에 있는 乙卯와 천(天) 자리에 있는 乙卯가 발동이다. 이렇게 발동된 것이 비견이 되면 부모(天)와 자식(地)을 위해 출비 소모가 많게 된다.

- 또, 未년생이므로 未중에 있는 乙, 丁, 己土가 지(地)에 丁으로, 인(人)자리에 己土로, 부모자리(天)에 乙木으로 나타나 있는데 이런 것을 발동이라 한다.

- 이렇게 발동이 되면 중요하며 강한 작용을 하는 것으로 보면 된다.

- 따라서 예1]의 이름은 자식자리(地)에 식신(丁)이 있고, 청룡이 붙어 있으므로 착하고 총명 준수한 자식과 인연있게 된다. 그리고 식신은 본인에겐 행동 및 활동력이고 언어가 되며, 돈줄이 된다. 이에 말 잘하고 재정적으로도 부유해질 수 있는 것이다.

- 즉, 발동은 두드러지게 나타난 것을 말함이니, 재성이 발동되면 재운있고, 관성이 발동되면 관운 좋다.

- 그러나 백호가 발동하던지, 편인이 발동하면 아주 나쁜 작용을 하게 된다.

- 여자 이름에서 상관, 식신성이 발동되면 남편을 극하게

되고 남자일 경우엔 비견, 겁재 발동이면 처와 부친을 극한다.

- 덧붙여 이름의 한자를 십간십이지로 바꾸어 생년간지
와 삼재(三才) 간의 작용도 살펴야 한다.

- 여기서 미처 설명치 못한 세세한 부분은 실례 감정편에
서 다룰 것이다. 지지장간표를 기재한다.

子(壬,癸), 丑(癸,辛,己), 寅(甲,丙,戊), 卯(甲,乙), 辰(癸,
乙,戊), 巳(丙,戊,庚), 午(丙,丁,己), 未(己,丁,乙), 申(庚,
壬,戊), 酉(庚,申), 戌(戊,辛,丁), 亥(甲,壬)

- 생년지지에서 발동을 볼 때 쓴다. 亥중 戊는 쓰지 않는다.

(11). 육신(六神) 발동과 육수(六獸) 배속 변화법

역(易)은 항상 변한다. 성명학에 있어서도 이 변화법을
알아야만 정확함을 얻을 수 있다.

발동(發動)이란 것, 역시 변화법의 일종인데 다음과 같다.

발동의 예] 乙未생 김 영 길 (金永吉)

한자성명	한글성명	삼재	음양	한자오행	음오행	육신	육수
金	김	天	음	金	木/乙,卯 癸, 子	비견 편인	현무 백호
永	영	人	음	水	己,丑,未 己,丑,未	편재 편재	등사 구진
吉	길	地	음	木	乙, 卯 丁, 午	비견 식신	주작 청룡

- 乙未생이므로 천(天)자리의 乙(卯)가 지(地) 자리의 乙(卯)이 발동이다.

- 즉, 乙年생일 경우엔 도표에 乙이 있으면 발동이다. 또한, 생년지 未 중에 있는 乙木이 도표에 있으므로 발동이며, 未중에 있는 丁火가 지(地)의 끝자락에 있으므로 이것도 발동이다.

- 발동된 乙木이 많으며 이것이 비견이 되어 상하에서 인(人) 자리에 있는 己土(본인)를 극한다.

- 그러므로 부모형제 및 자식의 덕이 없을 뿐아니라, 그로인해 고통을 당하게 되고 건강 및 신체적인 액운을 많이 당하게 된다.

- 이 사람은 어려서부터 죽을 고비를 수없이 당했으며, 부모 자식으로 인한 고통도 많이 당한 과거를 지니고 있다.

육친배속 변화의 예] 辛卯생 여자 박 근 혜 (朴根惠)

한자 성명	한글 성명	삼재	음양	한자 오행	음오행	육신	육수	기타
朴	박	天	양	木	壬, 亥 甲, 寅	상관 정재	청룡 현무	
槿	근	人	음	木	乙, 卯 丁, 午	편재 편관	백호 등사	공망
惠	혜	地	음	火	己,丑,未 ○	편인	구진 주작	

- 육수는 맨 아래에서 위로 순서대로 붙이지만 여기선 발동된 것이 인(人) 자리의 乙(卯)이므로 여기에 백호를 붙여 순서대로 진행해 가는 것이다.

- 따라서 위 이름은 인(人) 자리의 乙 편재가 발동했으며, 흉신인 백호까지 붙어 있다.

- 한자 이름에도 木이 많고, 천(天) 자리에도 甲木있고, 壬水의 도움까지 받고 있어 木旺하다. 이렇게 강왕해진 木이 백호흉신을 띤 채 지(地) 자리에 있는 己土 편인(모친성)을 충극하므로 甲寅년에 木旺할 때 모친 흉사했는데 총맞고 죽었다.

- 또, 천(天) 자리에 있는 甲木 정재(부친성) 역시 생년지 卯 중에 있던 것이 나타났으므로 역시 백호가 붙는다. 따라서 그 부친 역시 흉사하는데 己未년에 甲己합 되어 입고(入庫)하므로 그 부친 역시 총맞고 저승가게 되었다.

- 인(人) 자리에 있는 丁火 관성이 공망되어 왕한 목의 기운을 설기시킬 수 없으므로 무용지물이니 남편두지 못했다.

- 본인을 뜻하는 인(人) 자리의 乙木 편재 역시 백호살 발동되어 피를 보는 흉액 당하던지 흉사할 위험이 있다.

- 丙戌년에 乙木이 꽃(丙) 피우려다 戌에 입묘한다(乙은 戌에 墓).

- 그러므로 丙戌년에 얼굴에 칼맞게 되었다.

一. 음오행으로 보아 없는 육신은 한자 이름에서 찾는다.

예] 丁酉생 여자 권 옥 경 (權玉鏡)

한자 성명	한글 성명	삼 재	음 양	한자 오행	음오행	육신	육수	기타 신살
權	권	天	음	木	乙, 卯 丁, 午	편인 비견	청룡 현무	발동
玉	옥	人	음	土	己,丑,未 乙, 卯	식신 편인	백호 등사	卯酉 沖
鏡	경	地	음	金	乙, 卯 己,丑,未	편인 식신	구진 주작	卯酉 沖

- 위 이름의 음오행에는 丁火의 재성이 되는 金이 없다. 그러나 이름 끝자의 경(鏡:거울)이 金 오행이므로 있는 것으로 본다.

- 거울같은 돈이라 깨어지기 쉬운데 천(天) 자리에서 丁 비견이 현무와 주작을 띠고 발동이 되므로 재산상실(현무) 과 부친이 조각조각 깨어지게 된다.

- 옛날엔 거울(鏡)을 혼인의 증표로 삼았다. 그러므로 거울이 깨짐(破鏡)을 부부이별로 보고 파경(破鏡)으로 말했는

데 지금도 쓰고 있는 단어다. 따라서 이 여성은 파경(이혼)하면 흩어지고 돈깨지고 흩어지면 이혼하게 되는 일이 생기게 된다.

- 그리고 부친(金, 財)이 아이(兒)처럼 먼산 구경하며 서(立) 있다가 신체가 파열되는데 시골 기차 길에서 먼산보다 치어 죽었다.

- 이 이름 역시 乙(卯) 편인이 상하에서 인(人) 자리의 己土(본인)를 극하는 구조다.
따라서 부모덕 없고 고통만 받게 되며, 己土에겐 乙木이 편관(夫)이므로 많은 남자 거쳐가나 모두가 상처만 주게 된다.

- 또 바깥에 있는 부친성(鏡)은 하나인데, 모친성(乙,卯)은 많으므로 모친 외에 모친있게 된다.

- 본인을 뜻하는 인(人) 자리의 己土 식신에 백호와 청룡이 붙어 있으므로 총명 영리하고 놀기 좋아하며(청룡) 피(血)를 보고 만지는 간호사 직업을 갖게 되었다.

- 만일 그 직업이 아니면 본인 역시 피를 보는 재액을 만나게 된다. 편인이 왕강하면 자식성을 극하므로 자식없이 혼자 살고 있다.

─ 처녀 때부터 유부남과 교제하다가 38세에 상처한 남자 만나 결혼하여 그동안 모아놓은 돈으로 식당을 차렸다. 2년 만에 다 까먹고 결국 이혼했다.

6. 실례풀이

예] 甲午生 여자 김 경 순 (金敬順)

한자 성명	한글 성명	삼 재	음 양	한자 오행	음오 행	육신	육수	기타신살
金	김	天	음	金	乙, 卯 癸, 子	겁재 인수	현무 백호	도화,양인
敬	경	人	음	木	乙, 卯 己,丑, 未	겁재 정재	등사 구진	도화,양인 甲己合
順	순	地	양	水	庚, 申 丙, 巳	편관 식신	주작 청룡	역마 발동,문창

- 위 이름은 지(地)자리 맨 아래쪽에 있는 丙火 식신이 발동이다.

- 청룡 문창성이 붙은 식신이므로 총명 영리하고 인물좋다.

- 丙火 식신은 자식이므로 자식 역시 예쁘고 똑똑하다.

- 그러나 본인을 뜻하는 인(人) 자리에 乙(卯) 겁재가 천(天) 자리의 乙, 癸 에 힘을 얻고 敬(木)과 順(水)에서도 힘을 받아 아주 강왕하다. 이에, 재성(부친, 돈)이 극을 받게 되니 일찍 부친과 이별하게 되며, 남편인 庚 역시 발동된 丙火의 극충을 당해 남편과도 이별이다.

- 丙火가 자식이므로 자식낳고 7년만에 이혼이다.

- 인(人) 자리의 주된 오행(乙, 卯)은 본인을 뜻하는데 己土를 깔고 앉아 있으므로 자신의 힘으로 돈벌이하며 살아가야 한다. (乙에서 己土는 편재)

- 그러나 천(天) 자리에 겁재(乙) 있고, 敬(木) 있으므로 형제가 내돈 작살내게 되며 덕이 없다.

- 경(敬)은 ++자이므로 오행으론 木이 되나, 원래의 뜻은 허리와 무릎을 구부리고 있는 자세를 나타낸 것이다. 이는 사람에게 그런 자세로 임한다는 뜻이 더해져 존경, 경건이 되니 즉, 사람에게 무릎을 굽혀 꿇어 앉으며 허리를 굽혀 절한다는 뜻이다.

- 순(順)은 높은 쪽 머리(首)에서 흘러 내리는 시냇물(川)을 그려낸 것으로 막히지 않고 순조롭게 진행함을 뜻한다. 그러나 이 글자가 이름에 있으면 물장사에 인연있고 편두통 및 월경 불순이 따른다.

- 경순(敬順)으로 묶어 보면 거역하지 않고 몸을 낮춘 자세로 사람을 대하는 직업(물장사)에 인연있다.

(1). 처를 극하거나 재물을 크게 날리는 이름

1. 비견, 겁재가 발동하거나 재성에 백호 있을 때
2. 편, 정재 태다할 경우

예1) 乙亥생 남자 이 성 계 (李 成 桂)

성명	삼재	음양	음오행	육신	육수	변화	기타신살
李 이	天	음	己,丑未	편재	현무		
					백호		
成 성 (土)	人	음	辛,酉	편관	등사		공망
			己,丑未	편재	구진		
桂 계 (木,土)	地	음	乙,卯	비견	주작	발동	생년지와 亥卯未 木局成
					청룡		

　　乙亥生되어 지(地)자리의 中心부에 있는 乙(卯)을 發動이
라 한다.

　　乙木이 약하나 이름字에 있는 계(桂)가 木이 되어 외발동
(外發動) 했다.

　　그런데다가 천(天)자리 중심부와 인(人)자리 받침에 己土
편재성이 있고 이름 字 성계(成桂)에 재성인 土가 많아 혼
잡되어 있다.

　　따라서 극처(剋妻)고 여러 여자와 합하게 되었다.

　　그러나 재성이 外에서 발동하면 재복 및 여자가 많이 따
르게 된다.

　　본인을 뜻하는 인(人)에 편관이 앉아 여러 비겁(亥卯未)

을 제압하므로 무장 출신으로 정권을 잡게 되었다.

예2) 丁巳생 남자 박 정 희 (朴 正 熙)

성명	삼재	음양	음오행	육신	육수	변화	기타신살
朴 박	天	양	壬, 亥	정관	청룡		天乙貴人
			甲, 寅	인수	현무		
正 정	人	음	辛, 酉	편재	백호		天乙貴人 년지와 巳酉丑 財局
			己丑,未	식신	등사		
熙 희 (火)	地	음	己丑,未	식신	구진		
			○		주작		

인(人)자리 중심의 辛(酉) 편재는 巳酉丑 금국을 지어 아
주 태왕하다.

즉, 여자 많고 많은 돈 만질 수 있다.

게다가, 이름자 희(熙)가 비견 겁재 되어 외발했고 재성
에 백호붙어 흉합을 내포하고 있다.

재혼한 부인(육영수)이 甲寅년 되어 金은 寅에 절(絶)되
니 총맞고 숨졌다.

인(人)자리 중심은 본인의 자리이므로 여기에 흉신인 백
호가 붙게 되면 혈사(血死) 및 흉한 일을 많이 당하며 남을
죽이는 일까지 있게 된다.

예3) 庚戌生 남자 이 상 재(李 商 在)

성명	삼재	음양	음오행	육신	육수	변화	기타신살
李 이	天	음	己丑,未	인수	등사		
					구진		
商 상	人	양	庚,申	비견	주작	발동	역마
			戊辰,戌	편인	청룡	발동 (白虎)	
在 재 (土)	地	양	庚,申	비견	현무	발동	역마
			○		백호		

인(人)자리 중심부와 지(地)자리 중심부에 庚金 비견이 발동되어 있고 戊, 己의 인수성이 庚金을 생하고 있으므로 비견이 태왕하다.

이리되면 재성인 木을 파극한다.

따라서 극처 이별하고 평생을 떠돌며 지냈다. 물론, 재물 복 없음은 당연하다.

일제(日帝)때에 독립운동을 하며 청빈하고 강직하게 살 았던 월남(月南) 이상재 선생이다.

명조(名造)에 인수성(정신. 사상)과 비견(주체성)뿐이므 로 선각자로서 그 정신과 이념을 위해 평생을 바친 것이다.

* 金의 성질은 완고하며 개혁성이 있음을 참작할 것.

예4) 丁未生 여자 김 미 해 (金 美 海)

성명	삼재	음양	음오행	육신	육수	변화	기타신살
金 김	天	음	乙,卯	편인	청룡		
			癸,子	편관	현무		
美 미 (土,未)	人	음	癸,子	편관	백호		子未원진
					등사		
海 해 (水)	地	양	戊辰,戊	상관	구진		
					주작		

천(天) 자리의 받침부와 인(人) 자리의 중심부에 癸(子) 편관 있는데 이름자 해(海)가 水에 속하며 외발되어 있다.

해(海)는 바다이므로 바다같이 많은 물되어 여러 남자 거쳐야 하고 상대해야 하니, 초혼 실패했고 재혼했으나 역시 이별했다.

술장사하고 먹고살고 있는 여성이다.

美는 양(未)이므로 인(人) 자리의 癸(子)와 子未의 원진살 되어 있다.

예5) 壬寅生 여자 김 점 열 (金 点 烈)

성명	삼재	음양	음오행	육신	육수	변화	기타신살
金 김	天	음	乙,卯	상관	백호		
			癸,子	겁재	등사		
点 점 (火)	人	음	辛,酉	인수	구진		
			癸,子	겁재	주작		
烈 열 (火)	地	음	己丑,未	정관	청룡		
			丁,午	정재	현무		

지(地)자리 중심부에 己土 정관 있으나 인(人)자리 받침부에 있는 癸(子) 겁재가 내관성을 뺏으려 하고 있는데다 이름자에 분리·이별을 뜻하는 열(烈)이 있으므로 40대 초에 돈(火) 때문에 이별했다.

예6) 丙申생 여자 정 숙 정 (鄭 淑 貞)

성명	삼재	음양	음오행	육신	육수	변화	기타신살
鄭 정	天	음	辛,酉	정재	청룡		天乙귀인
			己丑,未	상관	현무		
淑 숙 (水)	人	양	庚,申	편재	백호	(失雀) 발동	
			甲,寅	편인	등사		寅申충
貞 정	地	음	辛,酉	정재	구진		도화, 天乙귀인
			己丑,未	상관	주작		

천, 지, 인(天, 地, 人) 그 어디에도 남편성인 정관 편관이 없다.

다만 이름자 숙(淑)에 관성인 水가 있을 뿐이다.

이렇게 되면 '바깥에 있는 아저씨(叔)같은 남자가 내 남자다' 라는 뜻이다.

즉, 내 남편은 아무리 찾아봐도 보이지 않고 바깥(外)에 유부남이 내 남자가 된다는 말이다. 3번 결혼한 여성이다.

예7) 戊申생 여자 이 미 자 (李 美 子)

성명	삼재	음양	음오행	육신	육수	변화	기타신살
李 이	天	음	己丑,未	겁재	주작		
					청룡		
美 미 (未)	人	음	癸,子	정재	현무		
					백호		
子 자 (水)	地	양	庚,申	식신	등사	발동	
					구진		

천, 지, 인(天, 地, 人) 그 어디에도 관성이 없고 이름자에
도 없다. 미(美)자는 「양(羊) + 큰대(大)」의 구조로 「양
이 크다」 즉, 큰 양이란 뜻인데 12지로 바꾸면 未가 된다.

이리되면 子未원진살이 3개나 되어 육친인연이 박하게
된다. 10대초에 부친 사별하고 30대에 이혼한 후 독신으로
살고 있는 여성이다. 부친(癸)과 사별하게 된 것은 癸(子)는
이름의 美(未)와 子未원진이고 癸는 未에 입묘(入墓)한다.

그리고 戊申(생년지)와 戊癸합하여 申에 입사(入死 : 12
운)하고 또 지(地)자리의 庚(申)이 사지(死地 : 癸는 申에
死)이기 때문이다.

예8) 己酉생 최 지 은 (崔 智 恩)

성명	삼재	음양	음오행	육신	육수	변화	기타신살
崔 최	天	음	辛,酉	식신	구진	발동	
					주작		
智 지 (水)	人	음	辛,酉	식신	청룡	발동	
					현무		
恩 은 (火)	地	음	己丑,未	비견	백호		
			丁,午	편인	등사		도 화

안팎에 일점의 관성이 없고 辛(酉) 식신이 강하며 발동되어 있다. 따라서 30대 초에 이혼했다.

식신에 청룡이 붙어 있으므로 똑똑한 딸자식 하나 있다.
식신은 길신(吉神)이나 강왕해지면 상관 작용한다.

그리고 본인을 뜻하는 인(人)자리 중심부에 식신과 청룡이 있으므로 머리 좋고 똑똑한 여성이며 말 잘한다.

(2). 편·정재가 강왕하거나 발동되면 모친과의 인연이 짧게되고 학문성취 어렵다. 편·정재는 모친성인 인수를 치기 때문이다.

예1) 辛卯생 여자 박 근 혜 (朴 槿 惠)

성명	삼재	음양	음오행	육신	육수	변화	기타신살
朴 박 (木)	天	양	壬,亥	상관	등사		
			甲,寅	정재	구진	발동	
槿 근 (木)	人	음	乙,卯	편재	주작	(白虎) 발동	
			丁,午	편관	청룡		공망
惠 혜	地	음	己丑,未	편인	현무		
						백호	

인(人) 자리 중심부에 乙(卯) 편재가 발동이고 백호까지 임했다.

천(天)자리 중심의 壬水는 받침자리 甲木을 생해주며 근(槿)자가 木오행되어 외발(外發)이다.

따라서 木剋土되어 인수성이 다치게 되는데 甲寅년(24살)

에 유일한 인성인 지(地)자리의 己土가 甲己 합되어 모친
이 동쪽에서 온 자객에게 총맞고 숨졌다.

편재는 부친성인데 백호살 발동이므로 己未년되어 왕목
(旺木)이 입고(入庫)하므로 부친 또한 金씨에게 총맞고
저승 갔다.

예2) 乙亥생 남자 조 종 기 (趙 宗 記)

성명	삼재	음양	음오행	육신	육수	변화	기타신살
趙 조	天	음	辛,酉	편관	현무		공 망
					백호		
宗 종	人	음	辛,酉	편관	등사		공 망
			己丑,未	편재	구진		
記 기 (己,土)	地	음	乙,卯	비견	주작	(靑) 발동	
					청룡		

이 명조(名造)는 인수성(모친)이 보이지 않으며 인수를
생해주는 辛 편관이 공망되어 있다. 그런데다가 이름자인
기(記)가 편재성이 되어 외발(外發)하며 인(人) 자리 받침에
己土 편재 있어 호응하고 있다. 그러므로 4살 戊寅년에 모
친 사별 했다. 지(地)자리에 乙木 비견이 발동되어 생년지
亥와 亥卯未 목국을 이루므로 부친과도 인연 짧게 되니 20
세전에 타향으로 나가 부친과는 의절했다.

인(人)자리에 辛 편관이 있어 乙木을 극제하므로 받침부
분의 己土(처)는 무사하다. 따라서 부부해로 하게 된다. 즉,
재성(財星)은 辛에 의해 보호 받기 때문에 직장 생활하면
손해 및 처와의 불화가 없으나 사업하게 되면 반드시 실패
와 손실이 따르게 된다.

이 사람은 장남으로 태어났고 기억력 좋으며 거래처 및 단골술집에 외상하기 좋아하는데 다음과 같은 이유 때문이다. 종(宗)은 「집(宀) + 제사지낼 시(示)」의 합체자로서 제사 지내는 집이란 뜻이다. 이러므로 종가(宗家) 종손(宗孫)이고 제사는 예부터 장남이 주로 지내왔으므로 장남인 것이다.

기(記)자는 말(言)로서 기록 기입하다는 측자(測字)적인 뜻이 있고 기억이란 말을 이루기 때문이다. 또한, 기(記)자에 있는 己土는 편재성이 되는데 이렇게 이름자에 재성이 있으면(外發) 재복은 있어 부자소리 듣는다. 그러나 기(記)는 말(言)로만 돈(己土편재)이다는 뜻이므로 돈있다고들 말하지만 실속은 없게 된다.

예3) 戊寅생 남자 김 진 수 (金 辰 洙)

성명	삼재	음양	음오행	육신	육수	변화	기타신살
金 김	天	음	乙,卯	정관	주작		
			癸,子	정재	청룡		
辰 진 (水.土)	人	음	辛,酉	상관	현무		공 망
			丁,午	인수	백호		
洙 수 (水)	地	양	庚,申	식신	등사		생년지와 寅申 冲
					구진		

천(天)자리 받침부분에 癸(子)水 하나 외롭게 있으나 이름의 辰은 수고(水庫)로서 오행은 水가 되고 土가 되나 子, 申의 글자를 만나면 申子辰으로 삼합수국되어 아주 水가 旺해진다.

그리고 수(洙) 역시 삼수변(氵)이 있으므로 水에 속한다.

따라서 강한 재성이 외발(外發)하고 있다. 이에, 6살 癸未년에 또다시 水(癸)가 들어오니 모친과 이별했는데 모친이 돈번다고 다니다 큰돈 날리고 가출했고 곧바로 부모는 이혼했다. 앞으로 큰 부자 소리 들으며 살 것이다.

재성이 외발(外發) 하면 부자 될 조건 갖춘 것이다.

(3). 편인이 많거나 편정인 혼잡되면 모친 외에 모친있고 부친 인연 짧다. 여자는 자식운 불길하다.

예1) 辛亥생 이 정 원 (李 禎 遠)

성명	삼재	음양	음오행	육신	육수	변화	기타 신살
李 이	天	음	己丑,未	편인	등사		
					구진		
禎 정	人	음	辛,酉	비견	주작	발동	
			己丑.未	편인	청룡		
遠 원	地	음	己丑.未	편인	현무		
			丁,午	편관	백호		

천(天) 자리의 중심에 己土 편인 있고 인(人)자리의 받침부분과 지(地)자리의 중심부에도 己土 편인있다.

지(地) 자리의 받침부분에 있는 丁火가 위로 있고 己土를 도우므로 편인이 아주 강하며 많다. 따라서 부친과 모친은 이혼했고 이모집에서 자라게 되었다.

인(人) 자리의 중심부에 있는 辛 비견이 발동되어 극부(剋父)의 작용이 더욱 강화된다. 많은 己土에 덮여 있는 辛

金이라 빛보기 어렵고 답답한 삶이 찾아오게 된다.

예2) 壬子생 남자 주 은 찬 (朱 殷 贊)

성명	삼재	음양	음오행	육신	육수	변화	기타신살
朱 주	天	양	庚,申	편인	백호		
					등사		
殷 은	人	음	己丑,未	정관	구진		생년지와 子午충
			丁,午	정재	주작		
贊 찬	地	양	庚,申	편인	청룡		
			丙,巳	편재	현무		

　천(天) 자리의 중심부와 지(地) 자리의 중심부에 庚(申) 편인
이 있고 인(人) 자리의 己土가 이를 생하니 편인 旺하다.

　따라서 태어나기도 전에 부친사별(유복자)했고 모친은
재가했으며 조모(祖母) 밑에서 자랐다.

　인(人) 자리 받침부에 丁(午) 정재있고 지(地) 자리의 받
침부에는 丙(巳)火 편재가 있으므로 정편재 혼잡이다. 그런
데다가 이름 글자인 찬(贊)은 조개패(貝) 위에 지아비 부
(夫)가 2개 있는 구조이므로 처 이외에 애인 두게 된다.

　또한, 처는 두 번의 남자 거친 여자이던지 두 명의 애인을
두게 된다.

　흔히 여성기(女性器)를 일러 조개(貝)라 하는데 여기에
남자를 뜻하는 지아비 부(夫)가 두 개 있기 때문이다.

예3) 丁亥생 남자 김 상 근 (金 相 根)

성명	삼재	음양	음오행	육신	육수	변화	기타신살
金 김	天	음	乙,卯	편인	청룡		
			癸,子	편관	현무		
相 상 (木)	人	양	庚,申	정재	백호		
			戊辰,戌	상관	등사		
根 근 (木)	地	음	乙,卯	편인	구진		
			丁,午	비견	주작	발동	

천(天) 자리 중심에 乙(卯) 편인 있고 모친 자리인 지(地)의 중심부에 또 乙(卯) 편인 있다.

그리고 이름자 상근(相根)이 木이되어 외발(外發)이니 편인 태다하다.

따라서 부친의 후처에게서 유복자로 태어났다.

5살 때 모친이 개가했고 숙모 밑에서 자라다가 10여세에 가출하여 거지가 되었다.

丁(午) 비견 발동하여, 부친과의 인연 짧은 것이다.

50세 되기도 전에 간암으로 이 세상 하직한 사람이다.

예4) 丁亥생 남자 김 유 득 (金 遺 得)

성명	삼재	음양	음오행	육신	육수	변화	기타신살
金 김	天	음	乙,卯	편인	청룡		
			癸,子	편관	현무		
遺 유	人	양	戊辰,戌	상관	백호		辰亥귀문
					등사		
得 득	地	음	丁,午	비견	구진	발동	
			乙,卯	편인	주작		

천(天) 자리의 중심부에 乙(卯) 木 편인있고 모친자리인

지(地)의 받침 부분에 乙(卯)木 편인있다.

지(地)의 중심부에 丁火 비견이 발동되어 극부(剋父)하고 있다.

* 예3)의 또 다른 이름이다. (어릴적 이름)

예5) 壬子생 여자 정 현 정 (鄭 鉉 貞)

성명	삼재	음양	음오행	육신	육수	변화	기타신살
鄭 정	天	음	辛,酉	인수	백호		도화
			己丑,未	정관	등사		
鉉 현 (金)	人	음	己丑,未	정관	구진		
			丁,午	정재	주작		년지 子와 충
貞 정	地	음	辛,酉	인수	청룡		도화 년지 酉와 子酉 귀문살
			己丑,未	정관	현무		

천(天) 자리 중심에 辛(酉) 인수 있고 모친 자리인 지(地)의 중심부에 辛(酉) 인수 있으며 己土 3개가 金을 생하니 金 태왕하다.

여기에 이름자 현(鉉)이 金이 되어 외발하므로 인수의 성질은 흉신인 편인으로 변했다. 丁火 재성(부친)에서 보면 상하에 마누라(辛)있고 바깥(鉉)에도 재성 있는 형상이 되어 부친이 여러 여자를 상대로 합정했다.

정관성(己) 많아 여러 남자 상대하나 다남(多男)은 무남(無男)이라 결혼할 남자 없게 되고 결혼해도 깨어진다.

자식성인 식신, 상관이 없고 인수가 태왕하여 식상을 치므로 아기(자식)도 못 둔다.

만약 낮게 되면 잃게 되는 이름이다.

아직도 결혼 못하고 있으며 술과 섹스(sex)로 소일하고 있다.

이는 辛(酉)인수가 병이 되었고 도화살과 귀문살(子酉)을 이루기 때문이다.

※ 인수성은 생각이고 정신이다.

예6) 癸未생 여자 윤 숙 자 (尹 淑 子)

성명	삼재	음양	음오행	육신	육수	변화	기타신살
尹 윤	天	양	戊辰,戊	정관	백호		
			丙,巳	정재	등사		
淑 숙 (水)	人	양	庚,申	인수	구진		
			甲,寅	상관	주작		년지 未와 귀문살
子 자 (水)	地	양	庚,申	인수	청룡		
			○		현무		

인(人) 자리의 중심에 庚(申) 인수 있고 자식자리인 지(地)의 중심에 庚(申) 인수 있다.

인(人) 자리의 받침부분에 甲(寅) 상관(자식성) 있는데 상하에 있는 庚(申)의 충극을 받고 있다.

따라서 자식이 상하게 되는데 딸 하나는 태어나 얼마 후에 죽었고 둘째 딸은 한참 모자라 바보 천치 소리 듣고 있다.

숙자(淑子)가 水가 되어 외발하므로 재복도 없고 남편은 애인 두게 되었다.

비견 겁재 있는 여자는 남에게 남편을 뺏긴다.

乙亥년에 戊土 관성이 극되고 절(絶:亥)을 만나 남편 죽었다.

예7) 乙酉생 여자 하 파 자 (河 波 子)

성명	삼재	음양	음오행	육신	육수	변화	기타신살
河 하 (水)	天	양	戊辰, 戊	정재	현무		
					백호		
波 파 (水)	人	양	壬,亥	인수	등사		역 마
					구진		
子 자 (水)	地	양	庚,申	정관	주작	발동 (靑龍)	
			○		청룡		

인(人)자리 중심부에 壬(亥)水 인수성 하나 뿐이나 지(地)자리의 庚(申)이 壬水를 생해주며 이름자엔 물 천지가 되었다.

따라서 인수 태왕하여 편인 작용하는데 외발(外發)까지 되었으니 모든 것이 물에 잠겨 떠내려간다.

환갑이 지난 지금까지 결혼식 못올렸고 자식 또한 없다. 이름자 중의 子와 년지 酉는 귀문살 이루니 정서불안 및 정신질환 겪든지 신 모시는 무당이나 역술인 이름이다.

강왕한 물이 흐르고 있는데 역마성까지 붙어 있으므로 바쁘게 활동하나 축재는 어렵다. 한때 모았다 하더라도 곧 떠내려가는 재물(戊)이다.

예8) 辛亥생 여자 이 영 숙 (李 英 淑)

성명	삼재	음양	음오행	육신	육수	변화	기타신살
李 이	天	음	己丑,未	편인	등사		
					구진		
英 영 (木,土)	人	음	己丑,未	편인	주작		
			己丑,未	편인	청룡		
淑 숙 (水)	地	양	庚,申	겁재	현무		
			甲,寅	정재	백호	발동	공 망

천(天) 자리에 己土 편인 있고 인(人) 자리에 己土 편인이 겹쳐 있다.

그런데다가 영(英)자의 중앙 앙(央)이 土이므로 외발(外發)까지 했다.

자식성인 水가 외발(淑)했으나 土多 극수하므로 자식이 없다.

남편성인 火까지 보이지 않고 土多하면 火의 기운이 누설되므로 남편 운까지 없는 이름이다.

재복(財)은 지(地)자리 받침부분에 있으나 지(地)의 중심인 庚(申)에 충극당하니 돈 안된다.

이 여성은 26살 丙子년에 결혼했으나 석달 만에 이혼하고 혼자 산다.

丙은 남편성 되어 丙子년에 결혼운 들어왔다.

백호가 정재성에 붙어 있어 간호사로 생활한다. 즉 백호 재성은 피를 보고 만지는 직업이다.

(4). 남편운 불길한 이름

1. 식신 상관이 왕 하거나 발동 할 경우
2. 관성이 없거나 미약하며 설기 심하거나 충극될 경우
3. 관성이 태다할 때

예1) 壬辰생 여자 이 정 혜 (李 貞 惠)

성명	삼재	음양	음오행	육신	육수	변화	기타신살
李 이	天	음	己丑,未	정관	백호		未 공망
					등사		
貞 정	人	음	辛,酉	인수	구진		년지와 辰酉合
			己丑,未	정관	주작		未 공망
惠 혜	地	음	己丑,未	정관	청룡		未 공망
					현무		

천(天) 자리에 己土 정관성 있고 인(人)자리 받침부와 지
(地)자리 중심부에 己土 정관성 있어 관성이 아주 많다. 따
라서 딸 둘 낳고 삼십대 초에 사별했다. 혼자서 살고 있다.

인(人) 자리 중심에 辛(酉) 인수가 생년지 辰과 합하고 있
으므로 체면 잘 차리고 명예심 강하다.

정(貞)자는 「점칠복(卜) + 조개패(貝;돈)」의 구조이고
혜(惠)자는 남을 위해 마음(心)을 쓴다는 뜻되어 역술인이
되었다.

예2) 壬子생 여자 정 현 정 (鄭 鉉 貞)

성명	삼재	음양	음오행	육신	육수	변화	기타신살
鄭 정	天	음	辛,酉	인수	백호		子酉 귀문
			己丑,未	정관	등사		
鉉 현 (金)	人	음	己丑,未	정관	구진		
			丁,午	정재	주작		子午 冲
貞 정	地	음	辛,酉	인수	청룡		子酉 귀문
			己丑,未	정관	현무		

천, 지, 인(天, 地, 人)에 정관성이 3개나 되어 아주 많다.
따라서 多男은 무남(無男)이라 아직까지 독신으로 지내고
있다.

정관성에 현무·구진·등사 등의 흉신이 붙어 만나는 남자
많으나 모두 좋지 않은 사내들이다.

예3) 丁酉생 여자 정 정 민 (鄭 正 敏)

성명	삼재	음양	음오행	육신	육수	변화	기타신살
鄭 정	天	음	辛,酉	편재	청룡	발동	
			己丑,未	식신	현무		
正 정	人	음	辛,酉	편재	백호	발동	
			己丑,未	식신	등사		
敏 민	地	음	癸,子	편관	구진		子酉 귀문破
			丁,午	비견	주작	발동	

지(地) 자리 중심부에 癸(子) 편관이 있으나 받침부에 丁
(午)있어 子午 충 당하고 그 위에 있는 己土 식신에 극당하
고 있으며 생년지 酉와 子酉로 파(破)가 되어 있다.

딸 둘 낳고 남편이 행방을 감추었는데 30세전 이었다.
그 후 아직까지 독신으로 살고 있는 여성이다.

예4) 丁未생 여자 김 미 해 (金 美 海)

성명	삼재	음양	음오행	육신	육수	변화	기타신살
金 김	天	음	乙,卯	편인	청룡		
			癸,子	편관	현무		
美 미 (水)	人	음	癸,子	편관	백호		子未원진
					등사		
海 해 (水)	地	양	戊辰,戌	상관	구진		
					주작		

　천(天) 자리의 받침부와 인(人) 자리의 중심부에 癸(子)
편관 있는데 이름자 해(海)가 水에 속하며 외발되어 있다.
　해(海)는 바다이므로 바다같이 많은 물되어 여러 남자 거
쳐야 하고 상대해야 하니, 초혼 실패했고 재혼했으나 역시
이별했다.
　술장사하며 먹고 살고 있는 여성이다.
　美는 양(未)이므로 인(人) 자리의 癸(子)와 子未의 원진살
되어 있다.

예5) 壬寅생 여자 김 점 열 (金 点 烈)

성명	삼재	음양	음오행	육신	육수	변화	기타신살
金 김	天	음	乙,卯	상관	백호		
			癸,子	겁재	등사		
点 점 (火)	人	음	辛,酉	인수	구진		
			癸,子	겁재	주작		
烈 열 (火)	地	음	己丑,未	정관	청룡		
			丁,午	정재	현무		

　지(地)자리 중심부에 己土 정관 있으나 인(人)자리 받침
부에 있는 癸(子) 겁재가 내 관성을 뺏으려 하고 있는데다
이름자에 분리·이별을 뜻하는 열(烈)이 있으므로 40대 초

에 돈(火) 때문에 이별했다.

예6) 丙申생 여자 정 숙 정 (鄭 淑 貞)

성명	삼재	음양	음오행	육신	육수	변화	기타신살
鄭 정	天	음	辛,酉	정재	청룡		天人귀인
			己丑,未	상관	현무		
淑 숙 (水)	人	양	庚,申	편재	백호	(朱雀) 발동	
			甲,寅	편인	등사		寅申충
貞 정	地	음	辛,酉	정재	구진		도화, 天乙귀인
			己丑,未	상관	주작		

천, 지, 인(天, 地, 人) 그 어디에도 남편성인 정관 편관이 없다. 다만 이름자 숙(淑)에 관성인 水가 있을 뿐이다.

이렇게 되면 '바깥에 있는 아저씨(叔)같은 남자가 내 남자다' 라는 뜻이다.

즉, 내 남편은 아무리 찾아봐도 보이지 않고 바깥(外)에 유부남이 내 남자가 된다는 말이다. 3번 결혼한 여성이다.

예7) 戊申생 여자 이 미 자 (李 美 子)

성명	삼재	음양	음오행	육신	육수	변화	기타신살
李 이	天	음	己丑,未	겁재	주작		
					청룡		
美 미 (未)	人	음	癸,子	정재	현무		
					백호		
子 자 (水)	地	양	庚,申	식신	등사	발동	
					구진		

천, 지, 인(天, 地, 人) 그 어디에도 관성이 없고 이름자에도

없다.

미(美)자는 「양(洋) + 큰대(大)」의 구조로 「양이 크
다」 즉, 큰 양이란 뜻인데 12지로 바꾸면 未가 된다.

이리되면 子未원진살이 3개나 되어 육친인연이 박하게
된다.

10대초에 부친 사별하고 30대에 이혼한 후 독신으로 살고
있는 여성이다. 부친(癸)과 사별하게 된 것은 癸(子)는 이름
의 美(未)와 子未원진이고 癸는 未에 입묘(入墓)한다.

그리고 戊申(생년지)와 戊癸합하여 申에 입사(入死 : 12
운)하고 또 지(地)자리의 庚(申)이 사지(死地 : 癸는 申에
死)이기 때문이다.

예8) 己酉생 최 지 은 (崔 智 恩)

성명	삼재	음양	음오행	육신	육수	변화	기타신살
崔 최	天	음	辛,酉	식신	구진	발동	
					주작		
智 지 (水)	人	음	辛,酉	식신	청룡	발동	
					현무		
恩 은 (火)	地	음	己丑,未	비견	백호		
			丁,午	편인	등사		도 화

안팎에 일점의 관성이 없고 辛(酉) 식신이 강하며 발동되
어 있다. 따라서 30대 초에 이혼했다.

식신에 청룡이 붙어 있으므로 똑똑한 딸자식 하나 있다.

식신은 길신(吉神)이나 강왕해지면 상관작용한다.

그리고 본인을 뜻하는 인(人)자리 중심부에 식신과 청룡
이 있으므로 머리 좋고 똑똑한 여성이며 말 잘한다.

예9) 丁酉생 여자 민 갑 완 (閔 甲 完)

성명	삼재	음양	음오행	육신	육수	변화	기타신살
閔 민	天	음	癸,子	편관	청룡		
			丁,午	비견	현무	발동	
甲 갑 (木)	人	양	甲,寅	인수	백호		寅,酉 원진
			壬,亥	정관	등사		역 마
完 완	地	양	戊辰,戌	상관	구진		
			丙,巳	겁재	주작		

인(人) 자리 중심에 인수성인 甲木이 하나 있으나 받침에 있는 壬水와 천(天)의 중심부에 있는 癸(子)水가 甲木을 생하여 강하게 한다.

그런데다가 이름 자인 갑(甲)이 木이 되어 외발하므로 흉성인 편인의 작용을 한다. 따라서 자식을 극하게 되는데 인(人)의 받침 부분에 있는 정관(남편) 역시 힘이 없고 甲에 설기되고 지(地)자리의 戊土 상관에 극되고 있다.

대한제국 말기에 민씨 가문에 태어나 십여 세에 영친왕(英親王)과 약혼했다. 그러나 일제(日帝)의 파혼 강요로 파혼하여 평생을 외롭게 지냈다.

(5). 흉액 흉사(凶死) 및 신체 절상되는 이름

1. 본인을 뜻하는 인(인)자리 중심부에 백호 붙었을 때
2. 비견겁재가 발동하여 재성을 충극할때와 재성이 심하게 상처받았을 때
3. 흉신(凶神) 흉성(凶星)이 강하며 발동될 때

예1) 丁巳생 남자 박 정 희 (朴 正 熙)

성명	삼재	음양	음오행	육신	육수	변화	기타신살
朴 박	天	양	壬,亥	정관	청룡		
			甲,寅	인수	현무		
正 정	人	음	辛,酉	편재	백호		巳酉丑 財局成
			己丑,未	식신	등사		丑은 丁의 墓
熙 희 (丁)(丙)	地	음	己丑,未	식신	구진		丑은 丁의 墓
					주작		

　　인(人)자리 중심부의 辛(酉) 편재에 백호가 붙어있고 비견
인 火(熙 : 丙, 丁)가 외발하여 극재성 하고 있다.

　　그런데다 巳酉丑으로 금국을 지으며 辛(酉)金이 丑에 입
고하고 있다.

　　己未년에 총 4발 맞고 저승객이 되었다.

예2) 丁未생 이 윤 상 (李 潤 相)

성명	삼재	음양	음오행	육신	육수	변화	기타신살
李 이	天	음	己丑,未	식신	청룡	발동	
					현무		
潤 윤 (水)	人	양	戊辰,戌	상관	백호		戌에 입고(入庫)
			丙,巳	겁재	등사		역마
相 상 (木)(寅)	地	양	庚,申	정재	구진		겁살
			戊辰,戌	상관	주작		戌에 입고(入庫)

　　본인을 뜻하는 인(人)의 중심부에 상관있고 백호가 붙어
있다.

그리고 식상(食傷)이 많아 재성인 庚(地)이 파묻혀 있게 되었다.

그런데다 寅木이 庚(申)을 충하고 있으며 인(人)의 받침 자리에 있는 丙(巳)의 형극(刑剋)까지 받고 있다.

상자는 오행으로 木인데 양목(陽木)이므로 이를 12지로 바꾸면 寅이 된다. 재성(財星)은 재물, 여자 뿐 아니라 본인의 신체고 명줄이기도 하다.

어려서 소아마비에 걸려 불구인 이 사람은 중학교 때에 돈을 노린 선생(주영형)에게 납치되어 한강 백사장에 파묻힌 시체로 나타나 세상 사람들을 깜짝 놀라게 한 바 있다.

이윤상(李潤相)을 한자의 뜻에 따라 풀어보면 아래와 같다.

오얏나무(李)가 문(門) 안쪽에 보석(玉)을 지니고 있는 것처럼 윤택하게(潤) 나타나 보인다(相) 이다. 이러므로 돈에 눈이 뒤집힌 주(朱:木)씨에게 납치되어 살해당했다 라고 해석한다. 또, 오행의 상생 상극 및 형충의 이론을 접목시켜 보면 寅木은 인수(선생)이고 이것이 명줄인 庚(申)을 충하여 끊어 놓는다(庚은 寅에 絕).

그런데 공교롭게도 그 선생의 성(姓) 역시 木에 속하는 주(朱)씨 이다.

예3-1) 辛卯생 남자 정 세 창 (鄭 世 昌)

성명	삼재	음양	음오행	육신	육수	변화	기타신살
鄭 정	天	음	辛,酉	비견	등사		卯酉충
			己丑,未	편인	구진		丑에 辛金입고
世 세	人	음	辛,酉	비견	주작	(白虎) 발동	년지 卯와 충
					청룡		
昌 창	地	양	庚,申	겁재	현무		卯申 귀문
			戊辰,戌	인수	백호		辛은 辰에 입묘

인(人)자리 중심에 辛(酉) 비견 있으므로 발동이다.

지(地)와 천(天)에도 庚(申), 辛(酉)의 겁재, 비견이 있으므로 비겁이 태왕하다.

그런데다가 卯酉 冲, 卯申 귀문살까지 작용하고 있다.

생명줄이고 육신(肉身)인 卯가 극파되고 있는데 입고(入庫)되는 癸未 만나 헬리콥터 뒷날개 맞아 두개골이 박살나는 사고를 당했다.

의사 말에 따르면 99% 생존가능 없다였지만 구사일생으로 여러 번의 수술 끝에 살아났다. 그러나 또라이 증세가 나타나 주위 사람과 식구들을 괴롭히고 있다. 지금까지 병원 신세를 지고 있다.

예3-2) 甲午生 여자 손 경 화 (孫 慶 和)

위 사람의 부인되는 사람이다.

성명	삼재	음양	음오행	육신	육수	변화	기타신살
孫 손	天	음	辛,酉	정관	현무		
			丁,午	상관	백호	발동	
慶 경 (火)(丁)	人	음	乙,卯	겁재	등사		
			己丑,未	정재	구진		
和 화 (木)(寅)	地	양	戊辰,戌	편재	주작		
					청룡		

천(天)자리에 辛(酉) 정관성 있으나 받침자리에 丁(午)상관이 백호를 띠고 발동되어 있다.

게다가 인(人)자리 중심에 乙(卯) 겁재가 앉아 정화를 도우며 辛(酉)金을 충하고 있다.

즉, 인(人)자리는 여자에게 본인 및 남편이 기거하는 곳이므로 비견, 겁재와 상관이 있음을 크게 꺼린다. 여기에다 이름자의 경(慶)이 火오행되어 외발했으며 화(和)는 木이되어 火를 도와 辛(酉)을 극하고 있다.

이렇게 비견(和 : 木)이 외발하고 겁재(乙)가 인(人) 자리에 있으면 관성이 있어야 재물이 보존된다.

그러나 관성이 충극되어 깨지면 그 즉시 생활이 쪼달리게 되니 비견 겁재 발동이면 극재성(剋財星)이기 때문이다.

예4) 丙午생 여자 김 미 수 (金 美 秀)

성명	삼재	음양	음오행	육신	육수	변화	기타신살
金 김	天	음	乙,卯	인수	청룡		도화살
			癸,子	편관	현무		子午로 羊刃冲
美 미 (未)	人	음	癸,子	편관	백호		子午충 羊刃
					등사		
秀 수 (木,寅)	地	양	庚,申	편재	구진		역마
					주작		

인(人)자리 중심에 癸(子) 편관이 백호를 띠고 생년지 午
와 子午 충하고 있다.

美(未)는 水 양인과 합하며 癸(子)정관과 子未 원진하며
극하고 있다.

庚(申)편재는 秀(木:寅)에 충되고 있으며 癸(子)에 申子로
합하여 사(死)로 들어간다.

이런 구조는 어려서 소아마비에 걸려 불구의 몸이 되었
으며 연애 결혼한 남자는 딴 여자와 눈이 맞아 이혼하게 되
는 현실로 나타났다.

예5) 丙戌생 여자 박 복 순 (朴 福 順)

성명	삼재	음양	음오행	육신	육수	변화	기타신살
朴 박	天	양	壬,亥	편관	청룡		
			甲,寅	편인	현무		
福 복 (土)	人	음	癸,子	정관	백호		수옥살
			乙,卯	인수	등사		도화살
順 순 (水)	地	양	庚,申	편재	구진		역마
			丙,巳	비견	주작		巳戌 귀문

인(人) 자리에 癸(子) 정관있어 좋으나 백호가 붙어 흉한데 순(順)이 水가 되므로 백호 관성이 외발했다.

지(地) 자리의 庚(申) 편재는 癸(子) 백호에 사지(死地)이고 받쳐주는 받침자리에 있는 丙(巳)의 극형(剋刑)을 심하게 받고 있다.

그러나 이름자의 복(福)土가 고립무원의 庚을 생하고 있음이 다행스럽다.

卯申, 巳戌로 귀문살 있으므로 일찍이 정신병자가 되었다.

예6) 癸巳생 남자 주 영 형 (朱 永 炯)

성명	삼재	음양	음오행	육신	육수	변화	기타신살
朱 주	天	양	庚,申	인수	백호	발동	
					등사		
永 영 (水)	人	음	己丑,未	편관	구진		癸는 未에 입묘
			己丑,未	편관	주작		〃
炯 형	地	음	己丑,未	편관	청룡		〃
			己丑,未	편관	현무		〃

인(人)과 지(地)자리에 편관이 꽉 차 있다. 이렇게 살(편

관)이 많으면 반드시 그 몸이 극됨은 사주명리의 이치와 동일하다. 이렇게 동일한 것이 있을 때는 현무, 청룡, 주작, 구진의 육수도 동일하게 작용한다. 즉 도둑신인 현무와 길신(吉神)인 청룡, 그리고 주작, 구진 등의 성격을 동시에 지니게 된다.

따라서 총명(청룡)하고 말 잘하나 관구설(주작)이 따르며 도둑으로(현무) 잡혀(구진)가는 일이 동시 다발적으로 작용되어 나타날 수밖에 없는 것이다.

이러므로 돈이 눈이 멀어 제자(이윤상)를 납치 살해한 후 잡혀들어가 사형을 받게 된 것이다.

주영형(朱永炯)의 뜻은 「빨갛게(朱) 오랫동안(水) 밝다(炯)」이다. 그러나 형(炯)은 형안(炯眼), 형형한 눈빛으로 쓰는 것처럼 눈을 크게 뜨고 자세히 노려본다는 뜻도 있다. 그러므로 빨갛게 오랫동안 눈에 불(火)을 켜고 노려본다는 부연된 뜻을 얻을 수 있고 이는 곧 탐욕에 젖은 눈빛 또는 먹이를 노리는 야수의 눈빛을 연상할 수 있다. 게다가 이름 명식(도표)중의 형(炯)은 火오행이 되어 외발하여 왕토의 기운을 설해주는 좋은 역할하는 庚(申)인수를 극하고 있다.

이는 돈(火財) 때문에 명예와 체면(庚)을 모두 잃게 되는 명리학에서의 탐재괴인에 해당된다.

예7) 丙午생 남자 홍성환 (洪成煥)

성명	삼재	음양	음오행	육신	육수	변화	기타신살
洪 홍	天	음	己丑,未	상관	청룡	발동	
			己丑,未	상관	현무	발동	
成 성 (丁,戊)	人	음	辛,酉	정재	백호		
			己丑,未	상관	등사	발동	丑午 탕화, 원진 午未合
煥 환 (火)	地	양	戊辰,戌	식신	구진		
			丙,巳	비견	주작	발동	

　인(人) 자리에 길신인 辛(酉)정재가 있으나 백호가 붙어 있고(財星白虎) 천지(天地)에 있는 많은 土가 뒤덮고 있으니 바로 토다금매(土多金埋) 되었다.

　이런데다가 지(地)자리 받침부에 비견이 발동했고 이름 자에 火가 발동되어 辛을 극한다.

　이러므로 돈, 여자에 인연 없고 몸마저 상하게 되니 이름 모를 고질병에 걸려 하루하루를 힘겹게 살게 되었다.

　42살 되는 이때까지 결혼도 못하고 운전업으로 입에 풀칠이나 하면서 겨우겨우 버티고 있는 사람이다.

예8) 丙戌생 남자 곽세웅 (郭世雄)

성명	삼재	음양	음오행	육신	육수	변화	기타신살
郭 곽	天	양	甲,寅	편인	청룡		
			甲,寅	편인	현무		
世 세	人	음	辛,酉	정재	백호	발동	
					등사		
雄 웅	地	양	戊,辰	식신	구진	발동	
			戊,戌	식신	주작	발동	

인(人)자리 중심에 길신인 辛(酉) 정재가 있으나 백호가 붙어 발동되었으므로 후두암으로 여러 번의 수술 끝에 50대 나이로 사망한 사람이다.

예9) 丁巳생 여자 김 지 은 (金 池 恩)

성명	삼재	음양	음오행	육신	육수	변화	기타신살
金 김	天	음	乙,卯	편인	청룡		
			癸,子		현무		
池 지 (水)	人	음	辛,酉		백호		巳酉丑 金局成
					등사		
恩 은 (火)	地	음	己丑,未	식신	구진		
			丁,午		주작	발동	도화살

인(人)의 중심지에 길신인 辛(酉) 편재가 있으나 백호가 붙어있고 지(地)에 있는 丁火 비견이 발동되었으며 은(恩)자가 火오행이 되어 외발(外發)하고 있다.

26세 꽃다운 나이에 그 재주를 피워보지도 못하고 폐렴에 걸려 이승을 떠나게 된 어여쁜 아가씨의 이름이다.

예13) 丁丑생 남자 한 제 헌 (韓 制 憲)

성명	삼재	음양	음오행	육신	육수	변화	기타신살
韓 한	天	양	戊辰,戌	상관	청룡		
			丙,巳	겁재	현무		
制 제	人	음	辛,酉	편재	백호	발동	辛은 丑에 입고
					등사		
憲 헌 (火)	地	음	己丑,未	식신	구진		
			丁,午	비견	주작	발동	년지 丑과 원진,탕화

인(人) 자리의 중심부에 辛(酉) 편재가 발동되어 있으며 흉신인 백호가 붙어 있고 년지 丑, 지(地) 자리의 축에 입고(入庫)되어 있다. 그런데다가 천지(天地)에 있는 戊(辰戌), 己(丑未)土 가 辛(酉)을 뒤덮고 있다.

이리되면 상생이라 하지만 토다금매(土多金埋)가 되어 불길하다.

여기에 지(地) 자리에 있는 丁(午)火 비견이 발동되어 헌(憲)의 火오행과 더불어 재물(女子)이 박살나게 된다.

인(人)의 중심자리 (辛)는 본인을 뜻하기도 하므로 본인역시 세상의 빛을 보지 못하게 된다.

6살 되던 壬午년에 이름 글자에 있는 火오행이 午년을 만나 강왕해지자 부친이 산사태에 매몰되어 저 세상 사람이 되고 말았다.

예14) 辛未생 여자 김 지 나

성명	삼재	음양	음오행	육신	육수	변화	기타신살
김	天	음	乙,卯	편재	등사	발동	
			癸,子	식신	구진		
지	人	음	辛,酉	비견	주작	(白虎) 발동	
					청룡		
나	地	양	丙,巳	정관	현무		역마
					백호		

인(人) 자리 중심부에 辛(酉) 비견 발동이므로 어려서는 부친과 이별되고 성인이 되어서는 큰 손재를 당하게 된다.

그리고 비견(辛)에 주작이 붙어 있으므로 친구 및 또래들과 구설시비 많게 된다.

지(地) 자리에 역마 정관(丙)있으며 도둑 신 인 현무가 붙어 있어 도둑놈 같은 남자 만나게 된다.

인(人)자리의 중심인 辛(酉)이 丙火의 극합을 받고 있으나 받쳐주는 것(받침)이 없으며 천(天)자리에서도 도움없이 외롭고 고독한 이름이다.

"애야! 너의 이름이 이러한데 실제는 어떠하니?"

"예, 맞습니다. 제가 10살 되던 때에 부모님은 이혼했고 저는 남의 집 양녀로 가게 되었습니다. 친구들은 나를 가지고 놀며 왕따시키기도 하므로 아무도 만나기 싫습니다. 그래서, 선생님을 찾아와 앞으로 어찌 될지 묻게 된 것입니다."

매사에 적극적이고 긍정적으로 대하면 행운이 찾아올 것이라고 다독거려 줄 수밖에 없었다.

예15) 辛丑생 남자 김 종 두 (金 鍾 斗)

성 명	삼재	음양	음오행	육신	육수	변화	기타신살
金 김	天	음	乙,卯	편재	등사		
			癸,子	식신	구진	발동	
鍾 종	人	음	辛,酉	비견	주작	(白虎)발동	
			己丑未	편인	청룡	발동	
斗 두	地	양	丙,巳	정관	현무		역마
					백호		

인(人)자리의 중심부에 辛(酉)金 비견이 발동되었고, 한 자 종(鍾)역시 金이므로 비견이 발호 난동한다.

따라서 천(天)자리의 乙(卯) 편재(부친성)가 심하게 충극

당하니 부친과의 인연이 아주 짧음을 알 수 있다.

"김사장! 부친과의 인연이 없어 일찍 이별인데 어떠했소?"

"예, 제가 태어나자 곧바로 부친께서 별세했습니다. 아마 2살 땐가 3살 땐가 일 것입니다.

"김사장 이름은 어려서 부친을 깨고 장성해서는 처 및 재산을 날리게 하는데 아직까지 문제없었소?"

"예, 안사람하고도 별문제 없고 어렵게 살긴 했습니다만 재산을 크게 말아 먹지도 않았습니다."

"그래요, 그렇다면 혹시 음식장사를 하고 있지는 않습니까?"

"예, 식당을 하고 있습니다."

"그렇다면… 혹시 해산물을 취급하는 식당 입니까?"

"예, 조개전문 식당입니다."

"그러면 됐습니다. 앞으로 계속 딴 것 할 생각 말고 조개 계통이나 해산물 계통만 하십시오. 그러면 재산손실이 없을 뿐 아니라 제법 돈도 벌게 되고 부인에게도 좋을 것입니다."

천(天)자리 받침 부분에 있는 癸(子)水 식신이 辛, 乙 사이에 앉아 통관시키는 역할을 하기 때문에 위와 같이 말해 준 것이다.

지(地)자리의 丙(巳) 정관 역시 辛을 잡아주는 좋은 역할을 한다.

그러므로 자식이 착하게 되며 자식의 덕도 있게 된다.

또, 본인이 직장생활(丙)을 하면 辛金이 극합되어 흉한 성질을 잊게 되므로 재성(財)을 치지 않는다.

예16) 癸卯生 남자 김 명 호 (金 命 鎬)

성명	삼재	음양	음오행	육신	육수	변화	기타신살
金 김	天	음	乙,卯	식신	백호	발동	식신문창
			癸,子	비견	등사	발동	
命 명	人	음	癸,子	비견	구진	발동 (玄)	
			己丑,未	편관	주작		
鎬 호 (金)	地	음	己丑,未	편관	청룡		
					현무		

인(人)자리 중심부에 癸(子) 비견이 발동되었고 이름의 호(鎬)자가 금이 되어 계수를 도우니 계수가 왕해졌다. 따라서 극부(剋父) 극처(剋妻)의 구조다.

癸(子)가 가는 길은 천(天)자리의 乙(卯)木 식신에게로다. 따라서 10대에 부친사별 했고 입산하여 승(僧)이 되었다.

乙 식신에게로 癸의 정이 향하므로 호학(好學)하며, 베풀기 좋아하는 인자한 마음이 많다.(木 : 仁)

호(鎬)자는 「金 + 高」의 구조인데 金은 인수성이므로 이름 높게(高)나고 중심적 위치를 차지하게 된다. 호(鎬)자는 「호경 호」로 쓰이는데 옛날 주(周)나라가 국운 회복을 위해 옮긴 도읍(서울)을 말한다.

이 이름의 주인공은 현재 부산의 모 사찰 주지로서 공부에 전념하여 어린 고아들을 여러 명 보살펴주며 키우고 있다.

예17) 戊子생 남자 이 문 열 (李 文 烈)

성명	삼재	음양	음오행	육신	육수	변화	기타신살
李 이	天	음	己丑,未	겁재	주작		
					청룡		
文 문	人	양	壬,亥	편재	현무	발동 (句)	
			丙,巳	편인	백호		
烈 열 (火)	地	음	己丑,未	겁재	등사		
			丁,午	인수	구진		생년지 午와 冲

　이 이름의 오행구조는 인(人)자리의 중심에 있는 壬(亥) 水 편재가 발동했으며 비견, 겁재의 발동은 없다.

　그러나 이 사람의 부친은 이 사람이 태어난 3~4살 때에 북한으로 넘어갔다.

　즉, 초년 어린 나이에 부친과 이별했다. 그것은 천(天) 자리의 己土 겁재가 상하에서 壬水를 극하고 있는데다가 문열(文烈)이란 이름이 지닌 글자 오행이 火가 되어 己土 겁재를 도왔기 때문이다.

　즉, 이 이름의 내외 구조에는 편인 정인이 되는 火가 태왕하기 때문이다.

　이렇게 인수성이 많으면서 외발(外發)되면 이름은 크게 떨치나 두 어머니 있게 되며 부친과의 인연이 약해지는 것이다. 이 사람은 유명한 소설가로서 월북하여 죽은 줄만 알았던 부친이 오랫동안 살아계시면서 북한여자와 결혼까지 하게 된 사실을 40세가 넘어서 알게 되었다.

　※ 文자는 문화, 문명, 학문을 뜻하므로 그 뜻을 쫓아 화

오행이다.

烈자는 갈라지고 쪼개진다는 뜻이 있으며, 火(灬)가 아랫
부분에 있으므로 오행으론 火에 속한다.

(6). 자식운 불길한 이름

　1. 편인이 많아 식신, 상관을 극할 때와 식신, 상관이 힘없을 때
　2. 자식성인 식상이 없을 경우(남녀 동일하게 식상이 자식이다)
　3. 식신, 상관성에 백호 붙어 있고 편정인이 외발(外發)할 때

예1) 癸卯생 여자 홍 경 희 (洪 京 希)

성명	삼재	음양	음오행	육신	육수	변화	기타신살
洪 홍	天	양	戊,辰戌	정관	백호	朱雀	戊癸合, 卯戌合
			戊,辰戌	정관	등사	靑龍	戊癸合, 卯戌合
京 경	人	음	乙,卯	식신	구진	玄武 발동	文昌,天 乙貴人, 卯卯形
			己,丑未	편관	주작	白虎	
希 희	地	음	己,丑未	편관	청룡	勝巳	
			○		현무	句陳	

　자식성인 乙(卯) 식신이 인(人)의 중심부에 있으나, 상하
에 戊,己의 土가 많다.

　이렇게 되면, 乙木이 흙속에 묻히므로 불길하다.

　그런데다 자식자리인 지(地)에 희박하다는 뜻을 지닌 희
(希)자가 있다.

즉, 자식이 희박하다는 말이다.

40여세까지 자식을 낳지 못해 찾아 온 사람이다.

예2) 庚子생 남자 임 용 희 (林 龍 熙)

* 예1) 여성의 남편되는 사람이다.

성명	삼재	음양	음오행	육신	육수	변화	기타신살
林 임	天	음	己,丑未	인수	등사		
			癸,子	상관	구진	발동	
龍 용 (水辰)	人	음	己,丑未	인수	주작		子子 自刑
			己,丑未	인수	청룡		
熙 희 (巳火)	地	음	己,丑未	인수	현무		
					백호		

자식성인 癸(子) 상관이 천(天)의 받침 부분에 있어 힘이 없다. 또한, 인수성이 아주 많아 癸水가 극 당하고 있다.

이름자 용(龍)은 12지로 바꾸면 辰이 되는데 이것은 癸水를 입고(入庫)시킨다.

따라서 자식이 있어도 사별하게 되는데 나이 40이 넘도록 자식을 두지 못했다.

용(龍)은 水神이므로 水오행인데 외발(外發)되어 있으므로 양녀(養女)하게 된다.

위 명조(名造)에서 보면 재성(처, 재물)이 없다.

그러나 천(天) 자리의 받침부에 있는 癸(子)가 발동이므로 이것을 체(体)로 보면 이름자 희(熙)가 재성이 된다.

이런 변화법은 뒷장에서 자세히 다룰 것이다.

예3) 壬子생 남자 주 은 찬 (朱 殷 贊)

성명	삼재	음양	음오행	육신	육수	변화	기타신살
朱 주	天	양	庚,申	편인	백호		
					등사		
殷 은	人	음	己,丑未	정관	구진		子午 冲
			丁,午	정재	주작		
贊 찬	地	양	庚,申	편인	청룡		
			丙,巳	편재	현무		

　　자식성인 식신, 상관이 보이지 않으며 자식자리인 지(地)의 중심부에 식신, 상관의 극성인 인수(庚)가 있다.

　　그리고 이름 글자에도 木(식,상)이 없다.

　　따라서 아직까지 자식을 두지 못했으며, 앞으로도 자식이 없을 것이다.

예4) 癸卯생 남자 김 명 호 (金 命 鎬)

성명	삼재	음양	음오행	육신	육수	변화	기타신살
金 김	天	음	乙,卯	식신	백호	발동	卯卯 自刑
			癸,子	비견	등사	발동	子卯 刑
命 명	人	음	癸,子	비견	구진	발동	子卯 刑
			己,丑未	편관	주작		
鎬 호 (金)	地	양	戊,辰戌	정관	청룡		戊癸合, 卯戌合
					현무		

　　자식성인 식신(乙)은 천(天)의 중심부에 있으나, 천(天)은 부모와 조상자리이므로 식신(乙)은 힘을 얻지 못한다.

　　그런데다가 인수성인 金(鎬)이 외발(外發)하여 乙木을 합 거하므로 자식을 둘 수 없다.

그리고 처(妻)가 있어야 아기도 생길 수 있는데 재성(妻)마저 없고, 비견인 癸가 발동되어 있으므로 극처(剋妻)의 이름이다.

이 사람은 15살에 스님이 되어 처와 자식이 없다.

부친(財) 역시 일찍 사별했다.

예5) 庚子생 여자 강 순 덕 (姜 順 德)

성명	삼재	음양	음오행	육신	육수	변화	기타신살
姜 강	天	양	甲,寅	편재	등사		역마
			戊,辰戌	편인	구진		
順 순 (水)	人	양	庚,申	비견	주작	발동	
			丙,巳	편관	청룡		
德 덕 (火)	地	음	丁,午	정관	현무		子午 冲
			乙,卯	정재	백호		

자식성인 식상이 천인지(天,人,地)에 보이지 않는다.

남편성은 丙(巳), 丁(午)으로 관살혼잡인데, 정관성 丁(午)이 子午로 冲당했고 水(順)가 외발이다.

그러므로 첫 남자(丁) 이별하고 재혼했으나, 아이를 낳지 못했다.

水(順)가 외발이므로 후부의 자식을 키우게 되었다.

후부(後夫)와의 사이에도 자식 낳지 못했다.

예6) 丙申생 남자 서 현 석 (徐 賢 錫)

성명	삼재	음양	음오행	육신	육수	변화	기타신살
徐 서	天	음	辛,酉	정재	청룡		도화살
					현무		
賢 현	人	양	己,丑,未	상관	백호		
			丁,午	겁재	등사		
錫 석 (金)	地	음	辛,酉	정재	구진		도화살
			乙,卯	인수	주작		卯申 귀문

　자식성인 己土 상관이 인(人)의 중심부에 있으나 백호가 임했고, 辛(酉)金에 설기심한 가운데 金(錫)이 외발하여 己土의 기운을 누설시키고 있다.

　첫 아기 임신했으나 유산된 이후로 오늘날까지 자식이 없다. 재성(財星)이 많고 외발(錫)까지 했으며 재성에 도화살 붙어 바람피우게 되었다.

예7) 庚子생 여자 송 복 희 (宋 福 熙)
　　　　　* 예6)의 부인되는 사람이다.

성명	삼재	음양	음오행	육신	육수	변화	기타신살
宋 송	天	음	辛,酉	겁재	등사		
			己,丑未	인수	구진		
福 복 (土)	人	음	癸,子	상관	주작	발동	子子 自刑
			乙,卯	정재	청룡		子卯 刑
熙 희	地	음	己,丑未	인수	현무		
					백호		

　인(人)자리 중심에 癸(子) 상관 자식성이 있다.

　그러나 자식자리인 지(地) 중심에 자식을 극하는 인수가

있으며, 토(福)가 외발하고 있다. (福의 田이 土다)

따라서 인수성이 왕하면 극자(극자)하는 이치되어 일찍 임신은 했으나 유산되고 그 이후로는 자식을 낳지 못했다.

예8) 癸丑생 여자 박 도 선 (朴 道 仙)

성명	삼재	음양	음오행	육신	육수	변화	기타신살
朴 박	天	양	壬,亥	겁재	백호		
			甲,寅	상관	등사		공망
道 도	人	음	丁,午	편재	구진		
					주작		
仙 선 (土,戊)	地	음	辛,酉	편인	청룡	발동	도화살
			丁,午	편재	현무		

자식성인 甲 상관이 천(天) 자리의 받침부에 있으나 제자리가 아니라 힘이 아주 약하다. 그런데다가 자식자리인 지(地)의 중심부에 辛金 편인이 앉아 있으며 발동되어 있다.

남편이 되는 관성은 음오행에는 없으나 선(仙)자에 土(戊)가 있으니 외발되어 있다. 초년 19세에 연애, 동거하여 아들 낳았으나 이별함에 따라 남편이 데리고 갔다.

23살 되던 때에 필자를 찾아 온 여성인데 그때 박유미(朴柔美)라고 개명해 주었다. 25살에 김씨 남자 만나 결혼했고 26살에 딸 하나 낳았다.

지(地) 자리의 辛(酉)은 생년지 丑중에 있던 것이 밖으로 나와 있는 것으로 보는데 이를 발동이라 했다.

＊이 발동은 또 다른 변화를 가져오는데 나중에 설명될 것이다.

예9) 丁未生 여자 신 미 숙 (申 美 淑)

성명	삼재	음양	음오행	육신	육수	변화	기타신살
申 신	天	음	辛,酉	편재	청룡		
			丁,午	비견	현무	발동	午未合
美 미 (未土)	人	음	癸,子	편관	백호		子未원진, 도화
					등사		
淑 숙 (水)	地	양	庚,申	정재	구진		
			申,寅	인수	주작		寅未귀문, 공망

음오행에는 자식성인 식신, 상관이 없다.

그러나 이름자 美는 [양(羊) + 대(大)]의 합체자이고 양(羊)을 12지로 바꾸면 未土가 되므로 자식성(未)이 외발되어 있다.

그리고 이 未(美)는 인(人) 자리의 중심에 있는 남편성인 癸(子)와 子未 원진되어 생년지 未와 더불어 원진살을 겹치게 하고 있으며 土剋水로 극한다.

따라서 본 남자(癸)와 불화, 이별이 따르게 된다.

24세에 연애 결혼하여 아들 하나 낳았으나, 이혼함에 따라 아들과도 이별하게 되었다.

이름자 숙(淑)이 남편성(관성)이 되어 외발했고, 未土 자식성도 외발했으므로 유부남과 합정하여 아들 하나 두게 되었다.

(7). 돈(재물)복 있는 이름

1. 재성이 음오행에 없어도 외발하면 재복있는데 그 재성이 어떤 성분이냐에 따라 재복의 대소를 가름한다.
2. 인(人)자리 중심에 재성있는 경우와 재성 발동될 경우
3. 재성이 삼합하면 큰 돈 있다.

예1) 庚戌生 남자 이 병 철 (李 秉 喆)

성명	삼재	음양	음오행	육신	육수	변화	기타신살
李 이	天	음	己,丑未	인수	등사		천을귀인
					구진		
秉 병 (木)	人	음	癸,子	상관	주작		
			己,丑未	인수	청룡		천을귀인
喆 철 (木,木)	地	음	辛,酉	겁재	현무	발동	
			丁,午	정관	백호	발동	

음오행엔 재성인 木이 없으나 이름자 병철(秉喆)이 木이 되어 외발하고 있다.

지(地) 자리에 辛金 겁재가 발동되어 극재성 할 것 같으나 받침부에 있는 丁火 정관이 발동되어 辛의 발호를 막고 있다.

병(秉)은 곡식(禾)을 잡고 있다는 뜻으로 '잡고있다' 는 말을 나타냈다. 따라서 오행으론 木이 된다.

철(喆)은 길(吉), 길(吉)로 구성되었는데 吉은 씨(+)를 적은 땅에 뿌리는 것(土)을 말한다(口)는 뜻으로 이렇게 해야만 좋다(吉)는 것을 나타낸 것이다. 그러므로 木오행이다.

철(喆)자는 거듭해서 그렇게 해야 밝고 현명하다는 말을

나타낸 것이다.

이렇게 외발된 木은 천지(天地)에 있는 己土를 만나 잘 자라고 무성해지는데 필요한 癸水까지 있으므로 노력하고 또 노력하여 큰 재물을 이룰 수 밖에 없는 것이다.

더구나, 癸水는 상관성이 되어 나의 노력이고 활동이며, 자유로운 두뇌총명을 나타낸다.

이것이 여기저기에 씨뿌려져(喆) 알찬 열매를 맺고 있는 (禾) 곡식에 자양분이 되므로 이 사람의 이재(理財) 능력은 그 이름에서 나왔다 해도 과언이 아닐 것이다.

*삼성그룹의 창업주다.

예2) 丁酉생 여자 권 옥 경 (權 玉 鏡)

성명	삼재	음양	음오행	육신	육수	변화	기타신살
權 권	天	음	乙,卯	편인	청룡		卯酉 冲
			丁,午	비견	현무	발동	
玉 옥	人	음	己,丑未	식신	백호		
			乙,卯	편인	등사		卯酉 冲
鏡 경	地	음	乙,卯	편인	구진		卯酉 冲
					주작		

이 이름 역시 음오행엔 재성인 金이 없으나 이름자 경 (鏡)이 金이므로 재성이 외발했다. 그러므로 재복이 많을 것 같다.

그러나 쇠거울(鏡)은 얇게 펴진 손바닥만큼 안되는 것인데다 옥경(玉鏡)이 되어 깨지기 쉬움을 나타낸다.

게다가 천(天), 지(地)에 있는 乙(卯)가 辛金의 뿌리엔 생년지 酉를 충하고 있다.

따라서 재복은커녕 반질반질하게 손때 묻히며 모아둔 얼마 안되는 돈마저 몽땅 날리게 된 것이다.

예3) 戊子생 남자 정 몽 헌 (鄭 夢 憲)

성명	삼재	음양	음오행	육신	육수	변화	기타신살
鄭 정	天	음	辛,酉	상관	주작		
			己,丑未	겁재	청룡		天乙귀인
夢 몽 (火)	人	음	癸,子	정재	현무	발동	戊癸합, 子子刑
			己,丑未	겁재	백호		天乙귀인
憲 헌 (火)	地	양	戊辰,戊	비견	등사		財庫(辰)
			丙,巳	편인	구진		

인(人)자리의 중심부에 癸(子) 정재성이 발동되었고 辰 재고까지 있으며, 戊癸로 합까지 되어 돈복이 많이 따른다.

현무(도둑)가 癸정재에 붙어 있으므로 내 돈을 노리는 사람이 있게 된다.

그러나 현무(玄武)는 水福이므로 水를 돕기도 한다.

가족관계를 보면 지(地)자리의 받침부에 丙(巳)火 편인있고, 이름자 몽헌(夢憲)이 음양의 火가 되어 외발하고 있다. 따라서 모친 외에 모친있고 이복형제까지 있게 되었다.

인(人)자리 중심부는 본인을 나타내는데 발동되었으므로 더욱 본인을 대표하게 된다.

그런데 3개의 火는 천인지(天,人,地)에 있는 己, 己, 戊의 土를 도우며 강왕해진 土는 癸水(본인대표)를 극한다.

그러므로 癸未년에 스스로 목숨을 끊게 된 것으로 생각된다.

예4) 辛卯생 남자 김 성 수 (金 性 洙)

성명	삼재	음양	음오행	육신	육수	변화	기타신살
金 김	天	음	乙,卯	편재	등사	발동	
			丙,巳	식신	구진		
性 성 (火,木)	人	음	辛,酉	비견	주작	발동	卯酉 冲
			己丑,未	편인	청룡		
洙 수 (水,木)	地	양	庚,申	겁재	현무		
					백호		

음오행에는 재성이 천(天)자리의 중심부에만 있다.

천(天)자리는 부모, 조상자리이므로 자신이 번 돈은 아니다.

그러나 재성의 뿌리는 될 수 있다. 그런데 이름자의 성수 (性洙)가 木 재성이 되어 외발하고 있다.

성(性)에 있는 마음심(忄)은 火오행이고, 생(生)자는 나무 (木)가 자라나오는 모습을 상형화한 것이므로 木이 된다.

따라서 부모의 유산도 있었고 방직공장 등으로 많은 재물을 모을 수 있었다.

그러나 음오행의 천(天)과 지(地) 자리에 비견, 겁재가 현무를 띠고 있으므로 많은 사람들이 찾아와 손벌렸으며, 교육 및 문화(文化) 언론 사럽에 재물을 소비하게 되었다.

재물이란 것은 모으는 것만이 능사가 아니고, 어떻게 써야하는 가에 그 가치가 있다.

인촌(仁村) 선생 역시 재물에 집착하지 않고 그것을 어떻게 써야 하는지를 알고 있는 분이었다. 그러므로 후세에까지 그 이름이 전해지게 되었으며 칭송을 받고 있는 것이다.

예5) 壬子생 남자 김 일 성 (金 日 成)

성명	삼재	음양	음오행	육신	육수	변화	기타신살
金 김	天	음	乙,卯	상관	백호		
			癸,子	겁재	등사	발동	
日 일 (火)	人	음	己,丑未	정관	구진		
			丁,午	정재	주작		子午 冲
成 성 (丁,戊)	地	양	辛,酉	인수	청룡		도화살, 귀문살
			己,丑未	정관	현무		

인(人) 자리의 받침부위에 丁(午) 火정재가 있고 이것이 중심부의 己土 정관을 생하고 있다. 그러나 丁(午)과 생년지 子가 子午冲 되어 본처 이별을 말하고 있다.

또한, 태양(丙)같은 재성과 달빛(丁)같은 재성이 외발하고 있으므로 정편재 혼잡되어 여러 여자와 인연 맺게 되었고, 천하의 재물을 마음대로 할 수 있는 재복을 타고 있다.

이름의 成은 [丁+戊] 의 합체자로 戊는 편관성이고 丁火는 정재성이므로 재생관(財生官)하고 있다. 또, 인(人) 자리의 받침부에 있는 丁火 정재가 중심부에 있는 己土 정관을 재생관(財生官)하고 있다. 그러므로 이 여자 저 여자에게서 자식낳게 된 것이다.

음오행의 상생으로 보면 천(天)의 중심부에 있는 乙(卯)木이 인(人)의 중심에 있는 己土를 극하고 이 己土는 지(地)자리의 辛金을 생하고 있다. 즉, 단순한 상생상극의 논리로 보면 크게 좋을 것 없다는 오행의 흐름이다.

그러나 물기(癸) 젖어 있는 논밭(己)은 인(人)의 받침부에 있는 丁火가 따뜻한 흙으로 만들어 주며 인(人) 자리에 있는 丙火(日)까지 비추어 주고 있으니 초목과 곡식(乙)을 키울 수 있는 역할을 하고 있으므로 쓸모있는 이름이라 아니 할 수 없다.

예6) 戊辰생 남자 김 영 삼 (金 泳 三)

성명	삼재	음양	음오행	육신	육수	변화	기타신살
金 김	天	음	乙,卯	정관	주작	발동	
			癸,子	정재	청룡	발동	申子辰 水局
泳 영 (水)	人	음	己,丑未	겁재	현무		
			己,丑未	겁재	백호		
三 삼 (木)	地	양	庚,申	식신	등사		申子辰 水局
			壬,亥	편재	구진		

재성은 천(天) 자리의 받침부와 지(地) 자리의 받침부에 미약하게 있으나 이름자 영(泳)이 水가 되어 외발(外發)하고 있다.

그런데다가 천(天) 자리의 받침부에 있는 癸(子)와 지(地) 자리의 중심부에 있는 庚(申), 그리고 생년지 辰이 서로 어울려 申子辰 삼합 수국을 이루고 있으며, 그야말로 바다와 호수같은 재성(財星)이다.

생년간지인 戊辰은 황룡이고, 이것이 申子辰 水局을 얻었으며, 헤엄칠 영(泳)까지 있다.

그러므로 황룡이 대해(大海)에서 헤엄치며 노는 상이다.

그러나 인(人) 자리에 겁재있고 여기에 도둑신이고 내 재물 뜯어가는 역할하는 현무가 붙어 있으므로 많은 사람이 내덕 보려고 몰려드는 상이며 뺏기고 줘야 하는 상이다.

이 사람은 대통령이 되기 전에도 누가 찾아와 돈 얘기를 하면 서슴없이 손에 잡히는 대로 세어보지도 않고 내어주는 형이었다고 한다.

그래서 항간에는 '대한민국에서 정치한다고 설치고 다닌 사람들 중에 거산(巨山) 선생네 멸치 한 포대 안받아 먹은 사람있으면 나와봐' 하는 말까지 생겨났다.

그러나 이렇게 재성이 왕하고 외발(外發)까지 되었으므로 반드시 인수를 극하게 됨은 자명한 이치다.

따라서 생모(生母)와 일찍 사별하게 되었고 후모(後母) 손에 키움을 받게 되었다.

그런데 편정재가 혼잡이고 외발까지 되었으면 부인 외에 부인 두던지 아니면 많은 여성과 합정하게 되는 것도 이치다.

하지만 그러한 문제는 한번도 제기된 바 없으니 실제 사생활이 어떠했는지 참으로 궁금하다.

예7) 丙戌생 남자 노 무 현 (盧 武 鉉)

성명	삼재	음양	음오행	육신	육수	변화	기타신살
盧 노	天	음	丁,午	겁재	청룡	발동	戌에 入庫
					현무		
武 무	人	양	壬,亥	편관	백호		
					등사		
鉉 현 (金)	地	음	己,丑未	상관	구진		
			丁,午	겁재	주작	발동	戌에 入庫

음오행의 천인지(天,人,地) 그 어디에도 재성이 없으나 이름자 현(鉉)이 金재성 되어 외발하고 있다.

丁(午)火 겁재가 발동하여 극재성 할 것 같으나 인(人) 자리의 중심에 壬(亥)水 편관이 앉아 겁재(丁)의 발동을 제압하고 있다.

현(鉉)은 [쇠금(金) + 감을 현(玄)]의 구조로 똘똘 감아놓은 쇠(돈)라는 뜻이 되어 함부로 쓰지 않는 알뜰함과 저축심이 강할 것이다.

그리고 김일성과 김영삼처럼 천하의 재물을 말대로 할 수 있는 대재(大財)는 없을 것이나 야무지게 꼬불쳐 놓은 상당한 재물이 있을 것으로 생각된다.

예8) 戊申生 남자 김 지 태 (金 智 泰)

성명	삼재	음양	음오행	육신	육수	변화	기타신살
金 김	天	음	乙,卯	정관	주작		공망
			庚,子	정재	청룡		
智 지 (水)	人	음	庚,申	식신	현무	발동	문창식신
					백호		
泰 태 (水)	地	양	丙,巳	편인	등사		
					구진		

지(智)는 오행으로 水에 속하고 태(泰) 역시 물(水)을 뜻하므로 재성이 외발하여 인(人) 자리의 庚(申) 식신과 상생 호응하고 있다.

음오행의 천(天)자리 받침부에 癸(子) 정재성 있고 재성 외발이므로 본처 외에 첩있게 되었으며 빈손으로 재벌까지 되었다.

부산일보 창립자이며 유명한 기업인이었다.

예9) 癸亥生 남자 김 은 하 (金 殷 夏)

성명	삼재	음양	음오행	육신	육수	변화	기타신살
金 김	天	음	乙,卯	식신	백호		亥卯未 삼합
			癸,子	비견	등사	발동	도화살, 공망
殷 은	人	음	己,丑未	편관	구진		
			丁,午	편재	주작		
夏 하 (火)	地	양	戊,辰戌	정관	청룡		戊癸合
					현무		

인(人) 자리 받침부에 丁(午)火 편재있고 재성 火가 외발했다(하(夏)는 여름이고 오행으론 火다).

년지 亥와 천(天)의 중심부 乙(卯)와 인(人)자리 중심의 己(未)가 亥卯未 삼합 식신국이 되어 丁火를 생하고 있으므로 재기(財氣)가 통하고 있다.

부친이 대부(大富)였고 그 유산받아 크게 재물을 키웠으며 7번이나 국회의원을 역임했다. 첩(妻)은 두지 않았으나 본처 사별하고 재혼했다. 癸(子) 비견이 발동되어 丁(午)火 충극했기 때문에 본처 사별된 것이다.

새(쇠) 나라 (殷)의 여름(夏) 벌판(人의 己土)에 비(癸) 내리고 있으니 亥卯未로 많은 木이 자랄 수 있고 클 수 있다.

게다가 지(地)의 받침에 있는 청룡 정관이 생년간 癸와 戊癸로 합을 지었으니 관성이 나를 따르는 격이 되어 7번이나 국회의원에 당선될 수 있었던 것으로 생각된다.

예10) 乙巳생 남자 유 진 산 (柳 珍 山)

성명	삼재	음양	음오행	육신	육수	변화	기타신살
柳유	天	양	戊,辰戌	정재	현무	발동	
					백호		
珍진(土)	人	음	辛,酉	편관	등사		도화살
			丁,午	편재	구진		
山산(土)	地	양	庚,申	정관	주작	발동	
			丙,巳	상관	청룡	발동	

　음오행의 천(天) 자리 중심에 戊土 정재가 발동되어 있으며 진(珍), 산(山)이 재성되어 외발하고 있다. 그런데다가 丙火 상관이 발동되어 재성과 상생하고 있다.

　따라서 부조(父祖)의 유산이 엄청 많았고 본처 외의 여성과 많은 연분을 맺을 수 있었다.

　다만 정재성(戊)에 현무가 붙어 있으므로 뜯어갈 사람이 많게 되는데, 이 사람 역시 많은 재물로 어려운 사람을 도왔으며, 정치적 목적을 위해 많은 재산 소모하기도 했다.

　인(人) 자리 중심에 辛金 편관이 있음은 권력 지향적임을 나타내며 지(地)의 庚 정관이 생년간과 乙庚合함은 관성(貴, 직위)이 몸에 이름을 나타낸다.

　자유당 때의 유명한 정치인이었던 인물이다.

(8). 발동의 활용

발동이란 것은 앞장에서 이미 설명했지만 다시 한번 말하면 생년간지(生年干支)와 동일하거나 생년지 중에 들어있

던 천간(天干)이 명식(名式)에 나타나 있음을 뜻한다.
이 중에서 생년지에서 나타난 것을 중요하게 취급한다.

그리고 발동이란 말은 육효(六爻)의 동효와 같은 것으로 어떤
것에 문제가 있느냐 하는 것을 쉽게 찾아낼 수 있다.

때로는 발동된 것이 체(体)가 되어 본인을 대표하기도 한다.
단, 인(人)과 지(地) 부분에서만 취한다.

따라서 이 장에서는 이런 발동에 익숙해지도록 여러 개의
예를 들어 설명하기로 한다.

예1) 戊午생 여자 김 미 연 (金 米 涓)

성명	삼재	음양	음오행	육신	육수	변화	기타신살
金 김	天	음	乙,卯	정관	주작		
			癸,子	정재	청룡		子午冲, 공망
米 미 (木)	人	음	癸,子	정재	현무		子午冲, 공망
					백호		
涓 연 (水)	地	음	己,丑未	겁재	등사	발동	丑午 귀문, 원진
			丁,午	인수	구진	발동	

위 명식(名式)에서는 생년지 午에서 丁火와 己土 겁재가
발동되어 있다.
발동된 丁火 인수는 발동된 己土 겁재를 생하고 있으므
로 겁재(己)가 강하게 癸(子)水 정재를 충극하게 된다.
따라서 부친(癸)과의 인연 짧음을 곧바로 알 수 있다. 그
리고 재물 소모되고 돈과의 인연 역시 박함을 알 수 있다.

이름자 연(涓)이 水 재성이 되어 외발동되었으나 명식에 金이 없으므로 근원없는 물이라 금방 말라 버리게 되니 부명(富名)이 될 수 없다.

공망맞은 탓으로 더욱 水가 약해졌다.

그리고 미(米)자는 쌀을 뜻하므로 오행으론 木이 되어 관성이 외발했다.

이리되면 여자에겐 외부(外夫)가 있게 된다.

예2) 乙卯생 여자 이 나 영 (李 奈 映)

성명	삼재	음양	음오행	육신	육수	변화	기타신살
李 이	天	음	己丑,未	편재	현무		丑 空亡
					백호		
奈 나 (木)	人	양	丙,巳	상관	등사		역마
					구진		
映 영	地	음	己丑,未	편재	주작		丑 空亡
			己丑,未	편재	청룡		丑 空亡

천인지(天,人,地)의 음오행엔 재성을 극하는 木 비견, 겁재가 없다. 그러나 이름자 나(奈 : 사과나무)가 木이 되어 외발동하고 있다. 그러므로 재성이 극된다.

영(映)자의 日은 丙이 되어 인(人) 자리의 중심인 丙(巳)과 더불어 내외로 발동이다.

이렇게 상관성이 발동되면 관성이 극을 받게 된다.

그리고 외발된 木은 역시 외발된 火(日)를 생하고 있으므로 인(人)의 중심오행인 丙과 더불어 본인을 대표하는 역할을 하게 된다.

즉, 丙火를 체(体)로 하게 되는데 이렇게 되면 金이 재성이 된다. 따라서 재복이 약한 이름이다.

예3) 丙午생 여자 이 미 옥 (李 美 玉)

성명	삼재	음양	음오행	육신	육수	변화	기타신살
李 이	天	음	己,丑未	상관	청룡		
					현무		
美 미 (未)	人	음	癸,子	정관	백호		子午 충
					등사		
玉 옥	地	음	己,丑未	상관	구진		午未合, 丑午원진
			乙,卯	인수	주작		도화살

인(人) 자리의 정관 癸(子)가 상하의 己土 상관에게 극되고 있으며 생년지 午와 정관 癸(子)가 子午충 하고 있다. 따라서 곧바로 부부운이 불길함을 알 수 있다.

게다가 생년지 午中 己土가 지(地)자리 중심에 나타나 발동되어 있으므로 부부불화의 뜻이 더욱 가중된다.

지(地) 자리의 己土를 본인을 대표하는 것으로 보면 바로 아래쪽 지(地) 자리의 받침부에 있는 乙(卯)이 도화살을 띠고 있으면서 己土의 편관성이 된다.

그리고 정관성이었던 癸(子)는 편재성이 되어 己土를 윤습해지도록 하고 있다. 따라서 남편(癸,子)은 己土(身代)에게 돈대어 주는 역할이고 나는 숨겨둔 애인이 있게 된다. 즉, 나(己)는 남편(癸,子)이 벌어다 주는 돈을 써가며 숨겨논 애인과 암암리로 재미본다.

또, 이름자의 未(美)가 외발하여 정관성인 癸(子)를 子未원진 하면서 土剋水하므로 더더욱 부부불화 및 이별운을 강화시키고 있다. 乙木이 애인이므로 이씨(李氏) 남자였다.

예4) 戊戌생 여자 김 명 선 (金 明 善)

성명	삼재	음양	음오행	육신	육수	변화	기타신살
金 김	天	음	乙,卯	정관	주작		卯戌合, 도화살
			癸,子	정재	청룡		
明 명 (丙,丁)	人	음	癸,子	정재	현무		戊癸合
			己,丑未	겁재	백호		
善 선 (未)	地	음	辛,酉	상관	등사	발동	
			丁,午	인수	구진	발동	人자리의 子와 冲

얼핏 보면 지(地)의 辛金이 인(人)의 癸水를 생하고 癸는 천(天)의 乙木을 생하므로 좋다고 말할 수 있다.

단순한 상생 상극의 논리로는 그렇다.

그러나 戊戌생이므로 이렇게 발동되면 중심부에 있는 辛金의 힘이 받침부에 있는 丁火보다 더욱 강하게 작용된다.

따라서 상관 발동되어 관성을 극하므로 남편운이 좋지 않음을 금방 알 수 있다.

그리고 받침부의 丁(午) 인수가 발동되어 辛金 자식성을 극하므로 자식운 역시 불길함을 알 수 있다. 또 발동된 丁(午)은 인(人)의 중심에 있는 癸(子)와 충극되어 丁火가 상하게 되므로 부모(모친)운과 학업운 역시 좋지 않았음을 알 수 있다.

게다가 丙, 丁(明)이 외발하여 辛金 상관을 치고 있고 未土(善) 역시 외발하여 癸(子)水 정재를 子未 원진하면서 土剋水하고 있다. 그러므로 무엇하나 좋은 것이 없는 이름이다.

이 여성의 실제 삶은 이렇다.

후처 몸에 태어났고 10여세 전에 모친은 능력없는 부친을 버리고 외간남자와 눈이 맞아 도망갔다.

초등학교를 졸업한 후부터 신발공장에 들어가 허드레 일을 하면서 번 돈으로 부친을 수발하고 19세부터 많은 남자와 사귀다가 결국 술집으로 나갔다.

25살까지 술집에서 홀딱 벗고 돈벌이하며 전과자 남자와 동거생활하던 중 아이 하나 낳았다.

그러나 남편이 교도소에 가게 되자, 아이는 양육기관에 넘기고 행방을 감추었다.

따라서 단순한 상생 상극에 따른 해석은 정확치 못함을 알 수 있다.

예5) 丙申생 여자 정 숙 정 (鄭 淑 貞)

성명	삼재	음양	음오행	육신	육수	변화	기타신살
鄭 정	天	음	辛,酉	정재	청룡		天乙귀인
			己,丑未	상관	현무		
淑 숙 (水)	人	양	庚,申	편재	백호	발동	
			甲,寅	편인	등사		寅申冲
貞 정	地	음	辛,酉	정재	구진		天乙귀인 , 丙辛合
			己,丑未	상관	주작		

丙申년에 태어났으므로 인(人) 자리 중심부의 庚(申)이 발동이다. 천지(天,地)에 정재성인 辛(酉)이 庚의 힘을 더욱 강화시키고 있다. 즉, 편정재 혼잡에다 강왕한 庚金 편재가 발동되었으나 이를 제압해 줄 火(비,겁)가 보이지 않는다.

庚(申)이 본인을 대표하는 인(人) 자리에 있는데다가 발동되었으므로 庚을 체(体)로 하여 육신을 새로이 정한다.

따라서 인(人)의 받침부에 있는 甲(寅)은 편재(부친)가 되고 천(天) 자리의 己土는 인수(모친)가 되며, 지(地) 자리의 己土 역시 인수성이 된다.

부친성인 甲木은 왕금에 충극되고 己土 인수(모친)는 지(地) 자리에 있으므로 부친 조별(早別)이고 모친은 장수한다. 자식성인 水가 음오행엔 없고 자식자리에 己土 인수가 앉아 자식성(식상)을 극하므로 자식인연이 좋지 못하다.

이 여성의 실제 삶은 3번 결혼했으며, 첫 남자와의 사이에 낳은 일남 일녀와도 이별하여 살았다. 庚 편재성이 체(体)이므로 경우 바르며 검소하나 써야 될 때는 기분에 따라 팍팍 쓰는 성격이다. 그러나 庚金은 숙살지기인데다 강왕하므로 강하고 완고한 성격도 아울러 지니고 있다.

예6) 戊午생 여자 배 자 연 (裵 子 然)

성명	삼재	음양	음오행	육신	육수	변화	기타신살
裵 배	天	양	壬,亥	편재	주작		
					청룡		
子 자 (水)	人	양	庚,申	식신	현무		역마, 문창식신
					백호		
然 연 (火)	地	음	己,丑未	겁재	등사	발동	
			丁,午	인수	구진	발동	

木이 관성인데 천지인(天,地,人)의 음오행엔 木이 안보이며, 생년지 午중 丁火가 지(地)자리 받침부에 발동되어 있다.

따라서 丁(午)火 인수가 체(体)가 되었다. 그러므로 성격은 착하고 모질지 못하며 체면을 중시한다.

丁火에서 보면 己土 겁재는 식신이 되어 딸이고, 인(人)의 庚金이 재성이 되며 이름자의 子水가 관성이며 연(然)이 火가 되므로 형제성이다.

남편(子)과는 子午충이 되어 부부불화 하다가 이별하게 되고, 또 水火 상극에 火가 상하므로 형제에게 액운이 따른다.

26살에 결혼했고 딸 하나 낳았으나 남편과는 불화심하여 30살 현재 별거하고 있다.

남동생이 20세에 사고로 죽었으며, 부친 역시 丙년에 이별했다. 모친과 같이 살고 있는데 간호사 생활하고 있다.

*전문 역인(易人)들을 위해 위 사람의 명조와 상담 내용을 언급한다.

裵		壬	丙	甲	戊	坤		庚	辛	壬	癸
子		辰	午	寅	午			戌	亥	子	丑
然			羊刃		羊刃			36	26	16	6

신왕하여 시상 일위 편관이 있는데다가 현재까지 금수(金水)운을 만나고 있다. 따라서 좋은 남편 만나 잘 나가고 있을 것 같다. 그러나 필자의 감정과 해석은 엉뚱했다.

필자 : 아주머니의 따님은 참으로 잘 생겨 보기드믄 미인이겠소

손님 : 예, 남들 모두 그렇게 말하고 있습니다(寅午 火局 있는데 丙火 일간 홀로 있으며 왼쪽에 거목(巨木:甲)이 뿌리박고 있는 큰 산(戊)있고 오른쪽에 호수(壬)가 있어 한 폭의 그림을 연상케 하므로 그렇게 말한 것이었다).

필자 : 26살에 결혼했는데 사위되는 사람은 허우대 좋고 미남자겠소. 연애결혼인데 딸 하나 두었지만 남편과는 불화 심해 살아야 되나 말아야 되나 하고 있겠소.

손님 : 예. 그렇습니다. 여기 오기전에 딴 곳에 가서 물어 보았는데 '남편도 좋고 대운도 좋아 별문제 없겠다'는 소릴 듣고 왔는데 선생님께서는 어찌 그리 말합니까?

필자 : 사주팔자로만 풀이하면 좋습니다만 따님의 이름자에 있는 쥐를 뜻하는 자(子)자가 남편 궁을 충파하고 형제 궁을 충파합니다. 그런 까닭에 남편과 부딪히면 다투게 되고 형제 역시 큰 사고나 액난을 당하게 되어 있으므로 그렇게 말한 것입니다.

손님 : ……그렇다면 딸아이의 이름 때문에 하나뿐인 남동생이 변고를 당했단 말입니까?

필자 : 그렇습니다. 子자가 그런 작용을 하는데다가 그 밑에 있는 연(然)자 역시 개(犬) 고기(夕)를 불(灬)에 굽는다는 흉한 뜻을 지니고 있으므로 해서 반드시 형제가 다치게 되어 있는데 어찌 되었습니까?

손님 : 딸아이가 21살이고 아들 나이 20살 때 그만 교통사고로…… 떠나보냈습니다. 선생님, 즉시 좋은 이름 하나 뽑아 주십시오.

예7) 壬辰생 남자 박 춘 식(朴 春 植)

성명	삼재	음양	음오행	육신	육수	변화	기타신살
朴 박	天	양	壬,亥	비견	백호		
			甲,寅	식신	등사		
春 춘 (木,火)	人	양	庚,申	편인	구진		
			丙,巳	편재	주작		
植 식 (木)	地	음	辛,酉	인수	청룡		辰酉合, 도화살
			乙,卯	상관	현무	발동	

이름자 춘(春)과 식(植), 그리고 성(姓)인 박(朴) 역시 목(木)이 되어 있고 생년지 辰중 乙木이 지(地) 자리에 발동되어 있다.

이렇게 木이 내외(內,外)에서 강하게 호응 발동하므로 지(地) 자리 받침의 乙(卯) 木을 체(体)로 하게 된다.

이렇게 되면 재성(처, 재물, 부친)인 土가 파괴되고 인수성인 水마저 말라 버리게 되니 부모 및 공부복과 처와 재물에 대한 혜택이 없게 된다.

그리고 체(体)가 되는 乙木은 원칙적인 상관인데다 도둑신 및 현무가 붙어 있으므로 법(관성)을 위배하게 되고 직장다운 직장을 못가지게 된다.

이 사람은 10여세 전에 부모 모두 사별했으며, 평생을 무위도식하고 있다.

도둑으로 몰려 구속까지 당했으며, 자식은 일남 일녀를 두었다.

예8) 乙酉생 여자 하 파 자 (河 波 子)

성명	삼재	음양	음오행	육신	육수	변화	기타신살
河 하 (水)	天	양	戊,辰戌	정재	현무		
					백호		
波 파 (水)	人	양	壬,亥	인수	등사		역마
					구진		
子 자 (水)	地	양	庚,申	정관	주작	발동	乙庚合
					청룡		

생년지 酉중 庚이 지(地) 자리에 나타나 발동되었다.

이것(庚)을 체(体)로 하면 인(人) 자리에 壬(亥) 식신(庚에서 壬)이고 이름 글자엔 파도치는 엄청 많은 물이 발동되어 흐르고 있다.

이리되면 庚의 관성인 火는 꺼지게 됨은 자명한 이치이다.

자식도 남편도 없이 외롭게 살고 있다.

이름의 子와 생년지 酉가 子酉 귀문되어 영적감각 뛰어나고 역술로 생활한다.

예9) 辛亥생 여자 이 영 숙 (李 英 淑)

성명	삼재	음양	음오행	육신	육수	변화	기타신살
李 이	天	음	己,丑未	편인	등사		
					구진		
英 영 (土)	人	음	己,丑未	편인	주작		
			己,丑未	편인	청룡		
淑 숙 (水)	地	양	庚,申	겁재	현무		
			甲,寅	정재	백호	발동	공망

천(天) 자리에 土, 인(人) 자리에 土있고, 지(地)에 金이 있어 상생이다. 하지만, 천(天) 자리에 己土있고 인(人)자리 모두가 己土되어 발동하니 土 태왕하다. 이리되면 金은 묻혀버리고 자식성인 水는 극되며 남편성인 火는 심하게 설기되어 그 힘이 미약해진다.

따라서 좋지 않은 이름임을 쉽게 알 수 있다.

생년지 亥중에 있던 甲木이 지(地) 자리의 받침부에 나타나 있어 발동이다. 그러나 이름자에 있는 土(英)가 외발동(外發動)하였고 土의 기운이 아주 강하므로 土(英)를 제일 중요하게 봐야 한다. 즉, 발동된 것 중에서 제일 강하고 힘 있는 것을 주체로 하여 감정해야 한다.

이리되면, 지(地) 자리의 甲은 정관(남편)이 되고, 이름 끝자인 숙(淑)은 水이므로 재성이 된다. 따라서 재복없고 (土剋水) 남편복 없다. 지(地) 자리의 甲(寅)은 공망인데다가 중심부의 庚(申)에 충극당하고 있다. 그리고 甲정관은 천(天), 인(人) 자리에 있는 3개의 己土와 甲己로 합해 간다.

이 사람은 26살에 결혼했으나, 석달만에 이혼하고 혼자 살고 있다. 간호 보조로 생활하는데 마음씨 하나는 좋다. 土는 포용성 있어 만물을 받아들이기 때문이다.

예10) 丁酉生 여자 정 정 민 (鄭 正 敏)

성명	삼재	음양	음오행	육신	육수	변화	기타신살
鄭 정	天	음	辛,酉	편재	청룡	발동	
			己,丑未	식신	현무		
正 정	人	음	辛,酉	편재	백호	발동	
			己,丑未	식신	등사		
敏 민	地	음	癸,子	편관	구진		子酉 귀문, 破
			丁,午	비견	주작	발동	도화살

酉년생에 인(人)자리 중심부에 辛(酉)이 있으므로 발동되
었다. 辛(酉)이 강하므로 이것을 체(体)로 하여 육친을 변화
시킨다.

이렇게 되면 木재성이 보이지 않고 발동된 丁(午) 火관성
은 바로 위에 있는 癸(子) 식신에 충극받고 있다.

따라서 부친 조별했으며, 연애하여 딸(癸) 둘 낳았으나,
어느 날 온다간다 한마디 말도 없이 그 남편은 사라졌다. 동
거한지 5년도 되지 않은 때였다.

이후 딸 둘 키우며 혼자 살고 있는 여성이다.

인(人)자리 辛(酉) 金에 백호붙어 있으면 피를 보는 일(血
事) 많이 당하는데 의사, 간호사, 간병인, 장의사 등의 직업
에 종사하면 면하기도 한다.

예11) 癸未生 여자 정 동 순 (鄭 東 順)

성명	삼재	음양	음오행	육신	육수	변화	기타신살
鄭 정	天	음	辛,酉	편인	백호		공망
			己,丑未	편관	등사		
東 동 (木,火)	人	음	丁,午	편재		발동	
			己,丑未	편관	주작	발동	
順 순 (水)	地	양	庚,申	인수	청룡		공망
			丙,巳	정재	현무		역마

　생년지 未중에 있는 丁火가 인(人) 중심부에 발동되어 있고, 未중에 있는 己土가 인(人)의 받침부에 발동되어 있다.

　이럴땐 당연히 인(人)의 중심에 있는 丁(午)火를 체(体)로 하여 다시 한번 육친을 설정해야 한다.

　丁(午)가 미약하나 이름자의 동(東)이 木이 되고, 火가 되어 돕고 있다.

　丁火에서 보면, 庚,辛이 정재, 편재가 되고, 己土 식신이 자식성이고 관성인 水는 보이지 않으나 외발(順은 水) 되어 있다. 그리고 지(地) 자리의 받침부에 丙(巳)火 겁재가 있다. 육신중에서 제일 약한 오행은 水다.

　그런데다 인(人)자리에 己土가 강하게 되어 土剋水하고 있다.

　己土는 丙,丁火에 생을 받고 있으며 이름자 東 (木,火) 에서도 생을 받아 왕강해졌다.

　따라서 그 남편이 26세 戊申년에 土剋水되어 시냇물처럼 흘러가고 말았다. 교통사고로 저승갔다.

　재성(財星) 공망되었고, 현무를 띤 丙火(地자리)와 외발된 火(東)의 극을 받으므로 평생 어렵게 살았다.

다만, 자식성인 식신이 건왕하므로 자식은 잘되었다.

예12) 乙丑생 여자 육 영 수 (陸 榮 秀)

성명	삼재	음양	음오행	육신	육수	변화	기타신살
陸육	天	양	戊,辰戌	정재	현무		
			甲,寅	겁재	백호		
榮영 (火,木)	人	음	己,丑未	편재	등사	발동	
			己,丑未	편재	구진	발동	
秀수 (木)	地	양	庚,申	정관	주작		
					청룡		

육(土), 영(土), 수(金)로, 단순한 오행의 상생 상극으로만 보면 상생이 된다.

그러므로 좋은 이름이라 하기 쉽다. 그러나 이름 글자가 지니고 있는 문자적 오행과 태어난 생년간지와 종합하여 그 변화를 보면 이렇다.

생년지 丑중 己土가 인(人)자리 중심과 받침부에 있다. 즉 己土가 발동이다.

그러므로 己土가 체(体)되어 육친 관계를 설정한다.

이렇게 되면 천(天)자리의 받침에 있는 甲(寅)이 정관성(남편)이 된다.

甲己합하여 유정하나 인(人)자리 받침에 있는 己土 비견과 쟁합하므로 남편에겐 전처가 있게 되었다.

그러나 이름자 영(榮)과 수(秀)가 木이 되어 외발하므로 심한 극을 받게 되니 木旺의 때인 甲寅년에 총맞고 세상 뜨게 되었다.

원래 이처럼 음오행에 甲木 정관있고 木이 외발하게 되면 사주명리에서 말하는 관살혼잡격이 된다.

己未년에 甲木夫가 甲己合되어 입고되므로 남편(박정희)이 총맞고 죽었다.

우연일까, 필연일까?

예13) 戊子생 남자 정 몽 헌 (鄭 蒙 憲)

성명	삼재	음양	음오행	육신	육수	변화	기타신살
鄭 정	天	음	辛,酉	상관	주작		子酉 귀문
			己,丑未	겁재	청룡		
夢 몽	人	음	癸,子	정재	현무	발동	戊癸合
			己,丑未	겁재	백호		子丑合, 子未 원진
憲 헌 (火)	地	음	戊,辰戌	비견	등사	발동	
			丁,午	인수	구진		子午冲, 공망

인(人) 자리 중심에 있는 癸(子)가 발동되어 생년간 戊와 합하므로 이것을 체(体)로 하면 戊,己의 겁재가 관살이 되어 극신(剋身)한다.

더욱이 아래위에서 土의 협공을 받고 있다.

그리고 재성(財星)은 몸이고, 명줄인데 이것이 심하게 극됨은 명줄 짧음을 말해주는 것이다.

게다가 癸(子)는 지(地) 자리 중심에 있는 戊(辰)에 戊癸合되어 입고되고 있다.

이런 이름 구조 탓으로 癸未년에 고층 빌딩에서 투신 자살하게 된 것으로 보여진다.

癸未년의 癸는 체(体)가 되는 癸가 발동되는 해이며, 세

운지 未는 癸(体)의 입묘(入墓)지이고 戊癸合이 발동되어서
이다.

예14) 丙申生 남자 문수원 (文守元)

성명	삼재	음양	음오행	육신	육수	변화	기타신살
文문	天	양	壬,亥	편관	청룡		
			丙,巳	비견	현무	발동	
守수	人	양	庚,申	편재	백호	발동	
					등사		
元원	地	음	己,丑未	상관	구진		
			丁,午	겁재	주작		

생년지 申중 庚金이 인(人)자리 중심에 발동되어 나타나
있고, 천(天)자리 받침에 丙火 비견이 발동이다.

그러나 인(人) 자리의 발동이 우선임으로 庚(申)을 주체로
한다.

이리되면, 木이 재성(돈, 처)이 되는데 내외(內外) 그 어
디에도 한 포기 풀조차 보이지 않는다. 따라서 평생 재운 없
는 빈명이다.

이 사람은 30대에 상처한 후 이때껏 홀로 지내는데 하는
일마다 실패하여 근근이 입에 풀칠이나 하는 정도다.

상처하게 된 것은 인(人) 자리의 庚이 생년간 丙火의 재
성이 되고 여기에 백호살이 붙어 있어서이다.

이 사람의 눈빛은 야수를 노리는 사냥꾼과 같다. 수(守)
자는 지킨다는 뜻이지만, 사냥할 수(狩)가 되기 때문이다.

원(元)은 완(完)자에서 집을 뜻하는 갓머리(宀)가 없어진
글자다.

따라서 일신을 의탁할 집이 없어 진다. 두 사람(二人 : 元)이란 측자법에 따른 뜻이 있다.

예15) 癸丑생 여자 박 도 선 (朴 道 仙)
자식운 불길한 이름의 예에서 설명한 이름.

성명	삼재	음양	음오행	육신	육수	변화	기타신살
朴 박	天	양	壬,亥	겁재	백호	巳	역마
			甲,寅	상관	등사	句	겁살, 공망
道 도	人	음	丁,午	편재	구진	朱	도화살
					주작	靑	
仙 선 (土)	地	음	辛,酉	편인	청룡	(玄武) 발동	
			丁,午	편재	현무	白	도화살

지(地) 자리 중심부에 년지 丑중 辛金이 나타나 있다.

따라서 辛(酉)을 주체로 하여 육신을 변화시키면, 천(天) 자리의 壬은 상관(자식)이고, 甲은 정재(돈, 부친)이 되며, 인(人)의 중심부와 지(地)의 받침에 있는 丁火는 편관성(남자)이 된다.

따라서 이 사람의 남자운은 연애(도화살)하자는 남자(丁)들이 앞뒤에서 둘러싸고 있는 상태다.

돈 및 부친과의 인연은 甲(寅)이 공망인데다가 주체인 辛(酉)와는 寅酉로 원진살되어 있다. 때문에 부친과 돈복 없는데 10여세에 부친 사별했고 물(壬,亥) 돈 벌지만 축재 안되니 어렵게 살고 있다.

주체인 辛에 청룡이 붙어있어 인물은 예쁘고 결혼 후에도 외간 남자와 여러 번 합정하여 가출하기도 했다.

통변의 새 경지를 연

한밝 신 성명학

초판 발행일 / 2021년 1월 25일
지은이 / 김용길
발행처 / 뱅크북
출판등록 / 제2017-000055호
주소 / 서울시 금천구 가산동 시흥대로 123 다길
전화 / 02-866-9410
팩스 / 02-855-9411
email / san2315@naver.com

ISBN / 979-11-90046-16-9 (13180)